动画图解
汽车构造原理与维修

广州瑞佩尔信息科技有限公司　组编
胡欢贵　主编

机械工业出版社
CHINA MACHINE PRESS

本书分为上、下两篇共18章。上篇共13章，讲述了现代汽车的各大总成与组成系统的构造及工作原理。下篇共5章，讲述了汽车保养和维修、拆装、检测及故障诊断与排除的步骤、方法与技巧。本书采用高清彩色图解的方式，配合动画演示，使汽车的构造原理更易懂，维修操作更直观。

　　本书可供汽车维修人员、汽车销售和售后服务技术人员、汽车驾驶人以及职业院校汽车专业学生使用。

图书在版编目（CIP）数据

动画图解汽车构造原理与维修 / 广州瑞佩尔信息科技有限公司组编；胡欢贵主编 . — 北京：机械工业出版社，2022.8
ISBN 978-7-111-71505-4

Ⅰ . ①动… Ⅱ . ①广… ②胡… Ⅲ . ①汽车 – 构造 – 图解②汽车 – 车辆修理 – 图解 Ⅳ . ① U463-64 ② U472.4-64

中国版本图书馆 CIP 数据核字（2022）第 159270 号

机械工业出版社（北京市百万庄大街22号 邮政编码100037）
策划编辑：谢 元　　　　　责任编辑：谢 元 刘 煊
责任校对：肖 琳 李 婷 封面设计：马精明
责任印制：刘 媛
涿州市般润文化传播有限公司印刷
2022 年 11 月第 1 版第 1 次印刷
184mm×260mm ·19 印张 ·478 千字
标准书号：ISBN 978-7-111-71505-4
定价：99.90 元

电话服务　　　　　　　　　网络服务
客服电话：010-88361066　机 工 官 网：www.cmpbook.com
　　　　　010-88379833　机 工 官 博：weibo.com/cmp1952
　　　　　010-68326294　金 书 网：www.golden-book.com
封底无防伪标均为盗版　　　机工教育服务网：www.cmpedu.com

前言

汽车由成千上万个零部件组成。随着科技的进步，各种电气化、智能化、便携式车载系统不断加入，汽车从最初的以机械为主体变成了机电液一体化的不可分离的复合体。面对如此庞大、复杂的交通工具，要想弄清楚其内部结构，各个部件的功能、特性，不同系统的运作原理与工作流程，是一件不容易的事。怎样让初次接触汽车产品的人快速了解和掌握其构造原理，并在此基础上明白一些保养与维修的要点和方法，是摆在我们面前的一个课题。

为了使复杂的事情简单化，我们使用高清彩色大图，通过 3D 透视或动画演示，全面还原汽车各系统的工作过程、总成的内部结构与外部形态，配合简洁明了的文字，简明扼要地说明汽车部件名称、作用、功能和原理，使观书如看电影，一页一主题，一节一系统，图文动画立体呈现，给人留下深刻的印象。

本书分为上、下两篇共 18 章。上篇共 13 章，讲述了现代汽车的各大总成与组成系统的构造及工作原理。下篇共 5 章，讲述了汽车保养和维修、拆装、检测及故障诊断与排除的步骤、方法与技巧。本书采用高清彩色图解的方式，配合动画演示，使汽车的构造原理更易懂，维修操作更直观。本书可供汽车维修人员、汽车销售和售后服务技术人员、汽车驾驶人，以及职业院校汽车专业学生使用。

本书由广州瑞佩尔信息科技有限公司组织编写，胡欢贵担任主编，参加编写的人员还有彭启凤、周金洪、朱如盛、刘滨、彭斌、章军旗、满亚林。在编写的过程中，我们参考了各大汽车厂商的技术文献和网络资料，在此谨向这些资料的作者表示诚挚的谢意。

由于编者水平有限，书中难免有不足之处，还望广大读者批评指正。

编　者

目录

目录

目录

上篇　汽车构造与原理

第1章 汽车概述

第1节
汽车类型一览

1.1.1 按用途分类

国际上按汽车的用途将汽车分为乘用车和商用车两大类，见图 1-1。乘用车即我们平时说的轿车或小车，也包括轿车的各种变形车，如越野车、SUV 和 MPV。除乘用车之外的其他车都称之为商用车，商用车又被划分为三类：载货车、载客车和特种车，见图 1-2。本书的内容以乘用车为主。

a) 乘用车　　　　　　　　　　　　　　　　　b) 商用车

图 1-1　汽车分类：乘用车和商用车

a) 载货车　　　　　　　　b) 载客车　　　　　　　　c) 特种车

图 1-2　商用车的三大类别

1.1.2 按功能分类

按功能作用不同，乘用车又有以下变种类型：

微型车，一般是指 A 级车中的 A00 级车，A00 级轿车的轴距应在 2 ~ 2.2m 之间，发动机排量小于 1L，已停产的燃油汽车如长安奥拓、长安奔奔、奇瑞 QQ、吉利熊猫，纯电动车型如五菱 Mini（图 1-3）、奇瑞小蚂蚁、长城欧拉等，就属于 A00 级轿车。

休闲轿车（Recreational Vehicle，RV）：小型休闲轿车（Small Recreation Vehicle，SRV）一般为两厢车，如早期别克赛欧 SRV 汽车，见图 1-3。

a) 微型车（五菱 Mini）　　　　　　　　b) SRV（别克赛欧）

图 1-3　微型车与 SRV 车型

多用途车（Multi-Purpose Vehicle，MPV）：MPV 具备两厢式结构，布局以轿车结构为基础，一般直接采用轿车的底盘、发动机，因而具有和轿车相近的外形和同样的驾驶感、乘坐舒适感。大众威然、别克 GL8（图 1-4）、本田奥德赛、金杯阁瑞斯、江淮瑞风等都属于此类。

运行型多功能车（Sports Utility Vehicle，SUV）：SUV 是越野车与旅行车的结合体，它集越野、储物、旅行、牵引多种功能为一体，所以称之为运动型多功能车辆，1991—1992 年源于美国，1998 年进入中国，如福特中大型 SUV 探险者就属于此类车型，见图 1-4。

a) MPV（别克 GL8）　　　　　　　　b) SUV（福特探险者）

图 1-4　MPV 与 SUV 车型

越野车（Off-Road Vehicle，ORV）：是指能够适应恶劣道路环境及野外行驶的车辆。此车种适用于爬坡、涉水等恶劣环境。越野车通常采用四轮驱动和非承载式车身，底盘和悬架的设计与普通轿车有明显区别，如丰田普拉多（图 1-5）、吉普牧马人、长城坦克等。

旅行车的英语名称为"Wagon"，大多数旅行车都是以轿车为基础，把轿车的行李舱加高到与车顶齐平，用来增加行李空间。Wagon 的优势在于它既具有轿车的舒适性，也有相当大的行李空间，如大众蔚揽及其他品牌轿车的旅行版本见图 1-5。

1.1.3　按级别分类

按照中国标准划分，可分为：微型轿车（排量为 1L 以下）、普通级轿车（排量为 1.0~1.6L）、中级轿车（排量为 1.6~2.5L）、中高级轿车（排量为 2.5~4.0L）、高级轿车（排量为 4L 以上）。

| a) 越野车型（丰田普拉多） | b) 旅行车（大众蔚揽） |

图 1-5　越野与旅行车型

按德国的分类标准可分为 A、B、C、D 级，其中 A 级车又可分为 A00、A0 级车，相当于我国的微型轿车和普通型轿车；B 级车和 C 级车分别相当于我国的中级轿车和中高级轿车；D 级车相当于我国的高档轿车。该级别车的轴距越长、排量和重量越大，轿车的豪华程度也相应不断提高。等级标准及车型示例如表 1-1 所示。随着新能源车型的兴起及排放法规的限制、车型车体设计的多样化，以上级别的车型界限已经越来越模糊，仅能作为大概的参考依据。

表 1-1　乘用车车型等级分类

级别	轴距 /m	排量 /L	示例车型		
A00 级	2~2.2	< 1	奇瑞 QQ3	长安奔奔 mini	比亚迪 F0
A0 级	2.2~2.3	1~1.3	大众 Polo	丰田威驰	本田飞度
A 级	2.3~2.45	1.3~1.6	大众朗逸	日产轩逸	丰田卡罗拉
B 级	2.45~2.6	1.6~2.4	丰田凯美瑞	本田雅阁	日产天籁

（续）

级别	轴距/m	排量/L	示例车型
C 级	2.6~2.8	2.4~3.0	奔驰 E 级　　　　宝马 5 系　　　　奥迪 A6
D 级	> 2.8	> 3.0	奔驰 S 级　　　　宝马 7 系　　　　奥迪 A8

1.1.4 其他分类法

此外，按不同划分方式，汽车还有很多其他分类方法，如表 1-2 所示。

表 1-2　汽车其他分类方法

分类方法	类别详情
按品牌归属地划分	德系车：大众 / 奥迪 / 保时捷、奔驰、宝马等
	法系车：标致、雷铁龙、雷诺等
	意系车：菲亚特 / 法拉利 / 玛莎拉蒂 / 阿尔法·罗密欧、兰博基尼
	美系车：通用别克 / 雪佛兰 / 凯迪拉克、福特林肯等、克莱斯勒吉普 / 道奇
	日系车：丰田 / 雷克萨斯、本田 / 讴歌、日产 / 英菲尼迪、三菱、马自达、斯巴鲁、五十铃等
	韩系车：现代、起亚、双龙、大宇等
	国产车：红旗、吉利、比亚迪、长城、奇瑞等
按发动机位置与驱动形式划分	前置前驱车型：指发动机前置在车头，由前轮驱动整辆汽车的方式
	前置后驱车型：指发动机前置在车头，由后轮驱动整辆汽车的方式
	后置后驱车型：指发动机后置在车尾，由后轮驱动整辆汽车的方式
	四轮驱动车型：又称全轮驱动，是指汽车前后轮都有动力。可按行驶路面状态不同而将发动机输出转矩按不同比例分布在前后所有的轮子上，以提高汽车的行驶能力
按能源分类	汽油车：动力系统为汽油发动机
	柴油车：动力系统为柴油发动机
	油电混动车：动力系统为发动机加驱动电机
	纯电动车：动力系统为驱动电机
	插电混动车：在油电混动车的基础上增加了插入式充电功能
	氢燃料车：以氢提供能量转化为电能驱动电机使汽车行驶
	太阳能车：通过太阳能电池板充电储存能量以供行驶的汽车
	天然气车：靠燃烧压缩天然气（CNG）或液化石油气（LPG）等燃料行驶

（续）

分类方法	类别详情
按变速器操作形式分类	手动档车：动力传动系统的变速器为手动操纵形式，即手动变速器
	自动档车：动力传动系统的变速器为自动控制形式，即自动变速器
	手自一体式汽车：搭载的自动变速器也兼有手动换档功能，即 M 或 S 运动档，见图 1-6
按车身形式分类	面包车：面包车也就是单厢车，是指前后没有突出的发动机舱和行李舱，就像一个"面包"一样的车辆
	两厢车：两厢车是指少了突出的行李舱的轿车，它将车厢与行李舱做成同一个厢体，并且发动机舱为独立布置。在国外，两厢车通常称为"hatchback"，也就是掀背的意思
	三厢车：常见的轿车一般是三厢车，它的车身结构由三个相互封闭用途各异的"厢"所组成：前部的发动机舱、车身中部的乘员舱和后部的行李舱。在国外，三厢车通常叫作 Sedan 或 saloon
	敞篷车：敞篷车英文名为 Roadster/Cabriolet/Convertible，一般是指带有折叠式可开启车顶的跑车，根据车顶材料可以分为软顶敞篷车和硬顶敞篷车

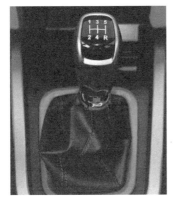
a) 手动档变速器

b) 自动挡变速器

c) 手自一体变速器

图 1-6　不同变速器换档机构类型

第 2 节
汽车总体结构

1.2.1　传统燃油汽车

汽车由发动机、底盘、车身、电器四大部分组成，这是现代燃油汽车最基本的配置，见图 1-7。

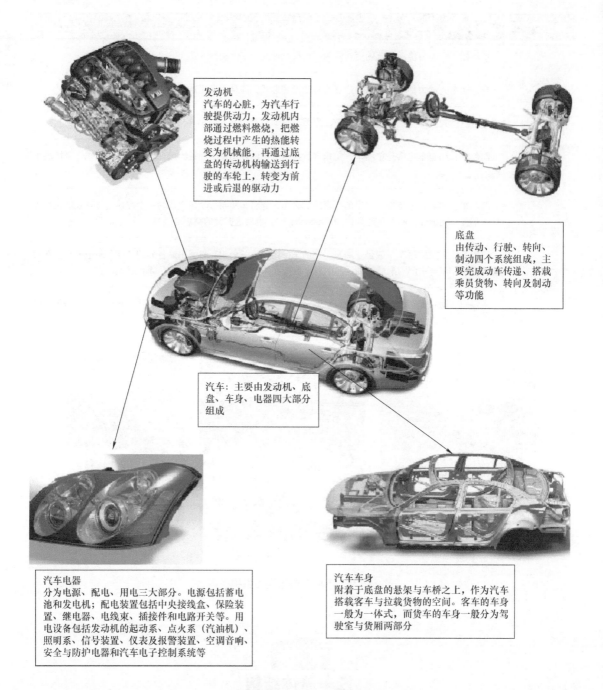

发动机
汽车的心脏，为汽车行驶提供动力，发动机内部通过燃料燃烧，把燃烧过程中产生的热能转变为机械能，再通过底盘的传动机构输送到行驶的车轮上，转变为前进或后退的驱动力

底盘
由传动、行驶、转向、制动四个系统组成，主要完成动车传递、搭载乘员货物、转向及制动等功能

汽车：主要由发动机、底盘、车身、电器四大部分组成

汽车电器
分为电源、配电、用电三大部分。电源包括蓄电池和发电机；配电装置包括中央接线盒、保险装置、继电器、电线束、插接件和电路开关等。用电设备包括发动机的起动系、点火系（汽油机）、照明系、信号装置、仪表及报警装置、空调音响、安全与防护电器和汽车电子控制系统等

汽车车身
附着于底盘的悬架与车桥之上，作为汽车搭载客车与拉载货物的空间。客车的车身一般为一体式，而货车的车身一般分为驾驶室与货厢两部分

图 1-7　汽车总成组成图

　　汽车各总成及车身部件分解后的实体效果图如图 1-8 所示。

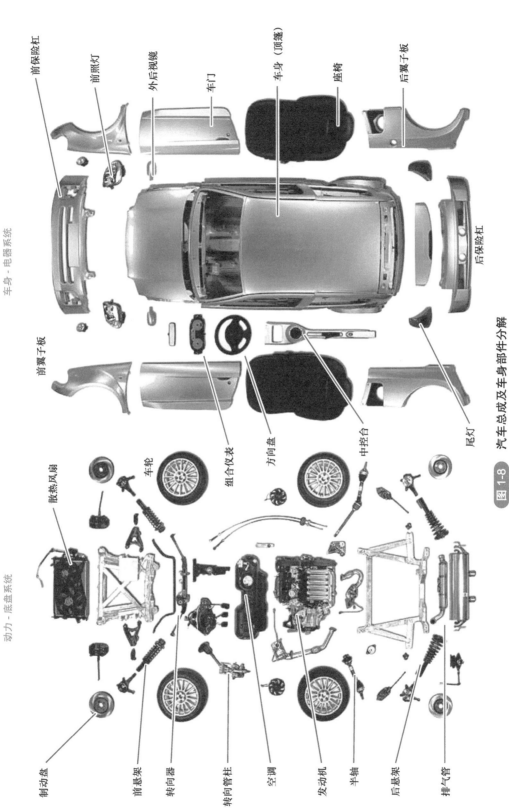

车身-电器系统

动力-底盘系统

前保险杠
前照灯
外后视镜
车门
车身（顶篷）
座椅
后翼子板

后保险杠

前翼子板
组合仪表
方向盘
中控台
尾灯

散热风扇
车轮

制动盘
前悬架
转向器
转向管柱
空调
发动机
半轴
后悬架
排气管

图 1-8　汽车总成及车身部件分解

1.2.2 油电混动汽车

根据基本设计的方向不同，混合动力系统可分为以下三种：微混合动力系统、中度混合动力系统、全混合动力系统。

1.微混合动力系统

在这种动力方案中，电气组件（起动机/发电机）仅用于起停功能。在制动时，部分动能可以转化为电能加以重新利用（能量再生）。车辆无法通过纯电力驱动行驶。因发动机需要频繁起动，故对 12V 玻璃纤维蓄电池进行了升级改造。微混合动力系统组成形式如图 1-9 所示。

2.中度混合动力系统

电力驱动用来辅助发动机驱动车辆。车辆无法通过纯电力驱动行驶。利用中度混合动力系统，可以在制动时回收更多的动能，并以电能的形式储存在动力电池中。动力电池及电气组件的额定电压和额定功率更高。由于电机的辅助，发动机可以在最佳的效率范围内工作。这被称为负载点推移。中度混合动力系统组成形式如图 1-10 所示。

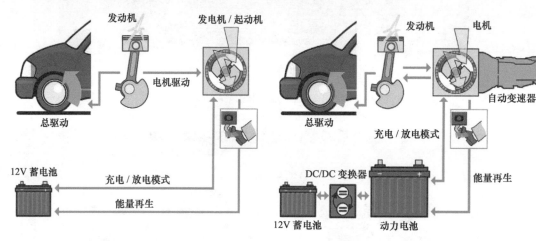

图 1-9　微混合动力系统　　　　图 1-10　中度混合动力系统

3.全混合动力系统

这种系统将功率更强的驱动电机和发动机相结合，可以实现纯电力驱动。一旦达到规定条件，驱动电机即可辅助发动机的运行。低速行驶时，完全由电力驱动。发动机具备起动停止功能。回收的制动能量可为动力电池充电。发动机和驱动电机之间的离合器，可以断开这两个系统之间的连接。发动机仅在需要时介入。该种混动系统组成形式如图 1-11 所示。

图 1-11　全混合动力系统

1.2.3 插电混动汽车

混合动力技术的一种扩展被称为插电式混合动力汽车（Plug-in Hybrid Electric Vehicle, PHEV），它综合了纯电动汽车 (EV) 和混合动力汽车 (HEV) 的优点，既可实现纯电驱动，零排放行驶，也能通过混动模式增加车辆的续驶里程。它既有传统汽车的发动机、变速器、传动系统、油路、油箱，也有纯电动汽车的电池、电机、控制电路，而且电池容量比较大，有充电接口；既可以通过发动机进行充电，也可以通过车载充电机连接市电供电系统为其进行充电。该类车型混动系统组成形式如图 1-12 所示。

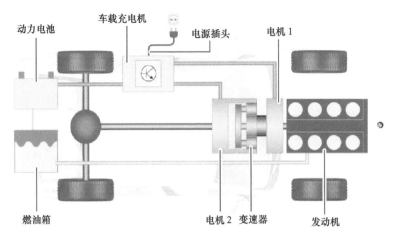

图 1-12 插电混合动力汽车

1.2.4 电动汽车

纯电动汽车是完全由可充电电池（如铅酸电池、镍氢电池或锂离子电池）提供动力源的汽车。典型结构如图 1-13 所示。

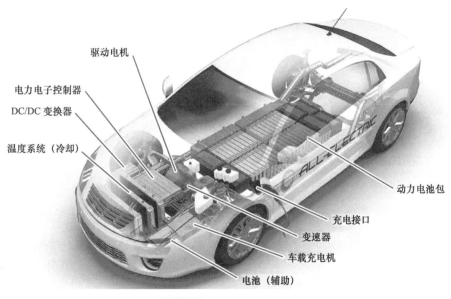

图 1-13 纯电动汽车结构

1.2.5 燃料电池汽车

燃料电池汽车是利用氢气和空气中的氧，在催化剂的作用下在燃料电池中经电化学反应产生电能，并以驱动电机作为主要动力源驱动的汽车。其中比较典型的车型如图 1-14 所示的丰田 Mirai。这是丰田第一款量产的燃料电池汽车，Mirai 的内部有两个氢气储气罐，可以存储 70MPa 的氢气，总重 87.5kg。一个气罐布置在行李舱靠前的位置，一个布置在后排座椅下面，这两个储气罐由三层材料包裹制成，后排座椅椅背后方，有一块 1.6kW·h 的机械轴封镍氢蓄电池组，它用作车辆运行时燃料电池堆所产生的多余电力，以及能量回收时的电力存储装置。在必要的时候，蓄电池可以同燃料电池堆同时向驱动电机输出电力，以增强车辆动力。

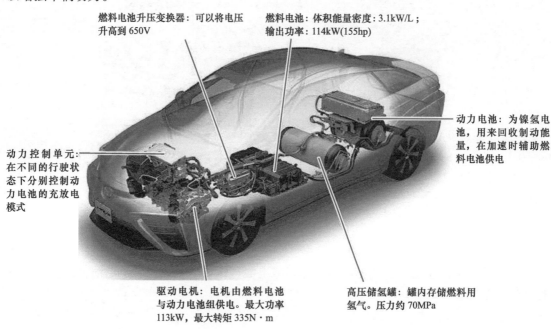

图 1-14　丰田 Mirai 氢燃料电动汽车

第 3 节

汽车工作原理

1.3.1　燃油 / 燃气汽车

　　燃料（汽油 / 柴油 /CNG/LPG）发动机的转矩经由传动系统，在驱动车轮上施加一个驱动力矩，力图使驱动轮旋转。汽车在行驶过程中会受到各种行驶阻力的作用。汽车在水平道路上匀速行驶时，必须克服来自地面的滚动阻力和来自空气的空气阻力。当汽车在坡道上上坡行驶时，还必须克服重力沿坡道的分力，即上坡阻力。汽车加速行驶时，还需要克服其惯性力，称为加速阻力。

　　发动机输出的动力，先经过离合器，由变速器变矩和变速后，经传动轴把动力传递到主减速器上，最后通过差速器和半轴把动力传递到驱动轮上，其动力传递路径如图 1-15 所示。

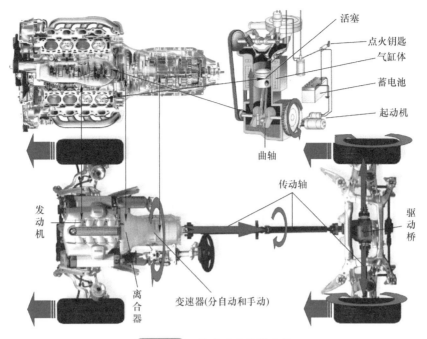

图 1-15　汽车动力传递路径

1.3.2　油电混动汽车

  混合动力汽车采用能够满足汽车巡航需要的较小发动机，依靠电机或其他辅助装置提供加速与爬坡所需的附加动力。其结果是提高了总体效率，同时并未牺牲性能。混合动力车设计成可回收制动能量。在传统汽车中，当驾驶人踩制动时，这种本可用来给汽车加速的能量作为热量被白白浪费掉了。而混合动力车却能回收大部分这些能量，并将其暂时贮存起来供加速时再用。当驾驶人想要有最大的加速度时，汽油发动机和电机并联工作，提供可与强大的汽油发动机相当的起步性能。在对加速性要求不太高的场合，混合动力车可以单靠电机行驶，或者单靠汽油发动机行驶，或者二者结合以取得最大的效率。油电混动汽车运行能量流路径如图 1-16 所示。

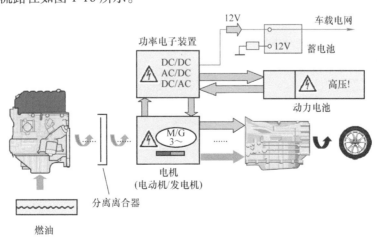

图 1-16　油电混动汽车运行能量流路径图

1.3.3 电动汽车 --

纯电动汽车以驱动电机代替燃油发动机，以电池取代油箱，由电机驱动而无须变速器。电动汽车和燃油汽车的主要区别就在于有动力电池、车载充电器、电驱系统、车辆控制器这些电动化部件。能量流路径为：动力电池→电力电子装置→驱动电机→动力传动系统→驱动汽车行驶，如图1-17所示。

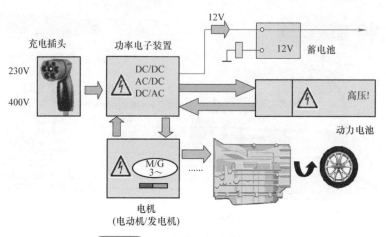

图 1-17　纯电动汽车能量流路径图

增程式电动车的发动机并不直接驱动车轮，而是通过自身工作为电池充电，再提供动力给车辆行驶。所以增程式电动汽车本质就是串联式混动，在电池电量充足时，以纯电动方式驱动车辆行驶，在下坡路段可以滑行（车辆以不消耗能源的方式运动），在车辆制动阶段或者在超速减速（反拖）阶段给动力电池充电，即处于能量回收模式；电池电量不足时，发动机借助于发电机来为动力电池充电。增程式电动汽车能量流路径如图1-18所示。

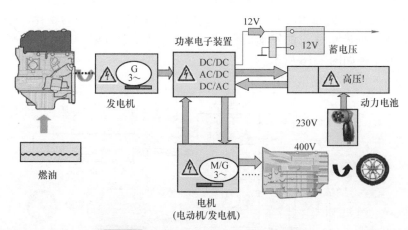

图 1-18　增程式电动汽车能量流路径图

1.3.4 燃料电池汽车 ---

燃料电池汽车用燃料电池代替蓄电池产生电能，从而供电给车上的电机使其运转。燃料电池与蓄电池不同，它必须从电池外部源源不断地向电池提供燃料，燃料一般用天然气、甲烷、煤气等含氢化合物。在电池的工作室内，燃料中的氢被分离出来，与输入的空气中的氧气结合生成水，同时产生电能。也有的燃料电池输入的燃料就是氢，称为氢燃料电池。车辆以纯电动方式驱动车辆行驶，下坡路段时滑行（车辆以不消耗能源的方式运动），通过能量回收功能在车辆制动阶段或者在超速减速（反拖）阶段给动力电池充电，当燃料耗尽时须添加才可以续驶。燃料电池汽车能量流路径如图 1-19 所示。

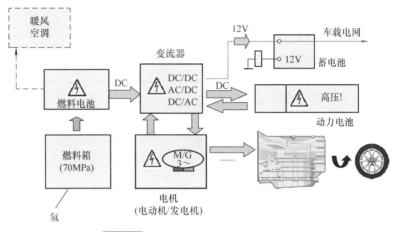

图 1-19　燃料电池汽车能量流路径图

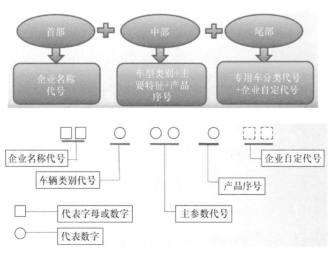

第 4 节
汽车型号与车辆识别代码规则

1.4.1　国产汽车型号编制规则

汽车型号表明汽车的厂牌、类型和主要特征参数等。我国汽车型号均应采用汉语拼音字母和阿拉伯数字，且由以下三部分组成，如图 1-20 所示。

图 1-20　国产汽车型号编制规则

（1）首部　为企业名称代号（由 2 个或 3 个汉语拼音字母组成）。例如：CA 代表第一汽车制造厂，EQ 代表第二汽车制造厂。部分国产汽车厂商代号见表 1-3。

表 1-3　部分国产汽车厂商代号

代号	CA	DFM	LZ	LZW	BYD	SC	CC
企业	一汽	东风	柳州（东风）	柳州五菱	比亚迪	长安	长城
代号	SQR	JL	GAH	BJ	SH	CSA	CH
企业	奇瑞	吉利	广汽	北汽	大通（上汽）	荣威/MG	昌河（北汽）
代号	HFC	JX	HFC	LXA	HMA	DN	EXH
企业	江淮	江铃	蔚来	理想	小鹏/海马	东南	威马

（2）中部　由 4 位阿拉伯数字组成，含义见表 1-4。

1）左起首位数字：表示车辆类别代号。

2）中间两位数字：表示汽车主要特征参数。

3）最末位数字：表示产品序号。

表 1-4　中部 4 位数字表示意义

首位：车辆类别	1	2	3	4	5	6	7	8	9
	载货汽车	越野汽车	自卸汽车	牵引汽车	专用汽车	客车	轿车	挂车	半挂汽车
中间两位：特征参数	汽车总质量数值（t）	—	汽车总质量数值（t）	—	—	汽车总长度数值（0.1m）	发动机工作容积数值（0.1L）	—	汽车总质量数值（t）
末位	企业自定义产品序号								

（3）尾部　分两部分。

1）前部分：用汉语拼音字母表示专用车分类代号；如厢式车用 X，罐式车用 G 等。

2）后部分：为企业自定代号，如要表示变型车（采用不同发动机、加长轴距、双排座等），在尾部加企业自定代号 A、B、C 等。

（4）车型型号实例

1）载货汽车型号（按总质量分级：1.8t、6t、14t），实例见表 1-5。

表 1-5　载货汽车型号实例

货车级别	示例品牌车型	型号	铭牌参数示例
微型货车	五菱荣光新卡	LZW1029	整车型号 LZW1029SPWA　车辆识别代号　品　牌 五菱　整车整备质量 1206 kg　乘坐人数 5　最大允许总质量 1990 kg　发动机型号 L3C　发动机最大净功率 70 kW
轻型货车	五十铃翼放 ES	JXW1040	生产厂名 江西五十铃汽车有限公司　制造 国中国 品牌 江西五十铃　最大允许总质量 4495kg 底盘型号 JXW1040CDJ2　整车整备质量 2100kg 发动机型号 4JJ1GJ
中型货车	江淮格尔发 K3	HFC1161	型号 HFC1161PZ5K1E1F　整备质量 5500 Kg　发动机型号 CA4DLD-15E4R　最大允许总质量 15600 Kg　发动机最大净功率/额定功率 110/112 kW

（续）

货车级别	示例品牌车型	型号	铭牌参数示例
重型货车	一汽解放 J6P	CA1310	品牌：解放牌　制造国：中国 车型号 CA1310P66K2L714L5 发动机型号 CA6DL2-38L5 发动机最大净功率 258 kW 最大允许牵引质量 9800 kg 整备质量 10500 kg 最大允许总质量 31000 kg

2）客车型号 [按车长（单位：m）分级：3.5m、7m、10m、12m]，实例见表 1-6。

表 1-6 客车型号实例

客车级别	示例品牌车型	型号	铭牌参数示例
微型客车	柳州五菱之光	LZW6389	整车型号 LZW6389BQV6 最大允许总质量 1575 kg 发动机排量 1206 mL 发动机最大净功率 54 kW 发动机型号 151 品牌 五菱 制造年月 2020-05 乘坐人数 5
轻型客车	沈阳金杯海狮	SY6503	品牌：金杯牌　制造国：中国 整车型号：SY6503H2S3BH 最大允许总质量：2800 kg 乘坐人数：10人 发动机型号：1TZS 发动机排量：1998 ml
中型客车	一汽丰田柯斯达	SCT6706	品牌 柯斯达（COASTER）制造国 中华人民共和国 整车型号 SCT6706GRB53LB 车辆识别代号 发动机型号 9GR 发动机排量 3956 mL 发动机最大净功率/转速 151/4200 kW/(r/min) 最大允许总质量 5540 kg 乘坐人数 20
大型客车	安凯星凯龙	HFX6101	安徽安凯车辆制造有限公司 星凯龙牌客车 整车型号 HFX6101HK2 车辆识别代号 LA86E0LC57D000413 发动机型号 YC6G240-30 总质量 13400 kg 发动机排量 7800 ml 乘员数 47 人
特大型客车	桂林大宇	GDW6121	品牌：桂林大宇牌 整车型号 GDW6121HK6 发动机型号 YC6L330-30 发动机额定功率 243 kW 乘坐人数 55

3）轿车型号实例：我国轿车型号（按发动机排量大小分类）实例见表 1-7。

第1章

表 1-7　轿车型号实例

轿车类型	排量等级 /L	示例品牌车型	铭牌参数 / 车身标识
微型轿车	≤ 1.0	比亚迪 F0	品牌　比亚迪　　制造国　中国 整车型号 BYD7100L5A1　乘坐人数　5 制造年月　2017 年　05 月 发动机型号　BYD371QA 发动机排量　998mL
普通轿车	> 1；≤ 1.6	大众桑塔纳	整车型号 SVW71512AF　乘坐人数 5 发动机型号 DLF　发动机排量 1498 mL 最大允许总质量 1580kg　制造年月 2020-08 发动机最大净功率 82 kW　制造国 中国
中级轿车	> 1.6；≤ 2.5	丰田凯美瑞	整车型号 GTM7201CSM 车辆识别代号 发动机型号 M20C　　发动机排量 1987mL 发动机最大净功率 131kW 制造年月 2020 年 9 月
中高级轿车	> 2.5；≤ 4.0	奥迪 A6L	商标：奥迪(AUDI)　型号：FV7301FCDBG 车辆识别代号 LFV6A24G5H3120177 制造日期 2017/11/11 最大允许总质量 2460 kg 乘坐人数 5 人 发动机型号 CTD 发动机最大净功率 200 kW 排量 2995 ml
高级轿车	> 4.0	红旗盛世	HQ430 V8

1.4.2　车辆识别代号（VIN）编制

车辆识别代号（Vehicle Identification Number) 简称"VIN"，是国际上通行的标识汽车的代号。它由 17 位字母和阿拉伯数字组成，故也称"17 位编码"。它可保证每个制造厂在 30 年内生产的每辆汽车识别代号的唯一性，就像身份证号码一样不会发生重号或错认，故又称为"汽车身份证"。

VIN 一般标示在汽车前半部易于看到且能防止磨损或替换的部位。如下列位置：汽车仪表与前风窗左下角交界处；发动机前横梁上；左前门边或立柱上；驾驶人左腿前方；前排左侧座椅下部；风窗玻璃下车身处等。

VIN 第一部分为制造厂识别代号（WMI），第二部分为车辆说明部分（VDS），第三部分为车辆指示部分（VIS），如图 1-21 所示。

以一汽 - 大众品牌车型为例，VIN 编码解读的具体示例如图 1-22 所示。

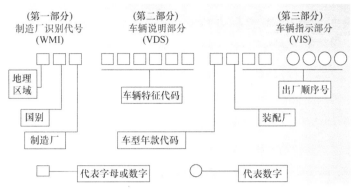

图 1-21　VIN 组成示意图

图 1-22　大众 VIN 编码详解

第2章 **汽车发动机**

第 1 节
发动机综述

2.1.1 汽车发动机的类型

　　常见的汽车发动机有汽油发动机与柴油发动机。这两种发动机最大的区别在于使用燃料的不同。因为燃料的特性不一样，决定它们的结构也有所区别。汽油机比柴油机多出点火系统。柴油机因为采用压燃的方式，不须点火，在气缸压缩温度达到着火点后即自行燃烧。

　　汽车发动机的分类及相关概念见图 2-1。

汽车发动机的分类

一、按燃料类别分
1. 柴油发动机（欧款小汽车多用，此外，重型货车和大客车也多用柴油机）
2. 汽油发动机（小轿车用得多的发动机）
3. CNG 发动机
4. LPG 发动机（多用于公交客车上）
5. 汽油/CNG 发动机，氢/汽油发动机

二、按冲程数分
1. 四冲程发动机（目前，绝大多数汽车发动机属于此类）
2. 二冲程发动机（现在，主要应用于摩托车）

三、按气缸数目分
1. 双缸发动机
2. 三缸发动机（少见，微型车中用到，直列，如奇瑞 QQ 汽车配置的 371 型）
3. 四缸发动机（当前汽车配置最多的一种发动机，为 L 直列式）
4. 五缸发动机（少见，形式为直列）
5. 六、八、十、十二缸发动机（多为 V、W 型，属于中高级、豪华轿车的配置，其中，V 型六缸应用最为广泛）

四、按气缸排列分
1. 直列发动机（多为 3、4、5、6 缸）
2. V 型发动机（多为 6、8、10、12 缸）
3. W 型发动机（多为 12、24 缸）
4. 对置发动机
5. 斜置发动机

五、按冷却方式分
1. 水冷发动机（汽车发动机中最多的一种）
2. 风冷发动机（多见于单、双缸的摩托车用发动机，汽车中跑车也有用到）

六、按活塞形式分
1. 往复活塞发动机（汽车发动机应用最多的一种）
2. 转子活塞发动机（少见，马自达 RX-8 跑车用到）

七、按供油方式分
1. 化油器式发动机（早期汽车所用汽油发动机形式）
2. 电控/喷油发动机（现在，所有生产装配的发动机都是带电子控制的）

直列 4 缸水冷电控四冲程往复式汽油发动机

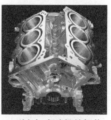

V 型六缸发动机的缸体

W 型 12 缸 6.0L 发动机

保时捷跑车用对置式发动机

图 2-1　汽车发动机分类

2.1.2 发动机性能参数

上止点：活塞在气缸内做往复直线运动时向上运动到的最高位置。

下止点：活塞在气缸内做往复直线运动时向下运动到的最低位置。

活塞行程：活塞在两个止点间移动的距离，即上下止点间的距离，见图 2-2。

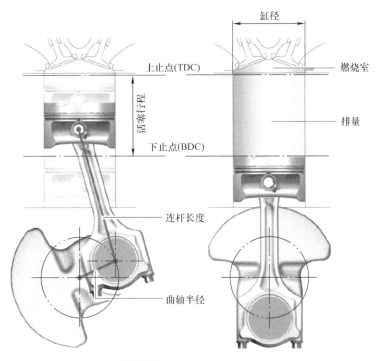

图 2-2 **发动机基本概念**

燃烧室容积：活塞处于上止点时，其顶部与气缸盖之间的容积。

气缸总容积：活塞处于下止点时，其顶部与气缸盖之间的容积。

气缸工作容积：气缸总容积与燃烧室容积之差，即活塞在上下止点间运动所扫过的容积。

压缩比：就是发动机缸内可燃混合气被压缩的程度，用压缩前的气缸总容积与压缩后的气缸容积（即燃烧室容积）之比表示，如图 2-3 所示。压缩比与发动机性能有很大关系，通常低压缩比指的是压缩比在 10 以下，高压缩比在 10 以上。相对来说，压缩比越高，发动机的动力就越大。

发动机排量：多缸发动机各缸工作容积的总和，如图 2-4 所示。

四冲程发动机：曲轴转两圈，活塞上下往复运动四次，完成一个工作循环的发动机。

空燃比：表示空气和燃料质量的混合比，工程上将实际空燃比与理论当量空燃比（14.7）的比值定义为过量空气系数，用符号 λ 表示，如图 2-5 所示。

转矩：指发动机曲轴端所发出的力矩，是体现汽车加速能力的指标。通俗说，转矩越大，汽车的瞬间加速能力也就越强。发动机转矩的单位为牛·米（N·m）。

功率：指的是发动机在单位时间所做的功，是表示汽车动力大小的指标。通俗说，发动机功率越大，表示汽车速度越快。发动机功率单位为千瓦（kW）/ 马力（hp⊖）。

⊖ 1hp=0.735kW。

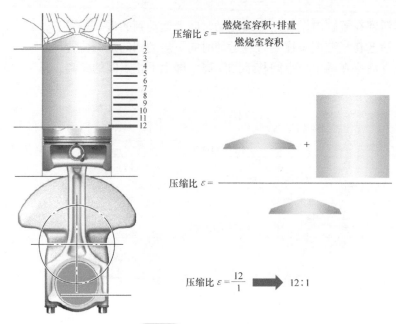

$$压缩比\ \varepsilon = \frac{燃烧室容积+排量}{燃烧室容积}$$

$$压缩比\ \varepsilon = $$

$$压缩比\ \varepsilon = \frac{12}{1} \quad \Longrightarrow \quad 12:1$$

图 2-3　发动机压缩比

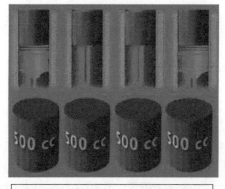

举例：四缸发动机各缸工作容积为500mL

发动机工作排量为2L

别克V6 3.8L发动机

奥迪V8 4.2L发动机

图 2-4　发动机排量示意图

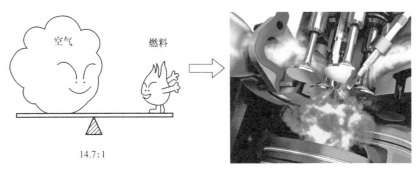

图 2-5　空燃比概念

爆燃：在压缩行程还未到达设计的点火位置，可燃混合气自行点火燃烧。此时，燃烧所产生的巨大冲击力与活塞运动的方向相反，引起发动机振动，这种现象称为爆燃。爆燃又分为有感爆燃与无感爆燃两种，有感爆燃通常会引起发动机抖动，甚至车身也明显地发生抖动，无感爆燃主要的表现是发动机噪声加大。

急速：急速状态是指发动机无负荷运转时的工作状况。在发动机运转时，如果完全放松加速踏板，发动机就处于急速状态。发动机急速时的转速被称为急速转速，是维持发动机没有做功时正常运转的最低转速。急速转速可以通过调整节气门开度和空气流量计的急速螺钉等来调整。一般来讲，急速转速以发动机不抖动时的最低转速为最佳。发动机的正常急速转速一般为（850±50）r/min。

第 2 节
汽油发动机结构与原理

2.2.1　汽油发动机基本结构

发动机是由曲柄连杆和配气两大机构，以及冷却、润滑、点火、燃料供给、起动系统等五大系统组成的。发动机组成与部件构造，如图 2-6 所示。

2.2.2　汽油发动机运行原理

最常用的汽车发动机为四冲程汽油发动机，它的工作原理如图 2-7 所示。

进气行程：发动机进气门开启，排气门关闭，活塞从上止点向下止点移动，活塞上方的容积增大，从而气缸内的压力降低到大气压力以下，即在气缸内产生真空吸力。这样，可燃混合气（进气歧管燃油喷射）或新鲜空气（缸内燃油直喷）便经进气歧管和进气门被吸入气缸。

压缩行程：为使吸入气缸的可燃混合气能迅速燃烧，必须在燃烧前将其压缩。在压缩行程中，进、排气门全部关闭，曲轴推动活塞从下止点向上止点移动，把可燃混合气压至燃烧室。

做功行程：压缩行程终了时，进、排气门仍关闭，喷油器向缸内喷射燃油（直喷型发动机），同时火花塞发出电火花点燃混合气，迫使活塞迅速下行，经连杆推动曲轴旋转而做功。

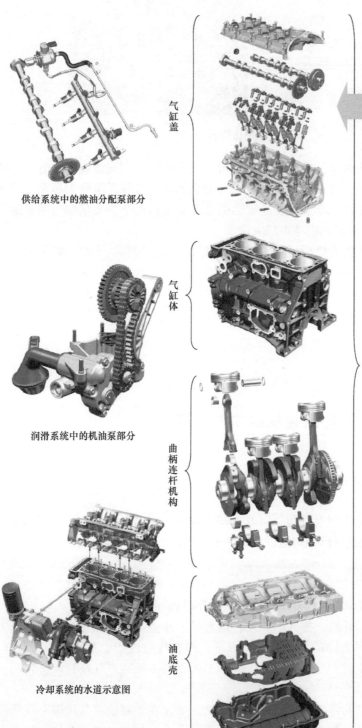

供给系统中的燃油分配泵部分

气缸盖

配气机构

润滑系统中的机油泵部分

气缸体

曲柄连杆机构

发动机整体
　　发动机由一体两机五系组成：一体指由气缸盖、气缸体、油底壳组成的机体组，两机指曲柄连杆机构和配气机构，五系指燃料供给系统、点火系统、起动系统、润滑系统及冷却系统

冷却系统的水道示意图

油底壳

进排气系统中的进气歧管部分

图 2-6　发动机组成与部件构造

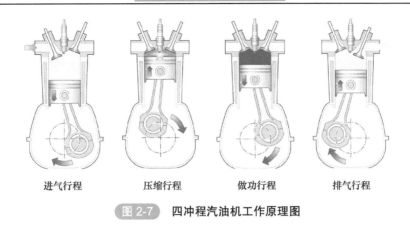

进气行程　　　　压缩行程　　　　做功行程　　　　排气行程

图 2-7　四冲程汽油机工作原理图

　　排气行程：可燃混合气燃烧后生成的废气，必须从气缸中排出，以便进行下一个进气行程。当做功行程终了时，排气门开启，靠废气的压力进行自由排气，活塞到达下止点后再向上移动时，继续将废气强制排到大气中。

第3节
柴油发动机结构与原理

2.3.1　柴油发动机基本结构

　　柴油机和汽油机一样，每个工作循环也经历进气、压缩、做功和排气四个行程。它与汽油机的不同之处在于：在进气行程时柴油机吸入的是新鲜空气，在压缩行程接近终了时，柴油经喷油器喷入气缸，在很短的时间内与压缩后的高温空气混合后便立即自行燃烧。因此，柴油机燃烧对空气温度有一定要求，这也是柴油机在低温地区或冬季难以起动的原因。

　　常见的直列式与 V 型柴油发动机的部件分布和名称如图 2-8、图 2-9 所示。

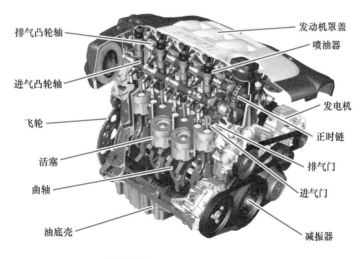

图 2-8　直列式柴油机剖视图

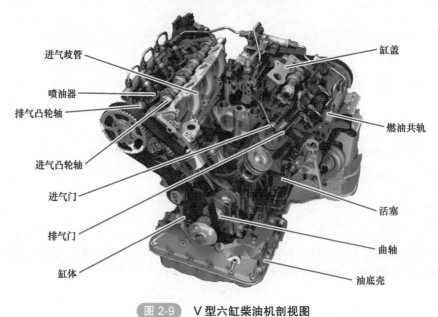

进气歧管

喷油器

排气凸轮轴

进气凸轮轴

进气门

排气门

缸体

缸盖

燃油共轨

活塞

曲轴

油底壳

图 2-9　Ｖ型六缸柴油机剖视图

图 2-10 所示为六缸柴油发动机部件分解图。

图 2-10　六缸柴油发动机部件分解

2.3.2　柴油发动机运行原理

柴油机的工作是由进气、压缩、做功和排气这四个行程来完成的，这四个行程构成了一个工作循环。活塞走完四个行程才能完成一个工作循环的柴油机称为四冲程柴油机，如图 2-11 所示。

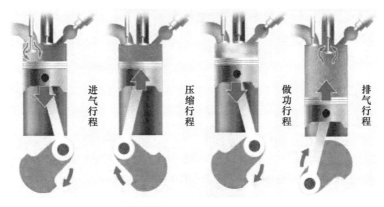

图 2-11　柴油机的四个行程

第一行程——进气，它的任务是使气缸内充满新鲜空气。当曲轴旋转时，连杆使活塞由上止点向下止点移动，同时，利用与曲轴同步运动的传动机构使进气门打开。随着活塞的向下运动，气缸内活塞上面的容积逐渐增大，造成气缸内的空气压力低于进气管内的压力，因此外面空气就不断地充入气缸。

第二行程——压缩。压缩时活塞从下止点向上止点运动，当活塞上行，进气门关闭以后，气缸内的空气受到压缩，随着容积的不断变小，空气的压力和温度也就不断升高，柴油发动机的压缩比为 15~23（约为汽油发动机的 2~3 倍），压缩行程终了时燃烧室温度可达到 500~800℃。

第三行程——做功。当活塞将要完成压缩行程时，喷油器将高压燃油喷进已达到高压和高温的空气，空气的高温使燃油自燃。燃烧时放出大量的热量，因此气体的压力和温度便急剧升高，活塞在高温高压气体作用下向下运动，并通过连杆使曲轴转动，对外做功。所以这一行程又叫工作行程。

第四行程——排气。排气行程的功用是把膨胀后的废气排出去，以便充填新鲜空气，为下一个循环的进气作准备。当做功行程中活塞运动到下止点附近时，排气门开启，活塞在曲轴和连杆的带动下，由下止点向上止点运动，并把废气排出气缸外。

第 4 节
燃气发动机结构与原理

2.4.1　燃气发动机基本结构

CNG 即压缩天然气（Compressed Natural Gas，简称 CNG），是将天然气加压并以气态储存在容器中。压缩天然气除了可以用油田及天然气田里的天然气外，还可以用人工制造的生物沼气（主要成分是甲烷）。

顾名思义，CNG 发动机就是用 CNG（压缩天然气）作为燃料的发动机（一般应用于大型货车、客车）。

有的乘用车使用 CNG 和汽油两用燃料，是采用定型的汽油机汽车改装的，在保留原车供油系统的基础上，增加一套车用压缩天然气装置，可燃用压缩天然气，也可燃用汽油，油气两种燃料转换非常方便。

车用压缩天然气装置由以下三个系统组成。

1）天然气储气系统：主要由充气阀、高压截止阀、天然气贮气瓶、高压管线、高压接头、压力传感器及气量显示器等组成。

2）天然气供给系统：主要由天然气滤清器、减压调节器、动力调节阀、混合器等组成。

3）油气燃料转换系统：主要由油气燃料转换开头、天然气电磁阀、汽油电磁阀等组成。

CNG 汽车工作原理如图 2-12 所示。

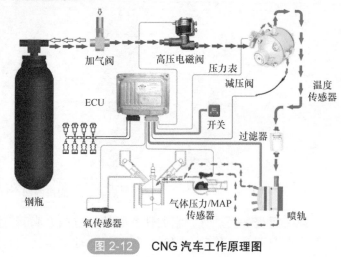

图 2-12　CNG 汽车工作原理图

2.4.2　燃气发动机运行原理

天然气的主要成分是烷烃，甲烷所占体积分数最大。甲烷的沸点为 $-161.5\,℃$，在 20MPa 压缩条件下是 CNG（压缩天然气），在 $-162\,℃$ 以下隔热状态条件下存在的就是 LNG（液化天然气）。

LNG 汽车的燃气系统由 LNG 气瓶、电控调压器、汽化器、液位仪、空气滤清器、安全装置（如过压阀、安全阀和防爆片），以及一系列阀件（如充液阀、截止阀和单向阀）等组成。当发动机起动，阀门打开，LNG 气瓶内的液化天然气依靠气瓶自身的压力，通过控制阀和燃料限流阀进入汽化器中。汽化器通过发动机冷却液对 LNG 进行加热，在汽化器中液化天然气被汽化成气态天然气。LNG 系统工作原理如图 2-13 所示。

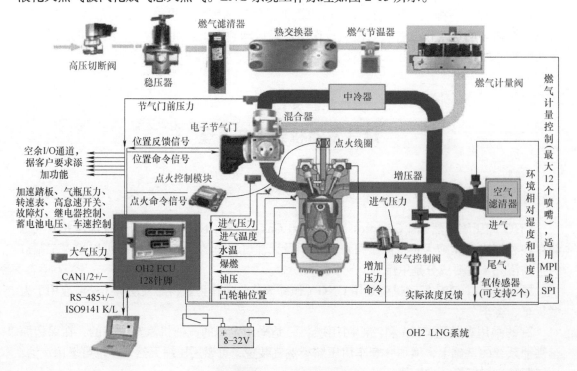

图 2-13　LNG 系统原理图

第 5 节

发动机曲柄连杆机构

2.5.1 机体组

发动机机体（cylinder block）主要由气缸体、气缸盖、气缸盖罩、气缸衬垫、主轴承盖以及油底壳等组成，如图 2-14 所示。机体组是发动机的支架，是曲柄连杆机构、配气机构和发动机各系统主要零部件的装配基体。气缸盖用来封闭气缸顶部，并与活塞顶和气缸壁一起形成燃烧室。另外，气缸盖和机体内的水套和油道以及油底壳，又分别是冷却系统和润滑系统的组成部分。

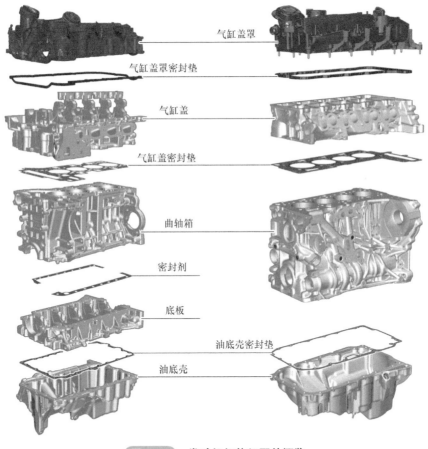

气缸盖罩

气缸盖罩密封垫

气缸盖

气缸盖密封垫

曲轴箱

密封剂

底板

油底壳密封垫

油底壳

图 2-14 发动机机体组配件概览

2.5.2 活塞连杆组

发动机活塞连杆组主要由活塞、活塞环、活塞销、连杆及连杆轴瓦等组成，如图 2-15 所示。该组件将活塞的往复运动转变为曲轴的旋转运动，同时将作用于活塞上的力转变为曲轴对外输出转矩，以驱动汽车车轮转动。它是发动机的传动件，把气体燃烧形成的压力传给曲轴，使曲轴旋转并输出动力。

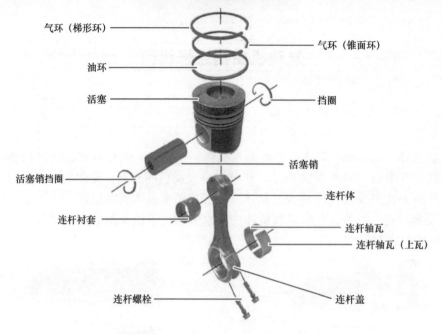

气环（梯形环）
气环（锥面环）
油环
活塞
挡圈
活塞销挡圈
活塞销
连杆体
连杆衬套
连杆轴瓦
连杆轴瓦（上瓦）
连杆螺栓
连杆盖

图 2-15　活塞连杆组配件概览（柴油机）

连杆是分体式的，连杆大头使用的是二元无铅轴承（与主轴承一样）。另一个重大改进，就是省去了连杆小头内的青铜衬套。因此，整个发动机使用的都是无铅轴承了。相关组件结构如图 2-16 所示。

无连杆衬套的轴承首次用于轿车发动机上，是德国奥迪公司的专利。活塞销在连杆内直接与钢结合在一起，在活塞内直接与铝合金结合在一起。为此，活塞销使用了一种专用的表面涂层，称之为 DLC 涂层。

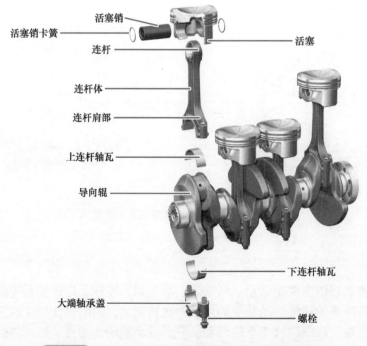

活塞销
活塞销卡簧
活塞
连杆
连杆体
连杆肩部
上连杆轴瓦
导向辊
下连杆轴瓦
大端轴承盖
螺栓

图 2-16　无连杆衬套的活塞连杆组件结构（汽油机）

2.5.3　曲柄飞轮组

曲柄飞轮组主要由曲轴、飞轮以及其他不同作用的零件和附件组成，如图 2-17 所示。其零件和附件的种类和数量取决于发动机的结构和性能要求。曲柄飞轮组的作用是：把活塞的往复运动转变为曲轴的旋转运动，为汽车的行驶和其他需要动力的机构（如配气机构、机油泵、水泵、风扇、发电机、空调压缩机等）输出转矩。同时还可储存能量，用以克服非做功行程的阻力，使发动机运转平稳。

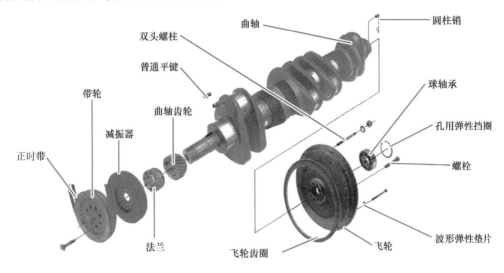

图 2-17　发动机曲柄飞轮组

发动机在工作中，其上作用着各种力和力矩。这些力和力矩使得发动机振动。如果因发动机悬置没有形成良好的支承而导致将振动传到车身上，那么行驶舒适性将大受影响。发动机工作时产生的力分为一阶力和二阶力。一阶力是惯性力，是由转动部件的离心力产生的，曲轴可以通过安装平衡配重和曲拐来抵消这种力。而二阶力就需要通过专门的措施来进行抵消了。二阶力是由于曲柄连杆机构部件平移而产生的，其应对措施就是使用平衡轴。平衡轴一般通过齿轮或者链条由曲轴直接驱动。平衡轴的转速是曲轴转速的两倍，一根平衡轴与曲轴转动方向相同，另一根平衡轴通过一个中间齿轮按与曲轴转动方向相反方向转动。平衡轴结构如图 2-18 所示。

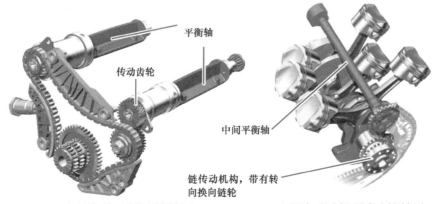

a) 通过两根平衡轴来抵消振动　　　　b) 通过一根中间平衡轴来抵消振动

图 2-18　通过平衡轴来抵消振动

平衡轴可以直接安装在缸体内，或者合成一个单独的平衡轴模块。平衡轴和中间齿轮轴向和径向都要使用滚子轴承，如图 2-19 所示。轴承是通过缸体内的机油油雾来润滑的。

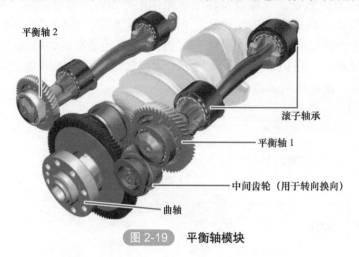

图 2-19　平衡轴模块

平衡轴 2
滚子轴承
平衡轴 1
中间齿轮（用于转向换向）
曲轴

第 6 节
发动机配气机构

2.6.1　配气机构组成与功能

发动机配气机构按照发动机每一气缸内所进行的工作循环和点火顺序的要求，定时开启和关闭各气缸的进、排气门，使新鲜的可燃混合气（非直喷汽油机）或空气（直喷汽油机和柴油机）得以及时进入气缸，废气得以及时从气缸排出。在压缩与做功行程中，关闭气门以保证燃烧室的密封。

配气机构可分为气门组和气门传动组两大部分，如图 2-20 所示。气门组包括气门及与之相关联的零件，其组成与配气机构的形式基本无关。气门传动组是从正时齿轮开始至推动气门动作的所有零件，其组成视配气机构的形式而有所不同，它的功用是定时驱动气门使其开闭。

2.6.2　配气正时与气门间隙

曲轴位置用相对于两个基准点的角度值（°）表示，在此也称为曲轴转角。两个基准点是活塞上止点（TDC）和下止点（BDC）。

曲轴转角用 TDC 或 BDC 前后多少度来表示，即活塞到达止点前 / 后的曲轴角度。

每进行一个行程，曲轴旋转 180°，活塞由一个止点移动到另一个止点。因此四冲程发动机完成一个循环时曲轴旋转 720°，即转动两圈。

吸入新鲜汽油空气混合气和排出废气称为换气。通过进气门和排气门控制换气。气门的开启和关闭时刻也取决于曲轴转角。这些时刻又称为正时时间，因为通过它们决定发动机的换气控制。表 2-1 展示了汽油发动机正时时间的参照值。

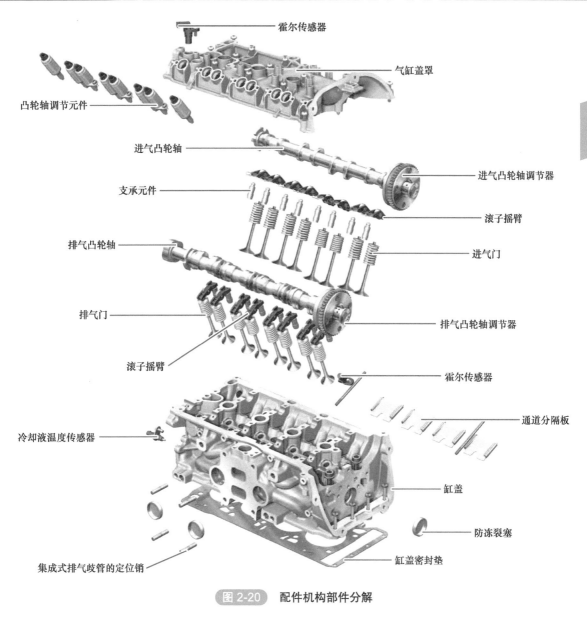

图 2-20　配件机构部件分解

表 2-1　汽油发动机正时时间参照值

气门	打开	关闭
进气	TDC 前 10°~15°	BDC 后 40°~60°
排气	BDC 前 45°~60°	TDC 后 5°~20°

　　活塞即将开始向下移动前进气门打开，活塞开始向上移动后进气门关闭。排气门的运行方式与此相似。活塞开始向上移动前排气门打开，活塞开始向下移动后排气门关闭。图 2-21 所示的配气相位图展示了发动机的正时时间。

　　在整个行程过程中，曲轴完整旋转两圈。因此各经过上止点和下止点两次。但是由于两次经过上止点时的情况不同，因此需要另外一个在循环过程中仅出现一次的基准点，为此采用所谓的点火 TDC。它是开始燃烧的时刻。

燃烧室充气指的是进气行程中进入气缸内的新鲜空气量（汽油空气混合气或纯空气）。燃烧室充气量越大，发动机输出功率就越高。使进气门开启时间超过曲轴转角180°可提高燃烧室充气效率和发动机功率。进气门在活塞到达TDC前打开，并在活塞到达BDC后关闭。如图2-22所示，进气门和排气门同时打开的这种状态称为气门重叠。此外，还能通过减小新鲜空气进气阻力和降低燃烧室温度来提高充气效率。

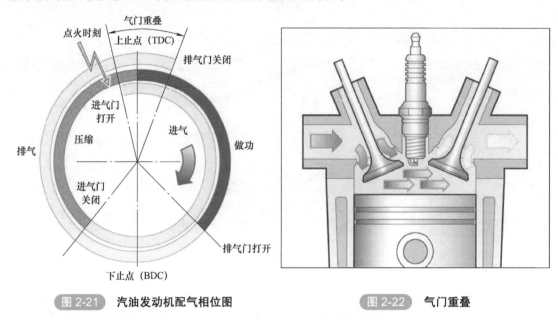

图 2-21　汽油发动机配气相位图　　　　图 2-22　气门重叠

进行排气行程时，排气门在活塞到达TDC前打开。这样有助于排出废气并减轻曲轴传动机构负荷。提前打开排气门可使燃烧室内的压力降至环境压力。反正此时的压力也不足以继续进行有效做功，还可使排气过程更加轻松，因为发动机无须克服高压做功的阻力。此外，这样还能进一步降低燃烧室内的温度，从而有利于下一个充气过程。

气门间隙是为保证发动机配气机构的正常工作而设置的。由于配气机构工作时处于高速状态，温度较高，因此如气门挺杆、气门杆等零件受热后伸长，便会自动顶开气门，使气门与气门座关闭不严，造成漏气现象。为避免这种现象发生，设计配气机构时，在进排气门杆尾端与挺杆（或摇臂）上调整螺钉之间留有一定的间隙，这一间隙就是气门间隙，如图2-23所示。

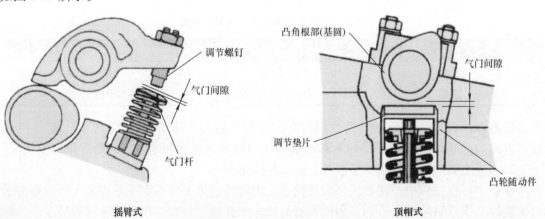

摇臂式　　　　　　　　　　　顶帽式

图 2-23　气门间隙调整位置

2.6.3　气门组

气门组包括气门、气门导管、气门头及气门弹簧等零件，如图 2-24 所示。有的进气门还设有气门旋转机构。气门组应保证气门对气缸的密封性。

气门所承受的负荷是非常大的，气门工作时除了承受机械负荷外，还要承受热负荷和摩擦。因此对气门的结构和材质都是有相应要求的。比如有些气门是充钠的，以便更好地导热。排气门所承受的热负荷明显大于进气门，因为排气门几乎不会接触温度较低的气体。排气门温度最高可达700℃，主要是通过气门座来散热。

气门与气门导管和气门弹簧共同构成一个总成，安装位置及结构如图 2-25 所示。一个气门分为气门头、气门座和气门杆三部分。气门座与气门座圈共同构成一个功能单元。

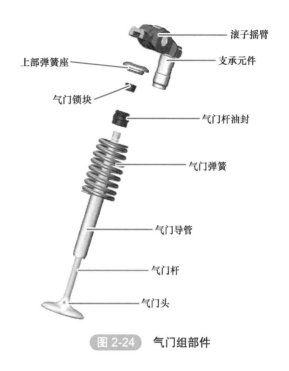

图 2-24 气门组部件

气门主要分为三种主要类型：单一金属气门、双金属气门和空心气门。单一金属气门由一种材料制成，通过锻造方式制成所需形状。双金属气门的气门杆和气门头单独制造，最后通过摩擦焊接方式接合在一起。空心气门用于排气门侧，以便降低内圆角和气门面附近的温度。为了传导热量，气门杆空腔大约 60% 的部分填充一种可在 97.5℃ 时熔化的材料（金属钠）。这种材料可根据发动机转速在气门空腔内产生振动。内圆角和气门头处产生的部分热量通过液态材料传至气门导管，并进入冷却循环回路，从而显著降低气门温度。

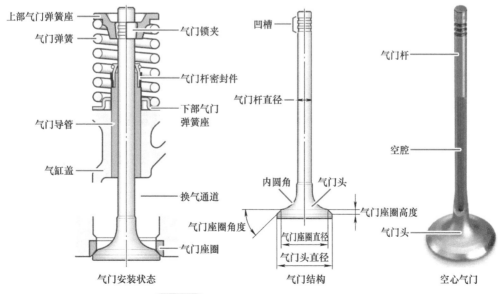

图 2-25 气门组部件安装位置及结构

2.6.4 气门传动组

摇臂、压杆或挺杆负责将凸轮运动传给气门，如图 2-26 所示。因此这些部件也称为传动元件。传动元件沿凸轮轮廓移动，直接或间接（以一定传动比）传递运动。

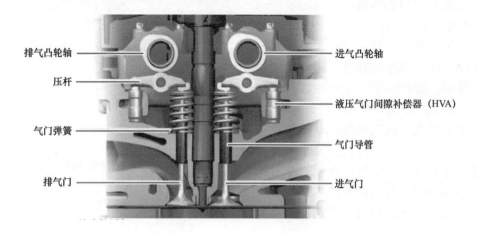

排气凸轮轴　　进气凸轮轴
压杆　　液压气门间隙补偿器（HVA）
气门弹簧　　气门导管
排气门　　进气门

图 2-26　带压杆的气门传动机构

摇臂是一种间接驱动的气门机构。摇臂支撑在轴的中部。凸轮轴位于摇臂下方的一端。摇臂另一侧对发动机进气门或排气门进行操控。现代发动机很少使用摇臂。

压杆也是采用间接传动方式的气门机构部件，但是它不支撑在轴上，而是一端直接支撑在气缸盖上或一个 HVA 元件上，另一侧靠在气门上。凸轮轴的凸轮从上面压向压杆中部。现在使用的压杆几乎都是滚子式气门摇臂，如图 2-27 所示。

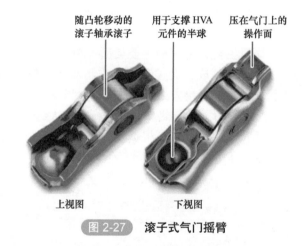

随凸轮移动的　用于支撑 HVA　压在气门上的
滚子轴承滚子　元件的半球　操作面

上视图　　　　下视图

图 2-27　滚子式气门摇臂

挺杆是进气门和排气门的直接传动装置，因为它不改变凸轮的运动或传动比。挺杆用于传递直线运动，其导向部件位于气缸盖内。气门机构带有挺杆和液压气门间隙补偿装置时，HVA 元件是挺杆的一个组成部分。使用最多的是桶状挺杆，如图 2-28 所示。

凸轮轴的位置有下置式、中置式和顶置式三种。下置式配气机构的凸轮轴位于曲轴箱内，中置式配气机构的凸轮轴位于机体上部，顶置式配气机构的凸轮轴位于气缸盖上。现在大多数量产车的发动机配备的是顶置式凸轮轴。

顶置凸轮轴（Overhead camshaft，简称 OHC）是一种现今流行的汽车发动机气门机构。按照配气结构内包含的凸轮轴数目，顶置凸轮轴可分为单顶置凸轮轴（Single overhead camshaft，SOHC）和双顶置凸轮轴（Double overhead camshafts，DOHC），结构形式如图 2-29 所示。单顶置凸轮轴是一种在气缸盖内只设置一支凸轮轴的设计。双顶置凸轮轴是一种在气缸盖内配备两支凸轮轴的设计，两支凸轮轴分别控制进气门和排气门。

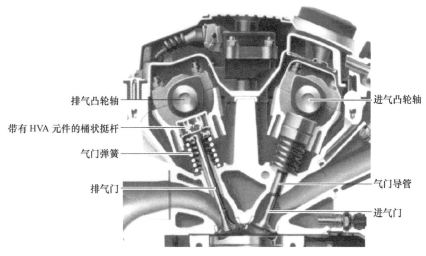

排气凸轮轴

带有HVA元件的桶状挺杆

气门弹簧

排气门

进气凸轮轴

气门导管

进气门

图 2-28　带有桶状挺杆的气门机构

凸轮轴控制换气过程和燃烧过程。它的主要任务是开启和关闭进气门和排气门。凸轮轴由曲轴驱动，其转速与曲轴转速之比为1∶2，即凸轮轴转速只有曲轴转速的一半。这可以通过齿轮链轮传动比来实现。

开启气门时，凸轮作用力通过一个或多个操纵元件传至气门上（靠在凸轮上的元件称为凸轮随动件）。此时，作用力将克服气门弹簧力开启气门。关闭时，通过气门弹簧力关闭气门，并在气门座区域使气门保持关闭状态。

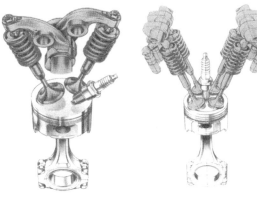

单顶置凸轮轴（SOHC）　　双顶置凸轮轴（DOHC）

图 2-29　顶置凸轮轴布置形式

凸轮轴的主要部分是圆柱形轴体。根据具体结构采用空心或实心轴体。轴体上带有凸轮。工作时作用力由凸轮轴轴承承受。凸轮轴上也可带有用作凸轮轴传感器轮参考基准的轮齿。维修时需要用到安装专用定位工具的双平面轴颈和装配时顶住凸轮轴的扳手宽度面。凸轮轴结构如图 2-30 所示。

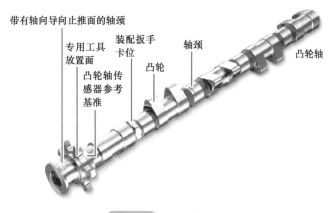

带有轴向导向止推面的轴颈

专用工具放置面

凸轮轴传感器参考基准

装配扳手卡位

凸轮

轴颈

凸轮轴

图 2-30　凸轮轴结构

凸轮轴的主要传动方式就是使用链传动机构。如果需要传递的力较大，或者传力需要横跨的距离较大时，就使用链传动机构。链条将曲轴上驱动轮的转动传给凸轮轴上的链轮。液压链条张紧器负责将链条持续张紧，这种链条张紧器对尽量降低链条磨损具有重要作用。

塑料制的导轨（或叫滑槽）用于引导链条并降低工作噪声。根据链条的走向路径，可能会使用多个链条张紧器。根据发动机的不同和要驱动的辅助系统数目的不同，所使用的链条机构数量也就不同。用于驱动辅助系统的链条机构，一般用机械式张紧元件来张紧。四缸汽油发动机正时链传动机构如图 2-31 所示。

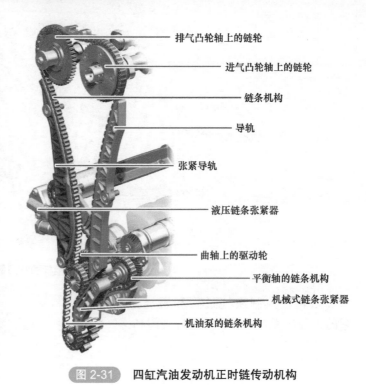

- 排气凸轮轴上的链轮
- 进气凸轮轴上的链轮
- 链条机构
- 导轨
- 张紧导轨
- 液压链条张紧器
- 曲轴上的驱动轮
- 平衡轴的链条机构
- 机械式链条张紧器
- 机油泵的链条机构

图 2-31　四缸汽油发动机正时链传动机构

根据发动机的复杂程度和要驱动的辅助系统数目的多少，所使用的链传动机构数量是不同的。复合式正时链传动机构主要用于 V 型和 W 型发动机，其结构如图 2-32 所示。

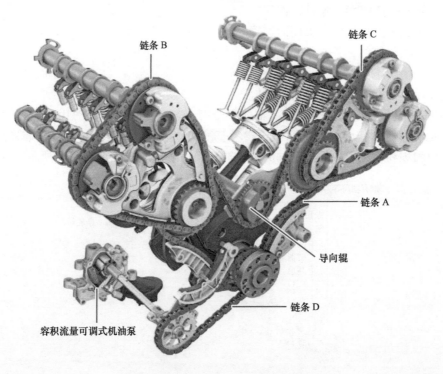

- 链条 B
- 链条 C
- 链条 A
- 导向辊
- 链条 D
- 容积流量可调式机油泵

图 2-32　复合式正时链传动机构结构

　　根据对链传动机构要求的不同，应使用不同形式的链条。链条分为滚子链链条、套筒链链条和齿链链条。

　　滚子链的链节上有内链板和外链板，这两个元件构成了链节的框架，如图2-33a所示。链销负责把内链板和外链板彼此连接起来，另外，链销还负责将各个链节彼此连接起来。链销在轴套内，而轴套又在滚子内。滚子在套筒上贴着链轮齿廓滚动，因此周长上的不同部位会重复使用。滚子和轴套之间的润滑剂能起到降低噪声和减振的作用。

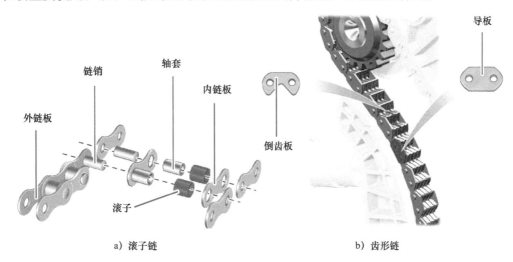

a）滚子链　　　　　　　b）齿形链

图 2-33　正时链局部结构

　　套筒链与滚子链结构上的区别，仅在于前者省去了滚子。在这种结构的链条上，链轮齿廓直接与固定不动的轴套在同一位置相接触，因此这种链条的良好润滑就显得特别重要了。套筒链链条在活结处磨损很小。

　　齿形链是一种效率极高的链条结构形式，使用所谓的齿形链板来传力。齿形链板叠加成多层并错开布置，侧面的导板用于防止链条脱出，如图2-33b所示。

　　驱动凸轮轴的方法除了链传动以外，还可以使用齿形带（正时带）。齿形带机构用传动带来将凸轮轴和曲轴连在一起以便驱动。它有张紧轮，负责给带预紧，以便可靠工作。齿

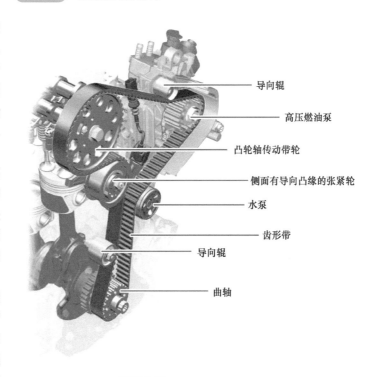

图 2-34　齿形带驱动机构

形带机构还驱动其他部件，比如水泵。张紧轮和导向轮上有凸缘，可防止齿形带脱出。四缸汽油发动机齿形带（正时带）驱动机构如图2-34所示。

第 7 节
发动机进排气系统

2.7.1 基本进气系统

进气系统由空气滤清器、空气流量计、进气压力传感器、节气门体、附加空气阀、急速控制阀、谐振腔、动力腔、进气歧管等组成，如图 2-35 所示。带有涡轮增压功能的发动机，除增压器外，还配置有增压空气冷却器、增压调节器等部件。

横置发动机空气进气系统部件分布，如图 2-36 所示。

纵置发动机空气进气系统部件分布，如图 2-37 所示。

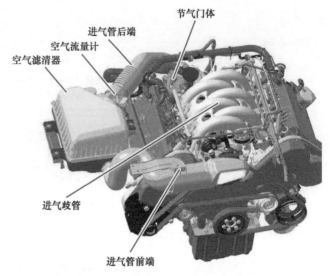

图 2-35 发动机进气系统部件（自然吸气型）

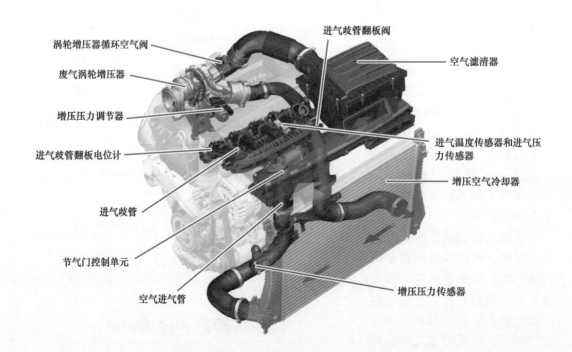

图 2-36 横置（涡轮增压型）发动机空气进气系统

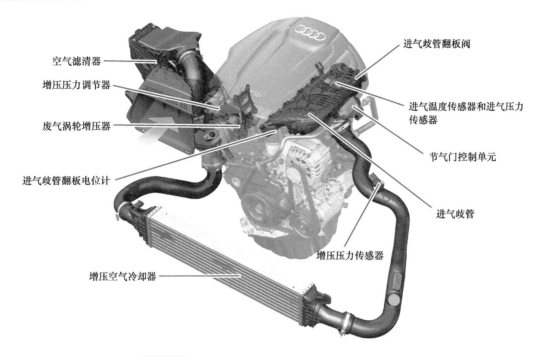

图 2-37　纵置（涡轮增压型）发动机空气进气系统

2.7.2　进气控制系统

可变进气歧管，在发动机高速和低速时都能提供最佳配气。发动机在低转速时，用又长又细的进气歧管，可以增加进气的气流速度和气压强度，并使得汽油得以更好地雾化，燃烧得更好，提高转矩。发动机在高转速时需要大量混合气，这是进气歧管就会变得又粗又短，这样才能吸入更多的混合气，提高输出功率。

一级——低转速区：在发动机停机时，两个翻板都是打开着的，如图 2-38 所示。如果发动机在怠速运行，那么两个真空单元就被相应的进气歧管切换电磁阀给抽成真空了。于是，切换翻板从怠速转速直至切换转速都是关闭着的。

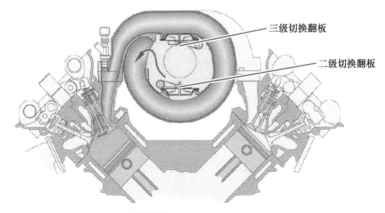

图 2-38　低转速区进气控制

二级——中等转速区：发动机在中等转速区时，进气歧管切换电磁阀将大气压力引入到 2 级切换翻板的真空单元内。于是 2 级切换翻板就打开了，进气路径就缩短了，如图 2-39 所示。

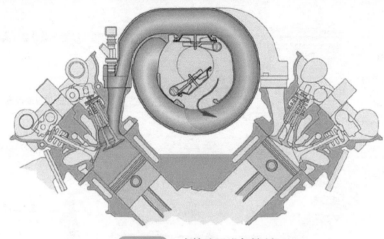

图 2-39　中转速区进气控制

三级——较高转速区：发动机在较高转速区时，3 级切换翻板也打开了，如图 2-40 所示。这时吸入的空气以最短进气路径进入燃烧室。

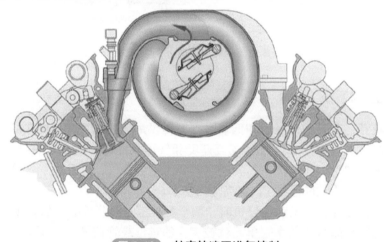

图 2-40　较高转速区进气控制

2.7.3　排气系统

排气系统一般都布置在车底部，它由多个部件组成，要承担一系列任务。

从燃烧室出来的废气具有很大的冲量，排气系统必须要削弱这个冲量，使之不超过一定的噪声水平。同时，还要保证发动机功率损失尽可能小。可靠地引走废气，防止废气渗入驾驶室内。将废气中所含的有害物质降低到规定水平，限制排气噪声，并形成所期望的噪声音响效果。

排气系统大致由下述元件组成：排气管，排气歧管，外置排气歧管，集成式排气歧管，排气歧管 - 废气涡轮增压器模块，三元催化转化器（汽油机用），氧化式催化转化器（柴油机用），柴油微尘过滤器（柴油机），选择性催化还原技术（SCR，柴油机用），隔离元件，反射式消声器，吸收式消声器，排气控制阀，催化转化器前氧传感器，催化转化器后氧传感器，三元催化转化器（前置的），三元催化转化器隔离元件，中间消声器，后消声器。排气系统组成部件如图 2-41 所示。

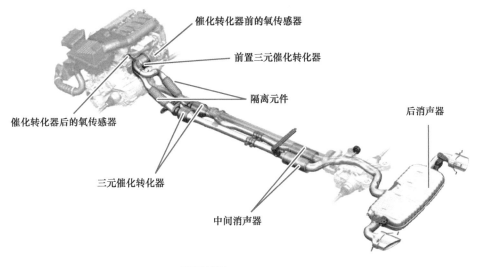

图 2-41 排气系统部件

柴油机工作时，其可燃混合气中的氧是过量的（λ>1），这使得废气中氧浓度很高。因此，催化转化器就不需要氧传感器来调节氧含量了。为了能转化不同的有害物质，柴油发动机上配备了多种催化转化器，每种执行不同的功能。柴油机催化转化器内部构造如图 2-42 所示。

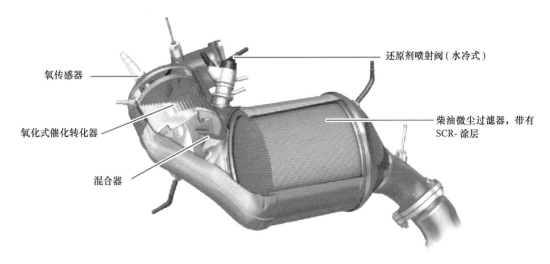

图 2-42 柴油机排气催化转化器构造

2.7.4 排气净化装置

三元催化转化器，是安装在汽车排气系统中最重要的机外净化装置，它可将汽车尾气排出的 CO、HC 和 NO_x 等有害气体通过氧化和还原作用转化为无害的二氧化碳、水和氮气。当高温的汽车尾气通过催化装置时，三元催化转化器中的催化剂将增强 CO、HC 和 NO_x 三种气体的活性，促使其进行一定的氧化 - 还原化学反应，其中 CO 在高温下氧化成为无色、无毒的二氧化碳气体；HC 化合物在高温下氧化成水和二氧化碳；NO_x 还原成氮气和氧气。三元催化转化器原理如图 2-43 所示。

氮气 N_2 H_2O 水
CO_2 二氧化碳

一氧化碳 CO
氮氧化合物 NO$_x$
碳氢化合物 HC

图 2-43　三元催化转化器原理

2.7.5　曲轴箱强制通风系统

曲轴箱强制通风系统（PCV）可向发动机提供新鲜空气。此新鲜空气与漏气和发动机机油蒸气混合。漏气气体中的燃油和水蒸气被混合的新鲜空气吸收，并通过曲轴箱通风系统被排放。为了对曲轴箱进行通风，新鲜空气从空气滤清器和空气质量流量计后的发动机进气管道中被抽吸出来，通风管道通过一个单向阀与气缸盖罩盖连接，如图 2-44 所示。

单向阀确保连接的气体供应并且未经过滤的漏气气体不会被直接吸入。单向阀的结构也使得它能够在曲轴箱中压力过高时打开，避免因压力过高时损坏密封件。通风阀内部结构如图 2-45 所示。

强制通风使用的是带止回阀的一根软管。新鲜空气直接从空气滤清器经过阀盖上的接头直接到达曲轴箱，如图 2-46 所示。止回阀的作用是防止已经进行过油气分离气体从这里出

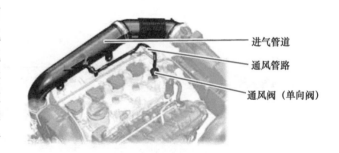

进气管道
通风管路
通风阀（单向阀）

图 2-44　曲轴箱强制通风系统部件

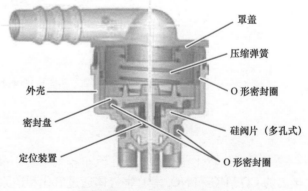

罩盖
压缩弹簧
O 形密封圈
硅阀片（多孔式）
O 形密封圈

外壳
密封盘
定位装置

图 2-45　曲轴箱通风阀结构

来。止回阀朝向空气滤清器方向的接头可以关闭。曲轴箱强制通风的目的是帮助缸体和机油内的燃油和水蒸气凝结物降压。

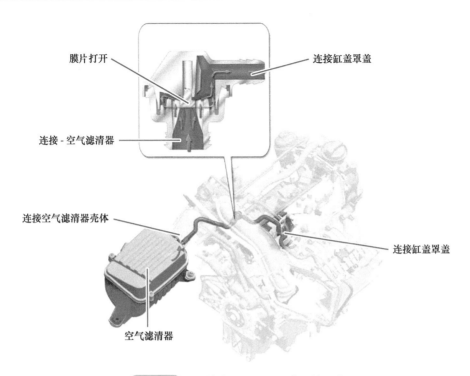

图 2-46　曲轴箱强制通风系统连接形式

2.7.6　燃油蒸发控制系统

　　在发动机运行时，从活性炭罐中抽吸燃油蒸气会产生与曲轴箱通风相同的问题。当有增压压力时，燃油蒸气不能直接流入进气歧管中。借助于双向检查阀并取决于进气歧管中的压力状态，燃油蒸气或者直接流入进气歧管（无增压压力）或者流入废气涡轮增压器（有增压压力），如图 2-47 所示。

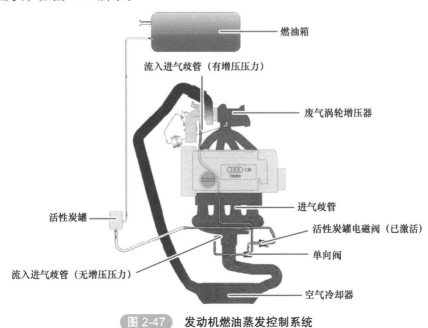

图 2-47　发动机燃油蒸发控制系统

活性炭罐系统的 ACF 管连在通风管的另一个插头上，紧挨着控制阀。这个系统的功能和曲轴箱通风是一样的，管路连接如图 2-48 所示。

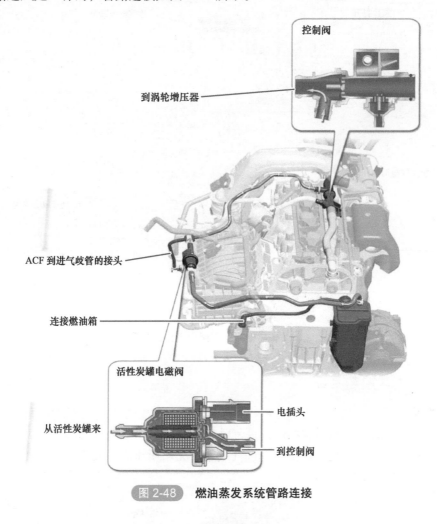

控制阀

到涡轮增压器

ACF 到进气歧管的接头

连接燃油箱

活性炭罐电磁阀

从活性炭罐来

电插头

到控制阀

图 2-48　燃油蒸发系统管路连接

第8节
发动机燃油供给系统

2.8.1　汽车燃料种类及特性

汽车的主要燃料包括汽油、柴油和其他代用燃料。目前，汽车上使用的燃料主要仍是汽油和柴油。

原油是一种黏稠的液体，易燃烧，有特殊的气味，颜色非常丰富，有红、金、墨绿、黑、褐红、淡白色等；日常生活中到处可见的石油产品及其附属品，如汽车上用到的汽油、柴油、石油气、机油、制动液以及塑料、纤维等，都是从石油中提炼出来的。石油中可提炼出的产品种类如图 2-49 所示。

石油的主要化学元素是碳和氢，它们组成不同的碳氢化合物，这些碳氢化合物都有不同的沸点，因此随着对石油逐步加热，不同的温度使不同沸点的成分蒸发分馏出来。

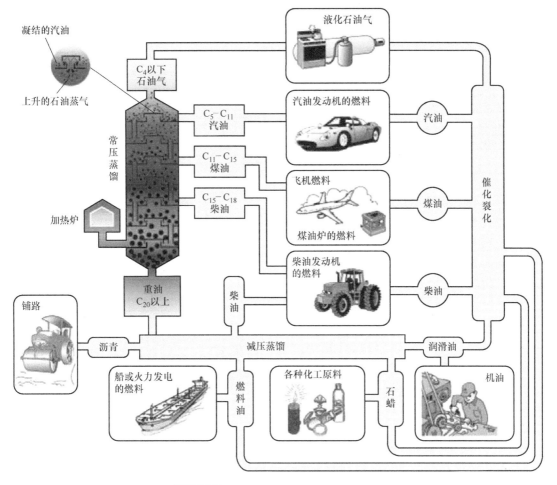

图 2-49　石油中可提炼出来的产品种类

压缩天然气（CNG）及液化天然气（LNG）和液化石油气（LPG）由于具有低的污染物排放被认为是内燃机较理想的代用燃料，已经被成功地应用于汽油机，如图 2-50 所示。作为车用燃料，LPG 的主要成分是丙烷、丁烷和少量烯烃和戊烷。LPG 辛烷值较高，燃料成本比乙醇、汽油、柴油等便宜，CO、NO_x 等有害排放量低于汽油排放，基本上消除了黑烟和颗粒物（PM），发动机工作噪声低。天然气具有较高的辛烷值，抗爆性能好，与汽油相比，燃烧更完全。天然气凭借其良好的排放特性及丰富的储量，而成为各种代用燃料汽车的首选。

醇类燃料具有辛烷值高、汽化潜热大、热值较低等特点。醇类燃料自身含氧，在发动机燃烧中可提高氧燃比；CO 和 HC 的排放较汽油和柴油低，几乎无碳烟排放。另外，由于汽化潜热大，可降低进气温度，提高充气效率，使最高燃烧温度低，发动机的 NO_x 排放较低。醇类燃料主要包括甲醇和乙醇。

乙醇汽油是将燃料乙醇以一定比例添加到汽油中，形成车用乙醇汽油，如图 2-51 所示。这种汽油可有效减少汽车尾气中的细颗粒物排放以及其他有害物质的排放，我国推广的 E10 乙醇汽油，也就是在汽油调和组分油中加入 10% 的变性燃料乙醇调和而成的环保汽油。

图 2-50　CNG 加气站与 CNG 车型

燃料乙醇行业技术日趋成熟，目前从工艺上讲主要有生物制乙醇和煤制乙醇两条技术路径。其中生物发酵主要是以玉米、小米、木薯等为原材料，经发酵等生产工艺生产无水乙醇，而煤质乙醇则是中国煤化工行业的新方向之一，通过合成气微生物发酵或醋酸加氢等方法制备乙醇。

生物质燃料是指从农作物或动物的脂肪中提取的可再生燃料。地球变暖已引起世界各国的关注，人们正在开发来源广泛的生物能源。目前已研制成功并投入使用的植物油型燃料有菜籽油、棉籽油、棕桐油、豆油、甲醇混合油等。生物质燃料是一种可再生能源，特别是植物在生产过程中会吸收大气中的 CO_2，有助于减轻地球温室效应。

生物质燃料可供提取的物质种类很多，比如玉米、黄豆、亚麻籽、油菜籽、甘蔗、椰子油、厨余食用油等，如图 2-52 所示。它不同于石油等传统燃料，属于可以再生的燃料。虽然生物质燃料属于可再生能源，但是生产生物质燃料的农作物也存在污染、粮食安全等诸多问题，目前尚未得到全球性的广泛应用。

图 2-51　加油站的车用乙醇汽油加注点

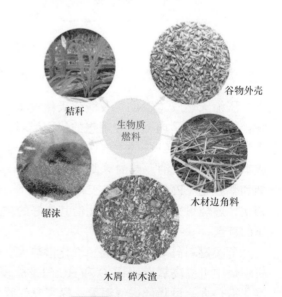

图 2-52　生物质燃料组成

2.8.2　汽油发动机燃油系统

燃油系统由燃油供给系统和可燃混合气制备装置组成。燃油供给系统负责将燃油从燃油箱输送至发动机，不同车辆的燃油供给系统不同。可燃混合气制备装置是发动机的组成部分，负责为每次燃烧过程提供准确的燃油量。

燃油供给系统组成：油箱、油管、燃油泵、燃油滤清器、空气滤清器、燃油压力调节器、喷油器、冷起动喷油器、油压脉冲衰减器、进气管、排气管等。汽油机燃油供给系统的任务是根据发动机各种不同工况的要求，配制出一定数量和浓度的可燃混合气，供入气缸，使之在临近压缩终了时点火燃烧而膨胀做功。最后，供给系统还应将燃烧产物——废气排入大气中。燃油供给系统组成部件如图 2-53 所示。

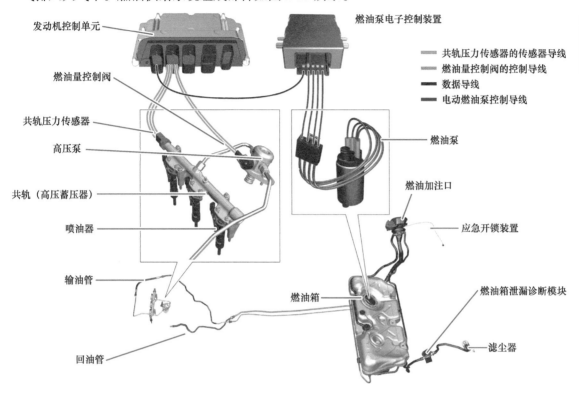

图 2-53　直喷汽油机燃油供给系统组成部件

双喷射系统也就是说有两种油气混合方法。一种方法是使用 TSI 高压喷射系统在气缸内进行直接喷射。第二种方法是使用进气歧管燃油喷射系统（SRE）。图 2-54 中蓝色喷嘴即为缸外喷射，喷射位置进气管末端位置。红色喷嘴即为缸内喷射，喷射位置为气缸内部。

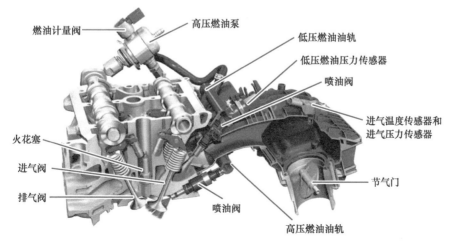

图 2-54　双喷射系统剖视图

2.8.3 柴油发动机燃油系统

柴油机燃料供给系主要由燃油供给装置、空气供给装置、混合气形成装置和废气排出装置四部分组成。柴油机燃料供给系的功用是：不断供给发动机经过滤清的清洁燃料和空气，根据柴油机不同工况的要求，将一定量的柴油以一定压力和喷油质量定时喷入燃烧室，使其与空气迅速混合并燃烧，做功后将燃烧废气排出气缸。

共轨喷射系统是柴油机上使用的一种高压喷射系统，共轨的意思是所有喷油器使用共同的高压油轨。在这种喷射系统上，压力的产生和燃油喷射是彼此分开的。用一个单独的高压泵来产生燃油喷射所需要的燃油压力，这个燃油压力就储存在高压储存器（油轨）中，通过很短的喷油管直接供喷油阀使用。共轨系统部件如图2-55所示。

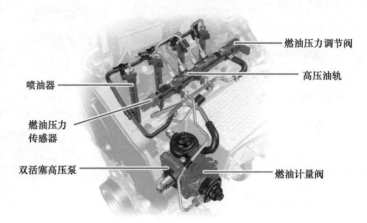

图 2-55　共轨系统部件

喷油器是压电式的或者电磁式的。共轨喷射系统通过发动机管理系统博世 EDC 17 来控制。根据发动机功率和结构形式，最高油轨压力可达 180~200MPa，配有相应的喷嘴口形状。这个高压是由铝壳的高压泵产生的，该泵有 1 个或 2 个柱塞，所使用的泵是 CP4.1 或者 CP4.2。共轨系统原理如图 2-56 所示。

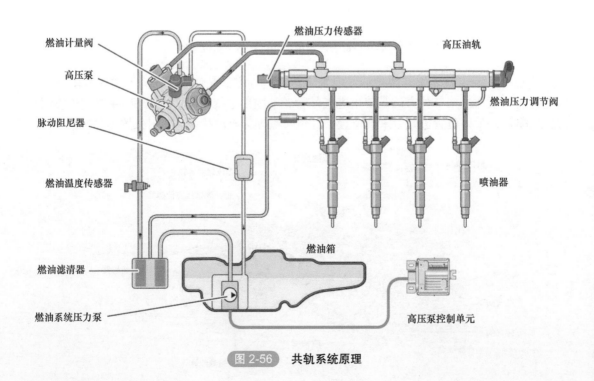

图 2-56　共轨系统原理

第9节

发动机冷却系统

2.9.1　冷却系统组成与功能

　　汽车发动机采用的水冷系统，大多利用水泵强制使冷却液在冷却系统中循环流动，一般称为强制循环式水冷系统。冷却系主要由水泵、散热器、冷却风扇、膨胀水箱、节温器、发动机机体和气缸盖中的水套以及附属装置等组成。冷却系统组成部件如图2-57所示。

　　在冷却系统中，有两个散热循环：一个是冷却发动机的主循环，另一个是车内取暖循环。这两个循环都以发动机为中心，使用是同一批冷却液。

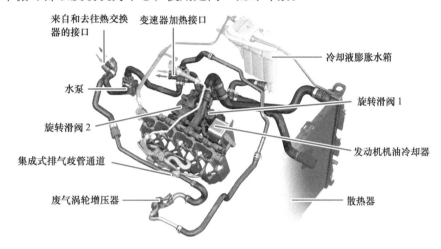

　　图 2-57　发动机冷却系统部件

　　发动机中也有不同类型的冷却系统：发动机冷却系统；发动机机油冷却系统；AGR 冷却系统（废气再循环）；增压空气冷却系统。

2.9.2　水冷系统

　　现代冷却液回路的目的不仅仅是冷却发动机以及同时排走尽可能多的热量。更多的是，现代冷却液回路必须能够根据运行状态，高效调节不同组件的运行温度，如图2-58所示。针对具体车辆，在此冷却液回路可能划分为多个独立的冷却液回路。这种情况使冷却液调节变数变大，因此必然造成冷却液回路设计更复杂。

　　发动机采用交叉流动式冷却系统。冷的冷却液通过水泵从发动机的前部流入气缸体中，并且冷却液通过各个端面在气缸体中循环。在发动机的灼热侧（排气侧），冷却液沿着管路被分配给各个气缸，并且从气缸流至进气侧（较冷的一侧）。在这里灼热的冷却液被搜集在储液罐中，然后通过节温器被传送至散热器中；如果节温器关闭，则冷却液直接流回水泵中。热交换器和废气涡轮增压器通过附加的管路，被集成在发动机内部冷却液回路中。机油热交换器通过副支架直接与气缸体连接。冷却液再循环泵可防止发动机关闭后废气涡轮增压器的温度过高。再循环泵的激活是由发动机控制单元根据特性曲线图控制的。

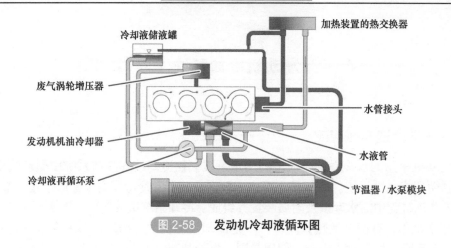

图 2-58 发动机冷却液循环图

2.9.3 冷却控制系统

冷却液控制、节温装置于 1922 年左右应用于发动机。节温器控制主要是在发动机没有达到正常工作温度时，使冷却液不经过散热器，而是通过旁通水道直接流回发动机，如图 2-59 所示。

电控冷却系统依据发动机的负荷为发动机在该状态下设定一个适宜的工作温度。它改变了传统的冷却循环。冷却液分配法兰与节温器合成一个信号单元。发动机缸体上不需要任何温度调节装置。发动机控制单元内存有电子控制冷却系统的特性图。电子控制冷却系统循环回路如图 2-60 所示。

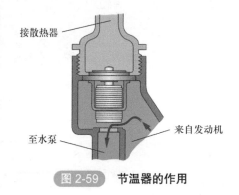

图 2-59　节温器的作用

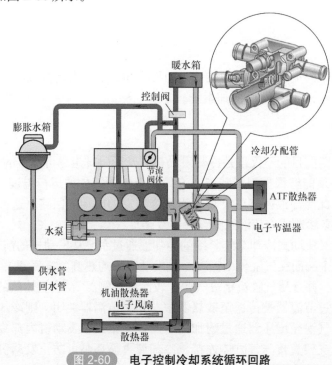

图 2-60　电子控制冷却系统循环回路

冷却液分配器分为两部分。上半部分是供给冷却液的。下半部分是冷却液的回液管，如图 2-61 所示。这两部分是通过一垂直通道相通。电子节温器通过它的小阀片打开或关闭此垂直通道，这样就控制冷却液的大小循环。

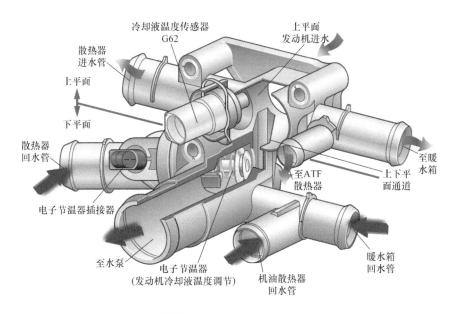

图 2-61 冷却液分配器结构

电子节温器由热敏膨胀调节器（带石蜡成分）、在石蜡中的加热电阻、机械锁止冷却液通道的压力弹簧、大循环锁片和小循环锁片等部件组成，如图 2-62 所示。在冷却液分配器中的电子节温器一直浸在冷却液中。超过冷却液沸点后，石蜡变为液体并且膨胀。它使冲程止动销伸出。在正常情况下，没有加热的电子节温器，工作温度在 110℃。在石蜡中藏有加热电阻。在需要调节时，ECM 向加热电阻通电时，它与冷却液一起加热石蜡，这样就可根据发动机工况控制冷却液温度了。

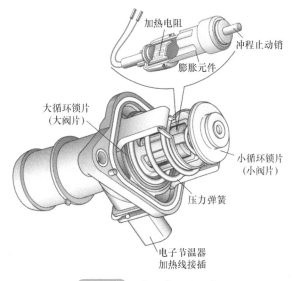

图 2-62 电子节温器结构

冷起动时，小循环工况使发动机尽快热机，达到正常工作温度。此时，未按发动机冷却特性图进行工作。部分负荷时：节温器将回水管堵塞。水泵使冷却液循环。冷却液经过发动机缸盖、分配器上平面流入。此时，小循环阀门打开，冷却液进过小阀门直接流回水泵处。形成小循环，如图 2-63 所示。冷却液温度：95~110℃。

大循环时冷却液温度达到约 110℃或全负荷时进入大循环。此时散热器也参加工作。在急速或行车迎风时更好冷却，电子风扇在需要时运转，如图 2-64 所示。大循环完全打开的冷却液温度：85~95℃。

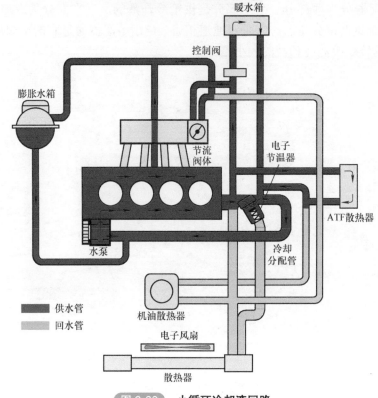

暖水箱

控制阀

膨胀水箱

节流阀体

电子节温器

ATF散热器

冷却分配管

水泵

供水管

回水管

机油散热器

电子风扇

散热器

图 2-63　小循环冷却液回路

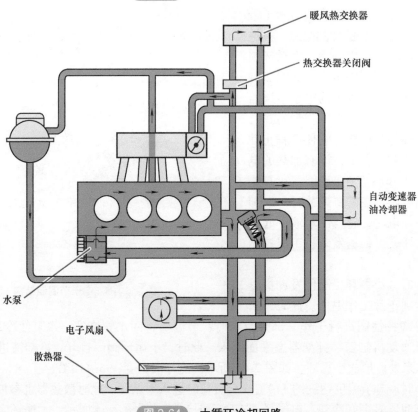

暖风热交换器

热交换器关闭阀

自动变速器油冷却器

水泵

电子风扇

散热器

图 2-64　大循环冷却回路

第 10 节
发动机润滑系统

2.10.1　润滑系统组成与功能

　　发动机润滑系统的基本任务就是将清洁的、具有一定压力的、温度适宜的机油不断供给运动零件的摩擦表面，使发动机能够正常工作。为此，压力润滑系统中必须具有为进行压力润滑和保证机油循环而建立足够油压的机油泵、贮存机油的容器（一般利用油底壳贮油）、由润滑油管以及在发动机机体上加工出来的一系列润滑油道组成的循环油路。油路中还必须有限制最高油压的装置——限压阀，它可以附于机油泵中，也可以单独设置。机油在工作一段时间以后，其中混有发动机零部件摩擦产生的金属磨屑和其他机械杂质，以及机油本身产生的胶质，这些杂质如果随同机油进入润滑油道，将加速发动机的磨损，还可能堵塞油路，所以现代发动机的润滑系统中都设有机油滤清器。发动机润滑系统组成部件如图 2-65 所示。

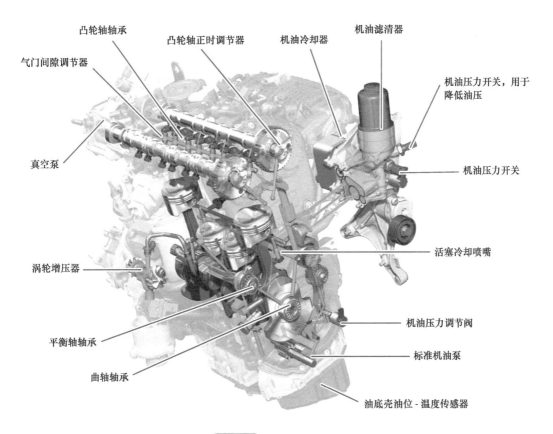

图 2-65　发动机润滑系统

　　发动机机油要执行多项任务：部件润滑、部件冷却、严密密封、清洁、防腐、动力传输。机油回路用于在相应部件上执行所有这些任务。在车用发动机中，无论采用哪种燃烧方式都主要使用压力循环润滑系统。发动机机油供给系统油道分布如图 2-66 所示。

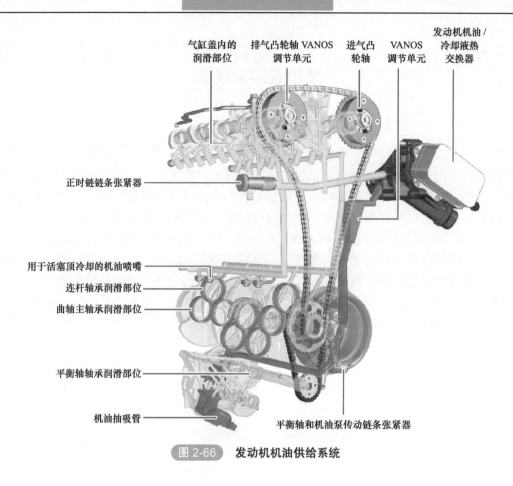

气缸盖内的润滑部位

排气凸轮轴 VANOS 调节单元

进气凸轮轴

VANOS 调节单元

发动机机油/冷却液热交换器

正时链链条张紧器

用于活塞顶冷却的机油喷嘴

连杆轴承润滑部位

曲轴主轴承润滑部位

平衡轴轴承润滑部位

机油抽吸管

平衡轴和机油泵传动链条张紧器

图 2-66　发动机机油供给系统

2.10.2　润滑剂介绍

机油由基础油和添加剂两部分组成，如图 2-67 所示。基础油是机油的主要成分，决定着机油的基本性质，添加剂则可弥补和改善基础油性能方面的不足，赋予某些新的性能，是机油的重要组成部分。

基础油　　　　　　添加剂　　　　　　　　机油

图 2-67　机油成分

机油按照基础油的不同，可以简单分为矿物质油和合成油两种，其中合成油中又可分为半合成机油和全合成机油。矿物质机油和合成机油的最大差别在于合成油使用的温度更广，使用期限更长，同时成本更高。这三类机油的更换周期也各不相同。一般来说，矿物油的更换周期是半年或 5000km 一换，半合成油是半年或者 7500km 一换，全合成油则是半年或者 10000km 一换，如图 2-68 所示。

机油的
三个种类　»　　矿物质机油　　　半合成机油　　　全合成机油

对应的
保养周期　»　　5000　　　　　7500　　　　　10000
　　　　　　　　千·米　　　　　千·米　　　　　千·米

图 2-68　机油类型与更换周期

SAE（美国汽车工程师学会）标准黏度值的 W 代表冬天（英文 Winter），W 前面的数字代表低温时的流动性能，数值越小低温时的起动性能越好。W 后面的数字代表机油在高温时的稳定性能（即变稀的可能性），数值越大说明机油高温的稳定性能越好。SAE 标准黏度值含义如图 2-69 所示。

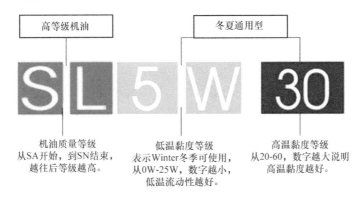

高等级机油　　　　冬夏通用型

机油质量等级　　　低温黏度等级　　　高温黏度等级
从SA开始，到SN结束，　表示Winter冬季可使用，　从20-60，数字越大说明
越往后等级越高。　　从0W-25W，数字越小，　高温黏度越好。
　　　　　　　　　低温流动性越好。

图 2-69　SAE 标准参数表示含义

API（美国石油学会的标准）机油质量等级 S 字母代表汽油发动机用油（如果是 C 代表柴油发动机用油），第 2 个字母代表质量等级。按英文字母顺序每递增一个字母，机油的性能都会优于前一种，比如 SB 优于 SA，依次类推，SN 优于 SL，这个性能更好也表明机油中会有更多用来保护发动机的添加剂，如图 2-70 所示。

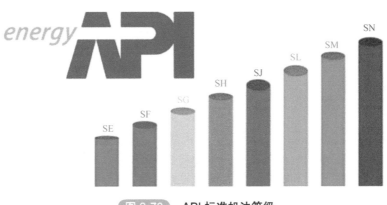

图 2-70　API 标准机油等级

2.10.3　机油冷却器

机油冷却器是一种加速机油散热，使其保持较低温度的装置。在高性能、大功率的强化发动机上，由于热负荷大，必须装设机油冷却器。机油冷却器布置在润滑油路中，其工作原理与散热器相同。风冷式机油冷却器芯由许多冷却管和冷却板组成，在汽车行驶时，利用汽车迎面风冷却热的机油冷却器芯。水冷型机油冷却器置于冷却水路中，利用冷却液的温度来控制机油的温度。发动机机油冷却器用于冷却发动机的机油，保持机油的温度合理（90~120℃）、黏度合理；安装位置在发动机的缸体部位，安装时与壳体一体进行安装。如果为风冷式则安装在散热器的前侧。

在一些机油滤清器模块内集成有机油冷却液热交换器、散热器旁通阀、滤清器旁通阀和滤芯，如图2-71所示。

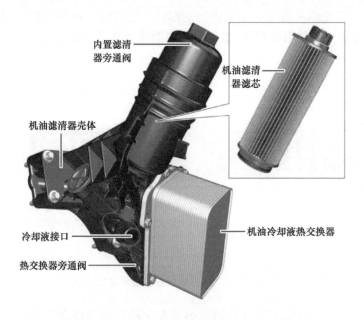

内置滤清器旁通阀

机油滤清器滤芯

机油滤清器壳体

冷却液接口

机油冷却液热交换器

热交换器旁通阀

图 2-71　集成冷却液热交换器的机油滤清器模块

第 11 节

发动机起动系统

2.11.1　起动系统

起动系统将储存在蓄电池内的电能转换为机械能，要实现这种转换，必须使用起动机。起动机的功用是由直流电动机产生动力，经传动机构带动发动机曲轴转动，从而实现发动机的起动。起动系统包括以下部件：蓄电池、点火开关（起动开关）、起动机总成、起动继电器等，如图2-72所示。

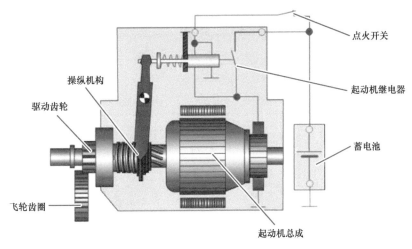

图 2-72　起动系统组成

2.11.2　起动机

　　起动机可以将蓄电池的电能转化为机械能，驱动发动机飞轮旋转实现发动机的起动。发动机在以自身动力运转之前，必须借助外力旋转。发动机借助外力由静止状态过渡到能自行运转的过程，称为发动机的起动。起动机是起动系统的核心部件。起动机由直流串励电动机、传动机构和控制装置三大部分组成。电动机包括必要的电枢、换向器、磁极、电刷、轴承和外壳等部件。起动机内部结构如图 2-73 所示。

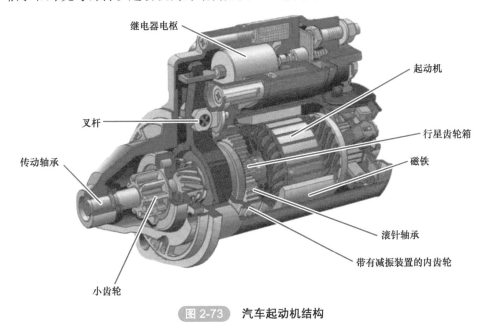

图 2-73　汽车起动机结构

2.11.3　两用起动机

　　起动机—发电机一体化系统，这套装置采用了可逆变原理即将传统汽车上的发电机和起动机功能合成在一起，当汽车行驶时充当发电机，产生电能，当汽车起动时又充当起动机。以奥迪 A6 为例，该车 12V MHEV 车型装有该部件，该部件有两个功能。在当发电机使用时，它为车载供电网提供电能并为两个蓄电池充电，如图 2-74 所示。当电动机使用时是用于起动内燃机的（当然只有在发动机机油温度高于 45℃，且在自动起停模式时）。另外，它还会在某些行驶状况时用于辅助内燃机来驱动车辆。车辆另有一个 12V 小齿轮起动机，它用于在发动机机油温度低于 45℃ 时起动内燃机。

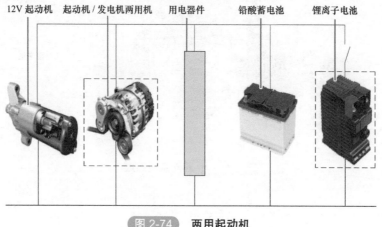

12V 起动机　　起动机 / 发电机两用机　　用电器件　　铅酸蓄电池　　锂离子电池

图 2-74　　两用起动机

第 12 节

发动机点火系统

2.12.1　传统点火系统

　　汽车点火系统是点燃式发动机为了正常工作，按照各缸点火次序，定时地供给火花塞以足够高能量的高压电（15000~30000V），使火花塞产生足够强的火花，点燃可燃混合气。

　　传统点火系统分为蓄电池点火系和磁电机点火系两种类型。

　　机械式点火系统工作过程是由曲轴带动分电器轴转动，分电器轴上的凸轮转动，使点火线圈初级触点接通与闭合而产生高压电。这个点火高压电通过分电器轴上的分火头，根据发动机工作要求按顺序送到各个气缸的火花塞上，火花塞发出电火花点燃燃烧室内的混合气。传统点火系统主要组成如图 2-75 所示。

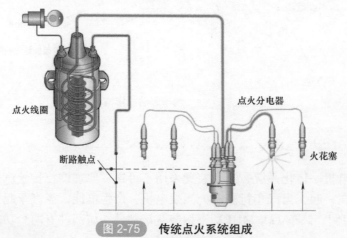

点火线圈　　　点火分电器

断路触点　　　火花塞

图 2-75　　传统点火系统组成

2.12.2　电子点火系统

现代汽车上，使用的是纯电子点火系统，这种系统上不再有任何活动部件了，也就是没有用于分配点火火花的分火头了，因此也被称为"静止式点火系统"。

电子点火系统可分为晶体管点火系统 TI-B、半导体点火系统 SI 和无分电器点火系统 DIS 三种类型。

电子点火系统也有闭环控制与开环控制之分：带有爆燃传感器，能根据发动机是否发生爆燃，及时修正点火提前角的电控系统称为闭环控制系统；不带爆燃传感器，点火提前控制仅根据电控单元内设定的程序控制的称为开环控制系统。

无分电器点火系统一般每个气缸有自己专用的点火线圈，该线圈就安装在火花塞上方，由控制单元来操控。发动机控制单元（一般还负责控制喷油嘴）根据存储的 3D- 特性曲线，按下述传感器信号来计算出理想的点火时刻：发动机转速、发动机负荷、发动机温度、爆燃传感器信号（如果有）。电子点火系统组成部件如图 2-76 所示。

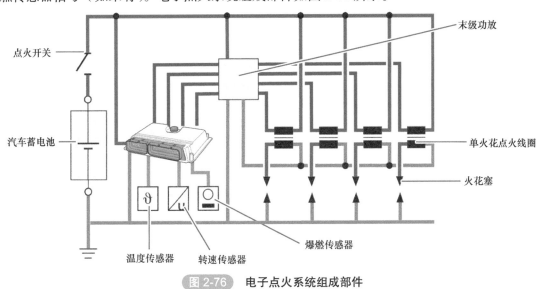

图 2-76　电子点火系统组成部件

2.12.3　火花塞

汽油发动机的火花塞负责在做功行程时将气缸内的可燃混合气点燃。为此，需要在接线端子上加载约 30~40kV 的电压，并使该电压流经火花塞。

此时，在中央电极和侧电极之间就会产生电弧，这就是点火火花。要想让点火火花足够强，电极间距离就起着决定性作用了。因此，汽车生产厂对电极间距离是有准确规定的。如果这个间距过大，就不会产生火花了，也就无法点燃气缸内的混合气了。如果这个间距过小，那么火花一般也会太小了，这时的火焰前锋就过小，无法完全点燃混合气。火花塞的内部结构如图 2-77 所示。

并非所有火花塞都在用顶极型结构，越来越多的火花塞采用的是多侧极型结构。也有将顶极型结构与多侧极型结构结合在一起使用的，这就被称为混合型结构。火花塞结构形式如图 2-78 所示。如今，火花塞带有 4 个或者 3 个电极是很普遍的，这样的好处是：可将热负荷分摊在多个侧电极上，这可明显提高耐用度。

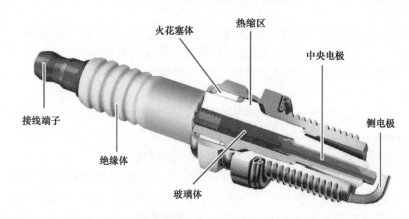

图 2-77　火花塞内部结构

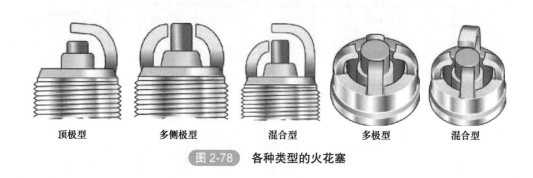

图 2-78　各种类型的火花塞

第 13 节
发动机电控系统

2.13.1　电控系统组成与功能

　　电控燃油喷射系统全称为电子控制燃油喷射系统（Electronic Fuel Injection，EFI），俗称为汽油喷射系统。它主要由空气供给系统（气路）、燃料供给系统（油路）和控制系统（电路）三大部分组成。系统原理如图 2-79 所示。

　　空气供给系统的主要作用：为发动机提供必要的空气，并控制发动机正常工作时的供气量。它一般由空气滤清器、节气门、空气阀、进气总管、进气歧管等部分组成。另外，为了随时调节进气量，进气系统中还设置了进气量的检测装置。

　　燃油供给系统的主要作用：喷油器向气缸提供燃烧所需要的燃油，喷油器则根据电脑指令喷油。一般由燃油箱、燃油泵、燃油滤清器、调压器以及喷油器构成。

　　控制系统的主要作用：根据各种传感器的信号，由计算机进行综合分析和处理，通过执行装置控制喷油量等，使发动机具有最佳性能。控制系统主要由传感器、输入/输出电路以及 ECU 等组成，ECU 是控制系统的核心。

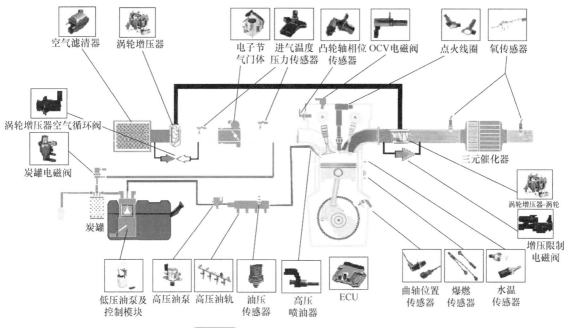

图 2-79　发动机电控燃油喷射系统

2.13.2　电控系统传感器

车用传感器是汽车计算机系统的输入装置，它把汽车运行中各种工况信息，如车速、各种介质的温度、发动机运转工况等，转化成电信号输给计算机，以便控制发动机处于最佳工作状态。车用传感器很多，判断传感器出现的故障时，不应只考虑传感器本身，而应考虑出现故障的整个电路。因此，在查找故障时，除了检查传感器之外，还要检查线束、插接件，以及传感器与电控单元之间的有关电路。

传感器是指能感受规定的物理量，并按一定规律转换成可用输入信号的器件或装置。简单地说，传感器是把非电量转换成电量的装置。传感器通常由敏感元件、转换元件和测量电路三部分组成。

空气流量传感器测量发动机吸入的空气量，提供给 ECU 作为喷油量的基准信号；发动机转速（曲轴位置）传感器检测曲轴及发动机转速，提供给 ECU 作为确定点火正时及工作顺序的基准信号；相位（凸轮轴位置）传感器采集凸轮轴转动角度信号，并输入电子控制单元（ECU），以便确定点火时刻和喷油时刻。进气温度传感器检测进气温度，提供给 ECU 作为计算空气密度的依据；冷却液温度（水温）传感器用于测量发动机的冷却液温度，向 ECU 提供发动机水温信息。氧传感器检测排气中的氧浓度，提供给 ECU 作为控制燃油 / 空气比在最佳值（理论值）附近的基准信号；爆燃传感器安装在缸体上专门检测发动机的爆燃状况，提供给 ECU 根据信号调整点火提前角。发动机电控系统相关传感器如图 2-80 所示。

2.13.3　电控系统执行器

执行器是一种能量转换部件，它能在电子控制装置的控制下，将输入的各种形式的能量转换为机械能，如控制和调节电动机、电磁阀、继电器、电加热部件等。发动机电控系统相关执行器如图 2-81 所示。

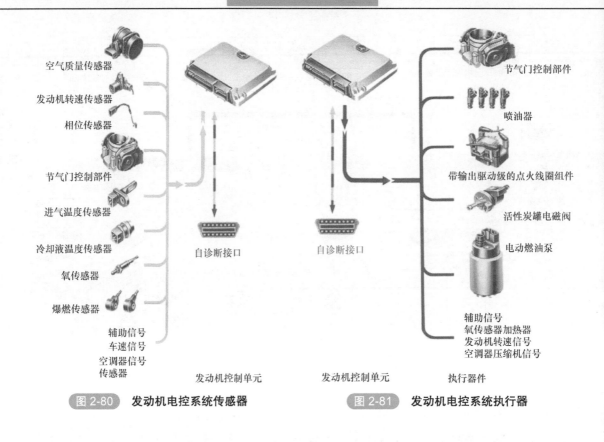

图 2-80　发动机电控系统传感器　　　图 2-81　发动机电控系统执行器

第 14 节

发动机新技术

2.14.1　气门正时与升程可变技术

　　丰田 VVT-i（智能可变气门正时）技术被广泛地运用其所生产的发动机上。当发动机由低速向高速转换时，计算机就自动地将机油压向进气凸轮轴驱动齿轮内的小涡轮，这样，在压力的作用下，小涡轮就相对于齿轮壳旋转一定的角度，从而使凸轮轴在 60° 的范围内向前或向后旋转，从而改变进气门开启的时刻，达到连续调节气门正时的目的，VVT-i 控制器部件结构如图 2-82 所示。进气凸轮轴"通过调整凸轮轴转角"在发动机中低速运转时缩小"气门叠开阶段"时间，高速运转时扩大"气门叠开阶段"

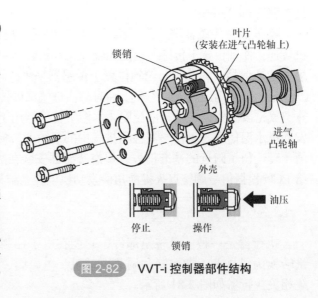

图 2-82　VVT-i 控制器部件结构

时间，使发动机在中低转速时产生足够的转矩，在高转速时又能提供强大的动力，从而改善了发动机的工作性能。

凸轮轴正时机油控制阀内部结构如图 2-83 所示。

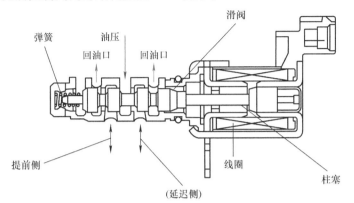

图 2-83　凸轮轴正时机油控制阀内部结构

由发动机 ECU 控制的凸轮轴正时机油控制阀的位置处于如图 2-84 所示状态时，油压作用于气门正时提前侧的叶片室，使进气凸轮轴向气门正时的提前方向旋转。

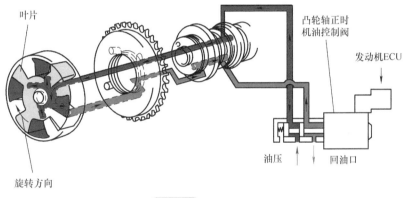

图 2-84　提前控制

由发动机 EUC 控制的凸轮轴正时机油控制阀的位置处于如图 2-85 所示状态时，油压作用于气门正时延迟侧的叶片室，使进气凸轮轴向气门正时的延迟方向旋转。

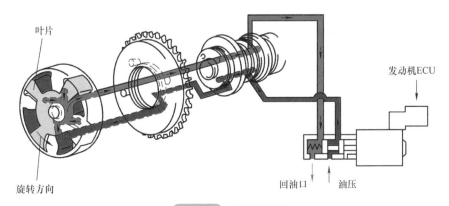

图 2-85　延迟控制

2.14.2 米勒循环

1940 年，美国工程师拉夫.米勒（Ralph Miller）遵循阿特金森可变压缩比发动机的思路，但是舍弃了复杂的连杆结构，另辟蹊径采用配气时机来制造可变压缩比的效果。在吸气行程结束时，推迟气门的关闭，这就将吸入的混合气又"吐"出去一部分，再关闭气门，开始压缩行程，也就是可变气门正时的先驱。通过控制气门的开启和关闭的时机，来达到可变压缩比的目的，这就是米勒循环。米勒循环工作原理如图 2-86 所示。

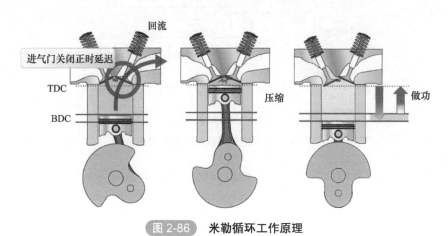

图 2-86　米勒循环工作原理

2.14.3 缸内直喷技术

缸内直喷（GDI）就是直接将燃油喷入气缸内与进气混合的技术，燃油喷射器安装位置如图 2-87 所示。它的优点是油耗量低，升功率大，压缩比高达 12，与同排量的一般发动机相比功率与转矩都提高了 10%。空燃比可达 40：1（一般汽油发动机的空燃比是 14.7：1），也就是人们所说的"稀燃"。汽油机缸内直喷技术（Gasoline Direct Injection）在不同汽车品牌中各自有着不同的学名，比如奔驰 CGI/BlueDIRECT、宝马 HPI、奥迪 TFSI、大众 TSI、通用 SIDI、福特 EcoBoost、丰田 D4、本田 Earth Dreams Technology（地球梦）、日产 DIG、马自达 SKYACTIV（创驰蓝天）等。

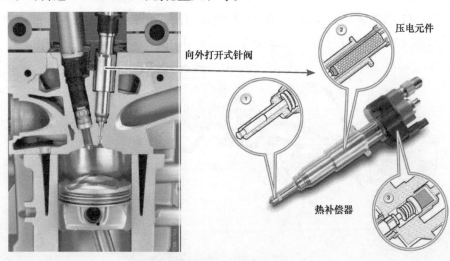

图 2-87　燃油喷射器安装位置与结构

缸内燃油喷射系统组成部件如图 2-88 所示。

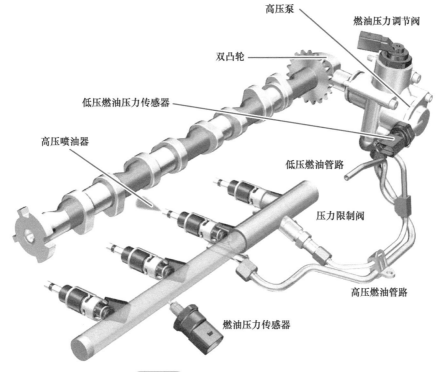

图 2-88　缸内燃油喷射系统组成

燃油系统由低压系统和高压系统两部分构成。在低压系统中，电动燃油泵将约 600kPa
的燃油经滤清器供应给高压泵。从高压泵来的回油直接进入燃油箱。在高压系统中，单活
塞高压泵将 4~10MPa（取决于负荷和转速）的燃油送入燃油分配管，分配管再将燃油分配
给四个高压喷油器。压力限制阀用于保护工作在高压下的部件。它在压力高于 12MPa 时
会打开。压力限制阀打开时流出的燃油会进入高压泵的供油管内。燃油供应系统的原理如
图 2-89 所示。

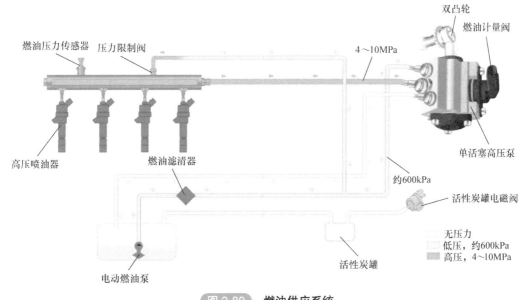

图 2-89　燃油供应系统

2.14.4 涡轮增压技术

汽车的动力系统按进气方式可分为自然进气系统及增压进气系统两大类。最常见的发动机增压系统有机械增压与废气涡轮增压两种。发动机以机械方式驱动机械增压器进行增压的，称为机械增压。利用发动机废气能量驱动涡轮增压器的，称为废气涡轮增压（简称涡轮增压）。

涡轮增压器由进气端和排气端两部分组成，发动机排出的废气可以推动涡轮排气端内的叶片，由于这个叶片通过轴承与进气端内的叶片相连，所以排气端叶片就可以带动进气端叶片，而进气端叶片快速转动产生的作用就是可以将更多的新鲜空气压入进气道，由此来提高发动机的效率。涡轮增压器原理如图 2-90 所示。

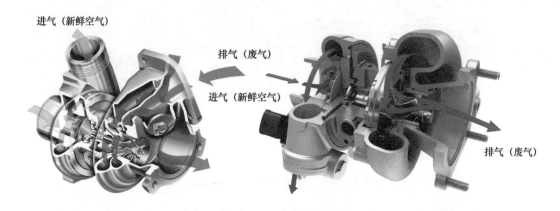

进气（新鲜空气）　排气（废气）　进气（新鲜空气）　排气（废气）

图 2-90　涡轮增压器原理

中间冷却器或进气冷却器是外观像散热器一样的附加组件，只不过空气同时从中间冷却器的内部和外部经过。涡轮吸入的空气通过密封管路流过冷却器，而发动机冷却风扇吹出的冷风从它外部的散热片流过。

涡轮增压器实际上是一种空气压缩机，通过压缩空气来增加进气量。它是利用发动机排出的废气惯性冲力来推动涡轮室内涡轮的，涡轮又带动同轴的叶轮，叶轮压送由空气滤清器管道送来的空气，使之增压进入气缸。当发动机转速增大，废气排出速度与涡轮转速也同步增加，叶轮就压缩更多的空气进入气缸，空气的压力和密度增大可以燃烧更多的燃料，相应增加燃料量和调整发动机的转速，就可以增加发动机的输出功率了。废气涡轮增压器内部构造如图 2-91 所示。

机械增压器是一种强制性容积置换泵，简称容积泵。它跟涡轮增压器一样，可以增加进气管内空气的压力和密度，往发动机内压入更多的空气，使发动机每个循环可以燃烧更多的燃油，从而提高发动机的升功率和平均有效压力，使汽车动力性、燃油经济性和排放都得到改善。目前主要的机械增压器是罗茨式增压器。机械增压器结构如图 2-92 所示。

罗茨式增压器属于机械增压器的类型之一。"罗茨式增压器"这个名称来源于 Philander 和 Francis Roots 兄弟，他们在 1860 就将此技术申请专利了。罗茨式增压器的结构形式就是旋转活塞式机构，按容积泵原理工作，无内部压缩。压气机模块内集成有罗茨式增压器和增压空气冷却系统，在某些发动机上还有旁通调节装置。

罗茨式增压器剖视图如图 2-93 所示。

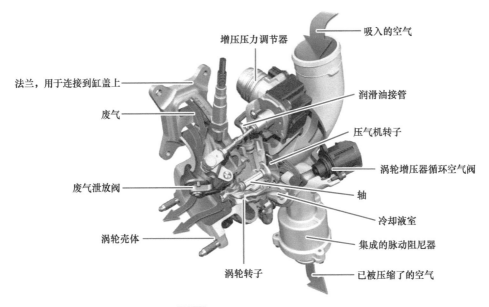

增压压力调节器 吸入的空气

法兰，用于连接到缸盖上 润滑油接管

废气 压气机转子

涡轮增压器循环空气阀

废气泄放阀 轴

冷却液室

涡轮壳体 集成的脉动阻尼器

涡轮转子 已被压缩了的空气

图 2-91 废气涡轮增压器构造

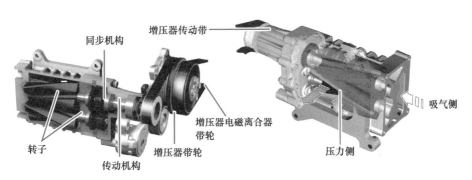

同步机构 增压器传动带

转子

增压器电磁离合器带轮

增压器带轮 压力侧

传动机构 吸气侧

图 2-92 机械增压器结构

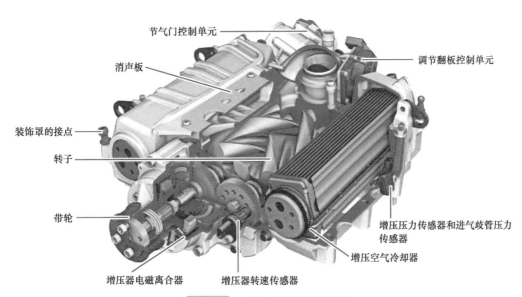

节气门控制单元

消声板 调节翻板控制单元

装饰罩的接点

转子

增压压力传感器和进气歧管压力传感器

带轮

增压空气冷却器

增压器电磁离合器 增压器转速传感器

图 2-93 罗茨式增压器剖视图

新型罗茨式增压器配备的是四叶型转子，两个转子的每个叶片相对于纵轴扭转 160°，因此可实现连续而少波动的空气供给模式。两个转子采用机械式驱动形式，比如由曲轴通过传动带机构来驱动。这两个转子通过壳体外的一对齿轮来同步连接，并按相反方向转动。于是，两个转子就相互啮合了。在这种结构中，重要的是转子彼此间和与壳体间要密封，其困难之处在于：摩擦要尽可能小（要尽可能没摩擦）。在工作时（转子在转动），空气由叶片和外壁之间从空气入口（吸气侧）向空气出口（压力侧）输送。输送空气的压力来自回流。

罗茨式增压器部件分解如图 2-94 所示。

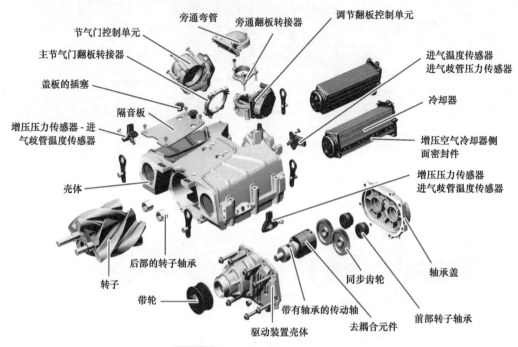

图 2-94　罗茨式增压器部件分解图

机械式压气机的两个转子的形状是这样设计的：当转子转动时，吸气侧的容积就变大。于是就会吸入新鲜空气，且转子会将新鲜空气送至压气机的压力侧。在压力侧，两个转子之间的容积又在变小。于是空气就被压向废气涡轮增压器的方向。增压压力通过变换调节翻板的位置来进行调节。如果调节翻板关闭，压气机在该转速时产生最大增压压力。机械式压气机工作原理如图 2-95 所示。

罗茨式增压器采用机械压气方式，它是一种旋转活塞式结构的装置，如图 2-96 所示。该装置采用挤压原理工作，内部并无压缩过程。该增压器有一个壳体，壳体内有两个轴（转子）在转动。这两个转子采用机械方式来驱动，比如由曲轴驱动。这两个

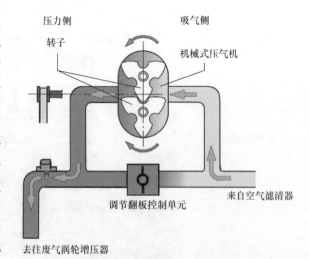

图 2-95　机械式压气机工作原理

转子是由壳体外的齿轮来传动的（传动比相同），两个转子同步转动，但旋向相反。于是，两个转子工作起来就像在"彼此啮合"。

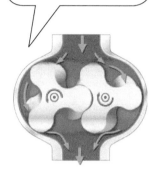

现在多数罗茨式增压器配备的是三叶片的螺旋形转子，这样才能保证产生较高的增压压力，最重要的是产生恒定的增压压力（效率高）

图 2-96　罗茨式增压器原理

现代的罗茨式增压器是螺旋式增压器，增压模块完全处于 V 型发动机的内 V 型构造部位。因此发动机结构平整，如图 2-97 所示。

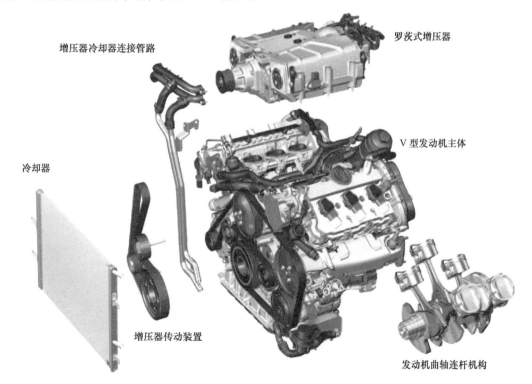

增压器冷却器连接管路

罗茨式增压器

V 型发动机主体

冷却器

增压器传动装置

发动机曲轴连杆机构

图 2-97　现代罗茨式增压器安装位置

在全负荷工况，空气经节气门、罗茨式增压器和增压空气冷却器流向发动机，如图 2-98 所示。

在部分负荷、急速和超速工况，输送过来的部分空气经打开的旁通通道被引回到进气侧，如图 2-99 所示。

图 2-98　全负荷工况　　　　图 2-99　部分负荷工况

2.14.5　气缸关闭技术

气缸关闭是通过德国奥迪公司开发的气门升程系统 AVS- 技术来完成的。按照点火顺序，总是 2 缸和 3 缸被关闭，如图 2-100 所示。在关闭气缸时，其进排气门保持关闭状态，喷射系统和点火系统也一直保持关闭状态。

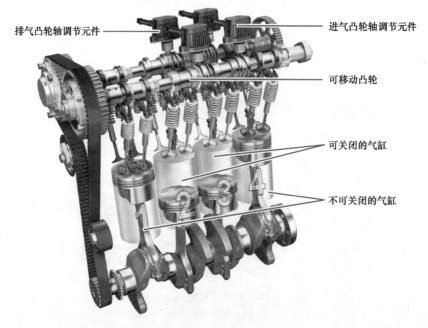

排气凸轮轴调节元件　　　　　　　进气凸轮轴调节元件

可移动凸轮

可关闭的气缸

不可关闭的气缸

图 2-100　气缸关闭示意图

为了避免在切换过程中出现转矩波动，就将进气歧管内的压力调至很低。在充气过程中，点火角按照充气程度向延迟方向移动，以便保持转矩恒定。在达到了规定充气程度时，首先是 2 缸和 3 缸排气门关闭，然后是其进气门关闭。完成最后换气后，不会再喷油了，于是新鲜空气就被困在燃烧室内了。

激活 2 缸和 3 缸是按与关闭相同的顺序进行的。首先打开排气门，然后打开进气门，这样的话可使困住的新鲜空气进入排气系统。这样会导致废气变稀，会由喷射系统向 1 缸和 4 缸内喷油来进行补偿。这样的话，λ 调节就可继续正常工作了。

每个可关闭的气缸，在气缸盖罩上都各有一个排气凸轮调节元件和一个进气凸轮调节元件。与以前使用的 AVS 系统不同（以前的 AVS 系统的每个运动方向都要有一个单独的调节元件；现在两个调节元件合成了一个部件，其结构与别的带有 AVS 的发动机上的单个调节元件相似。调节元件内部结构如图 2-101 所示。

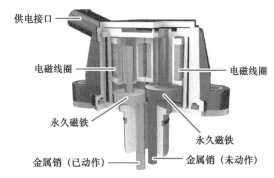

供电接口　电磁线圈　电磁线圈　永久磁铁　永久磁铁　金属销（已动作）　金属销（未动作）

图 2-101　凸轮轴调节元件内部结构

处于气缸关闭模式时，接通相应的凸轮轴调节元件，其金属销就会插入到可移动凸轮的槽内，如图 2-102 所示。于是在凸轮轴继续运转过程中，该凸轮就会在花键上轴向移动并锁定。滚子摇臂这时就在所谓的"零凸轮"上运行了。这个凸轮没有凸起部位（无升程），于是相应的气门也就没有往复直线运动了。被关闭气缸上的所有气门都静止不动。

2 缸模式（凸轮块被推至零凸轮状态）　　　　4 缸模式（凸轮块被推回到正常工作状态）

图 2-102　进气侧的气缸关闭状况

第3章 自动变速器

第1节
自动变速器构造

3.1.1 液力变矩器

和手动档汽车不同，自动档汽车的发动机和变速器之间没有传统意义上的离合器，取而代之的是液力变矩器这个机构（主要应用于行星齿轮式自动变速器与部分无级变速器）。液力变矩器靠工作液（油液）传递转矩，外壳与泵轮连为一体，是主动件；涡轮与泵轮相对，是从动件。当泵轮转速较低时，涡轮不能被带动，主动件与从动件之间处于分离状态；随着泵轮转速的提高，涡轮被带动，主动件与从动件之间处于接合状态。液力变矩器组成部件及内部结构如图 3-1 所示。

泵轮　导轮及单向离合器　涡轮　离合器总成　前壳体

驱动毂　轴承　焊接的毂

图 3-1　液力变矩器组成部件及内部结构

3.1.2 行星齿轮变速器

行星齿轮变速器是用行星齿轮机构实现变速的变速器。它通常装在液力变矩器的后面，共同组成液力自动变速器。行星齿轮机构因类似于太阳系而得名。它的中央是太阳轮，太阳轮的周围有几个围绕它旋转的行星轮，行星轮之间，有一个共用的行星架。行星轮的外面，有一个齿圈。应用较多的行星齿轮组有辛普森（Simpson Gearset）齿轮机构、拉威挪（Ravigneaux Gearset）齿轮机构和莱派特（Le Pelletier Gearset）齿轮机构。

图 3-2 所示为奔驰九档自动变速器内部结构。

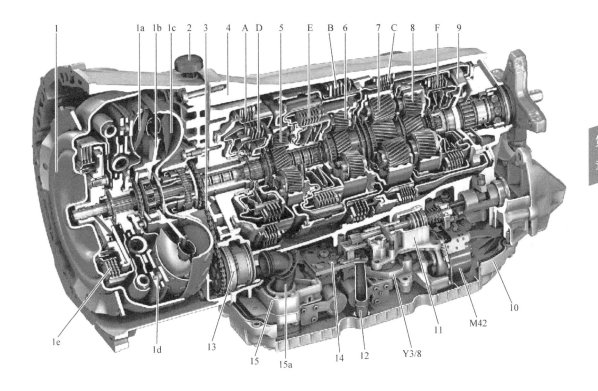

图 3-2 九档自动变速器（奔驰 725.0）

1—变矩器盖 1a—涡轮 1b—定子 1c—叶轮 1d—离心摆 1e—变矩器锁止离合器（WÜK） 2—变速器外壳通风口
3—机油泵链条 4—变速器外壳 5—行星齿轮组 1 6—行星齿轮组 2 7—行星齿轮组 3 8—行星齿轮组 4
9—驻车锁装置 10—油底壳 11—活塞外壳（驻车锁促动器） 12—导管 13—油泵
14—全集成化变速器控制系统触点支架 15—护盖／换档阀体 15a—压力管和吸油管 M42—电动辅助油泵
Y3/8—全集成化变速器控制系统控制单元 A—多片式制动器 B08 B—多片式制动器 B05
C—多片式制动器 B06 D—多片式离合器 K81 E—多盘式离合器 K38 F—多盘式离合器 K27

3.1.3 双离合器变速器

双离合变速器有别于一般的自动变速器系统，它基于手动变速器而又不是手动变速器，除了拥有手动变速器的灵活性及自动变速器的舒适性，还能提供无间断的动力输出。它分为湿式双离合变速器、干式双离合变速器，其不同之处在于双离合器摩擦片的冷却方式：湿式离合器的两组离合器片在一个密封的油槽中，通过浸泡着离合器片的变速器油吸收热量，而干式离合器的摩擦片则没有密封油槽，需要通过风冷散热。

双离合变速器在不同的汽车厂商那里有着不同的名称：大众 DSG（Direct Shift Gearbox）；奥迪 S Tronic；宝马 M DKG（Doppel Kupplung Getriebe，M Double Clutch Gearbox）或 M-DCT（Dual Clutch Transmission）；福特／沃尔沃（Power Shift）；保时捷 PDK（Porsche Doppel Kupplung）；三菱 TC-SST（Twin Clutch-Super Sport Transmission）；日产 GR6（Rear Gearbox 6 Speed）。通用的缩写为 DCT（Dual Clutch Transmission）。双离合器结构如图 3-3 所示。

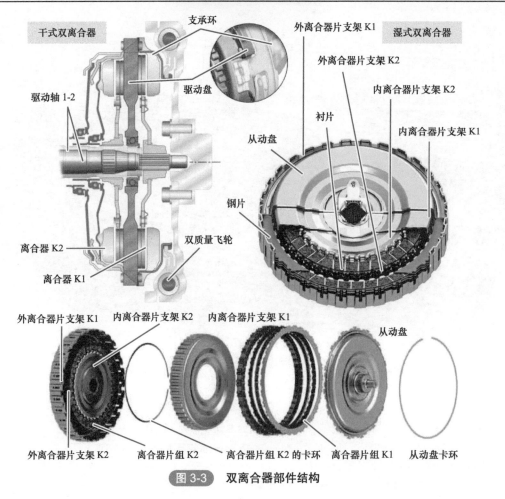

干式双离合器

湿式双离合器

支承环

外离合器片支架 K1

外离合器片支架 K2

内离合器片支架 K2

驱动轴 1-2

驱动盘

衬片

内离合器片支架 K1

从动盘

钢片

离合器 K2

离合器 K1

双质量飞轮

外离合器片支架 K1 　内离合器片支架 K2 　内离合器片支架 K1 　从动盘

外离合器片支架 K2 　离合器片组 K2 　离合器片组 K2 的卡环 　离合器片组 K1 　从动盘卡环

图 3-3　双离合器部件结构

图 3-4 是一个大众车型六档和七档 DSG 双离合变速器的工作原理图。六档 DSG 的离合器 1 控制 1、3、5 及倒档，离合器 2 控制 2、4、6 档的切换；七档 DSG 的离合器 1 负责控制 1、3、5、7 档；离合器 2 负责控制 2、4、6 和倒档。

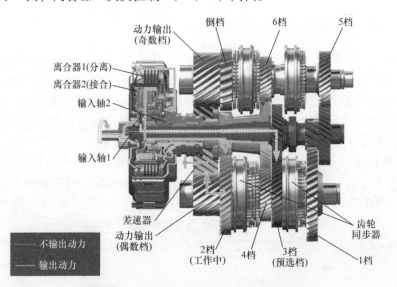

动力输出
(奇数档)

倒档

6档

5档

离合器1(分离)

离合器2(接合)

输入轴2

输入轴1

差速器

动力输出
(偶数档)

不输出动力

输出动力

2档
(工作中)

4档

3档
(预选档)

1档

齿轮
同步器

图 3-4　六档和七档 DSG 变速器动力传递

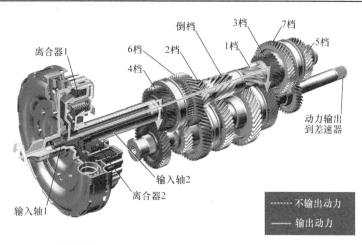

图 3-4 六档和七档 DSG 变速器动力传递（续）

七档 DSG 是采用三根轴的全同步滑动套筒变速器。这款变速器原则上由两个完全独立的分变速器构成。每个分变速器的工作原理与传统手动变速器相同并各自配有一个膜片式离合器。两个膜片式离合器由机械电子单元根据挂入的档位接合和断开。挂入 1、3，5 或 7 档时通过离合器 K1 进行动力传输。挂入 2、4、6 或倒车档时通过离合器 K2 进行动力传递，动力传递原理简图如图 3-5 所示。

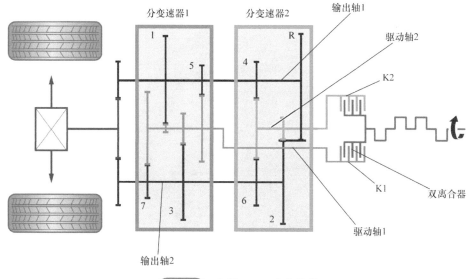

图 3-5 七档 DSG 动力传递

3.1.4 无级变速器（CVT）

钢带式无级变速器是在片状钢带上，镶上许多 V 形钢片，用它来取代原来的橡胶传动带。这样，就解决了传动带寿命短的问题。同时，这种新型无级变速器还装有由微机控制的液压调整和传动比调整机构，可以根据驾驶人的爱好（节油或大动力）及发动机的工作状况，把传动比自动调整到最佳状态。

奔驰 722.8 变速器剖视图如图 3-6、图 3-7 所示。

离合器啮合　离合器松开　副传动带轮套件

行星齿轮组

驻车制动爪齿轮

主传动带轮套件

中间轴

输出轴

差速器

输入轴

导轮轴

变矩器

机油泵　　变矩器锁止离合器

阀门和阀体箱

图 3-6　奔驰 722.8 变速器剖视图（一）

机油泵驱动

变矩器（装配变矩器锁止离合器）

驱动轴

主传动带轮套件

倒档齿轮组

副轴

差速器

止推链带

副传动带轮套件

图 3-7　奔驰 722.8 变速器剖视图（二）

为了保证变速器能承受更大转矩，奔驰 722.8 变速器将一般 CVT 所采用的推动式钢带，改进为拉动式链条作为动力传递的中介，这大大提高了变速器的传动能力，如图 3-8 所示。该系列变速器面世之初就能承受 310N·m 的最大转矩，不久后这个数字就增加到了 400N·m。

图 3-8 链式无级变速器链条形式

以奥迪 01J 无级变速器为例,链式无级变速器的内部结构如图 3-9 所示。

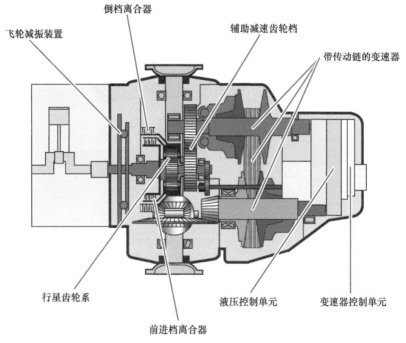

图 3-9 链式无级变速器内部结构(奥迪 01J)

第 2 节
自动变速器控制系统

3.2.1 换档操纵系统

换档操纵控制机构主要由一根变速杆、底座、换档锁止电磁阀、换档拉索等组成,如图 3-10 所示。换档操纵控制机构底座由数个螺母固定到车身中央通道上。

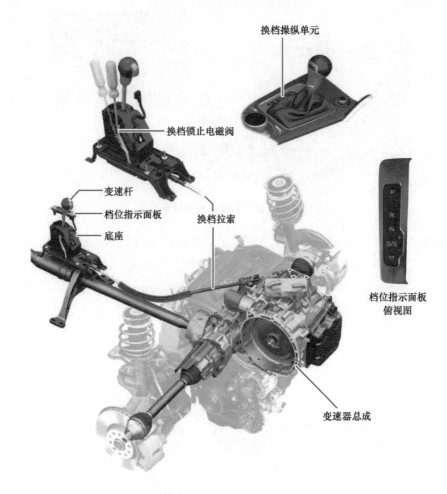

换档操纵单元

换档锁止电磁阀

变速杆

档位指示面板

底座

换档拉索

档位指示面板
俯视图

变速器总成

图 3-10　换档操纵系统部件

3.2.2　液压控制系统

电液换档机构安装在自动变速器内。它被变速器油底壳盖住。电液换档机构以正确的液压压力控制传动和制动离合器。通过变速杆上的拉线操纵电液换档机构内的选档滑阀。选档滑阀根据变速杆相对变速器内相应电磁阀的位置控制变速器油压力（主压力）。此外，在电液换档机构内还装有以下用于变速器控制的部件：机油温度传感器；电磁阀（2 个）；调压阀（6 个）。电液换档机构如图 3-11 所示。

电液换档机构通过两个多线脚插头（在变速器壳体上）与 EGS 控制单元连接。

3.2.3　电气控制系统

自动变速器电控系统也是由三部分组成的，即传感器、控制单元、执行器，如图 3-12 所示。控制单元是整个控制系统的中心，它根据安装在发动机、自动变速器及车身上的各种传感器，测得发动机转速、车速、节气门开度、自动变速器油温度等运转参数，并通过分析运算，以及相关控制开关送来的操作指令，控制单元通过内设定的控制程序，向各个执行元件发出指令信号，以操纵阀板中各种控制阀的工作，从而实现对自动变速器的控制。

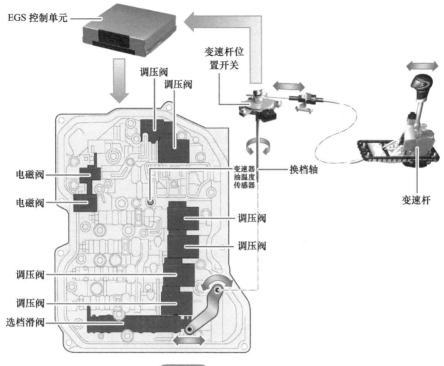

图 3-11　电液换档机构

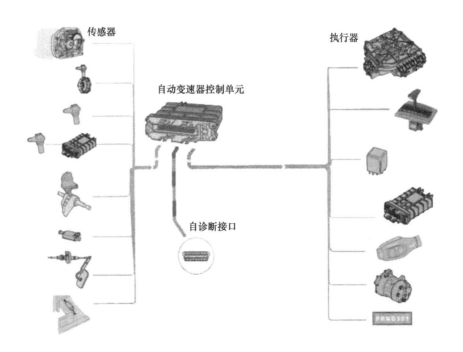

图 3-12　自动变速器电子控制系统

第4章 **汽车传动系统**

第1节
离合器

4.1.1 干式摩擦式离合器

　　汽车离合器位于发动机和变速器之间的飞轮壳内，用螺钉将离合器总成固定在飞轮的后平面上，离合器的输出轴就是变速器的输入轴。在汽车行驶过程中，驾驶人可根据需要踩下或松开离合器踏板，使发动机与变速器暂时分离和逐渐接合，以切断或传递发动机向变速器输入的动力。

　　汽车离合器有摩擦式离合器、液力变矩器（液力耦合器）、电磁离合器等几种。摩擦式离合器又分为湿式和干式两种。与手动变速器相配合的绝大多数离合器为干式摩擦式离合器，按其从动盘的数目，又分为单盘式、双盘式和多盘式等几种。离合器总成组成部件如图 4-1 所示。

图 4-1　汽车离合器总成组成部件

湿式摩擦式离合器一般为多盘式的，浸在油中以便于散热。采用若干个螺旋弹簧作为压紧弹簧，并将这些弹簧沿压盘圆周分布的离合器，称为周布弹簧离合器。采用膜片弹簧作为压紧弹簧的离合器，称为膜片弹簧离合器。

离合器主要由主动部分（飞轮、离合器盖等）、从动部分（摩擦片）、压紧机构（膜片弹簧）和操纵机构四部分组成。汽车离合器有摩擦式离合器、液力耦合器、电磁离合器等几种。目前与手动变速器相配合的离合器绝大部分为干式摩擦式离合器，其组成部件如图 4-2 所示。

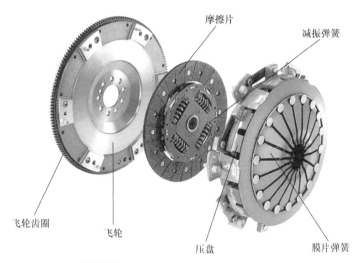

摩擦片　减振弹簧　飞轮齿圈　飞轮　压盘　膜片弹簧

图 4-2　干式膜片弹簧离合器组成部件

离合器盖通过螺钉固定在飞轮的后端面上，离合器内的摩擦片在弹簧的作用力下被压盘压紧在飞轮面上，而摩擦片是与变速器的输入轴相连的。通过飞轮及压盘与从动盘接触面的摩擦作用，将发动机发出的转矩传递给变速器。

在没踩下离合器踏板前，摩擦片是紧压在飞轮端面上的，发动机的动力可以传递到变速器中。当踩下离合器踏板后，通过操作机构，将力传递到分离叉和分离轴承，分离轴承前移将膜片弹簧往飞轮端压紧，膜片弹簧以支承圈为支点向相反的方向移动，压盘离开摩擦片，这时发动机动力传输中断；当松开离合器踏板后，膜片弹簧重新回位，离合器重新结合，发动机动力继续传递。

4.1.2　双盘式离合器

双盘离合器的优点是可以传输大的转矩，且直径相对较小，经久耐用。如图 4-3 所示，两个离合器盘中间有一个中转盘，这样就形成了四个摩擦面，可以传输两倍于同

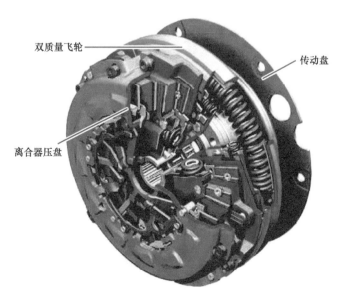

双质量飞轮　传动盘　离合器压盘

图 4-3　双盘离合器

样尺寸和接触压力下单盘离合器的传输转矩。

双盘离合器部件结构如图 4-4 所示。

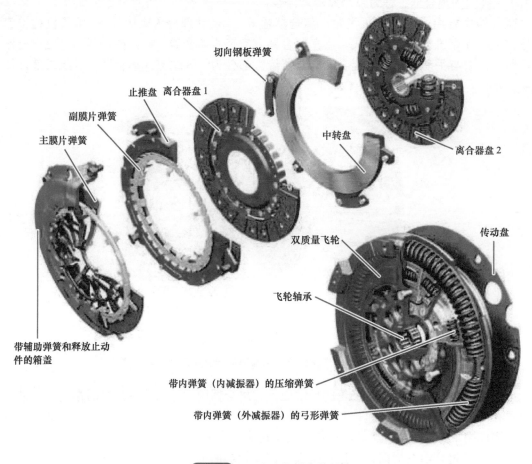

切向钢板弹簧
止推盘 离合器盘 1
副膜片弹簧
主膜片弹簧
中转盘
离合器盘 2
传动盘
双质量飞轮
飞轮轴承
带辅助弹簧和释放止动
件的箱盖
带内弹簧（内减振器）的压缩弹簧
带内弹簧（外减振器）的弓形弹簧

图 4-4 双盘离合器部件结构

第 2 节
手动变速器分类

4.2.1 手动变速器

手动变速器（Manual Transmission，简称 MT）又称机械式变速器，即必须用手拨动变速杆才能改变变速器内的齿轮啮合位置，改变传动比，从而达到变速的目的。手动变速在操纵时必须踩下离合器踏板，方可拨得动变速杆。手动变速器是利用大小不同的齿轮配合而实现变速的。最常见的手动变速器多为 5 档位（4 个前进档、1 个倒档），也有的汽车采用 6 档位变速器。一般来说，手动变速器的传动效率要比自动变速器高，如果驾驶技术好，手动变速器的汽车在加速、超车时比自动变速器车型快，也省油。

手动变速器由变速传动机构、变速器壳体、操纵机构组成。按照轴的形式可以分为固定轴式（齿轮的旋转轴线固定不动）和旋转轴式（齿轮的旋转轴线也是转动的，如行星齿轮变速器），其中固定轴式手动变速器可以根据轴数的不同，分为两轴式、中间轴式、双中间轴式、多中间轴式。手动变速器操纵机构的组成如图 4-5 所示。

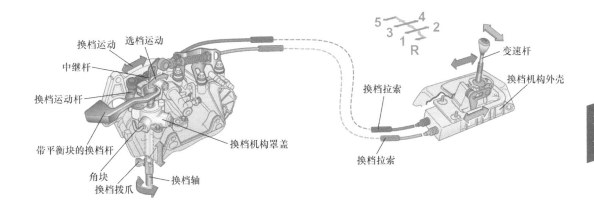

图 4-5　手动变速器换档操纵机构的组成

以奔驰车型六档变速驱动桥（前置前驱型手动变速器）为例，变速器的剖视图如图 4-6、图 4-7 所示。

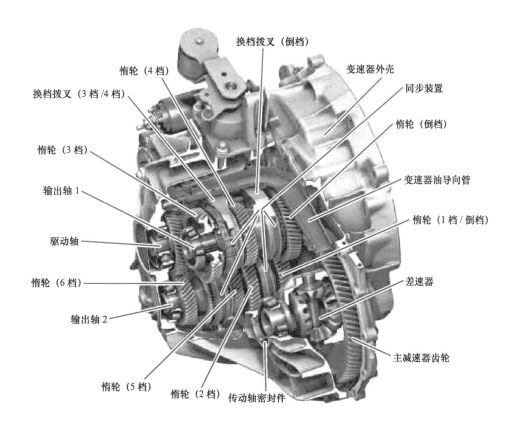

图 4-6　变速器的剖视图（动力输出侧视图）

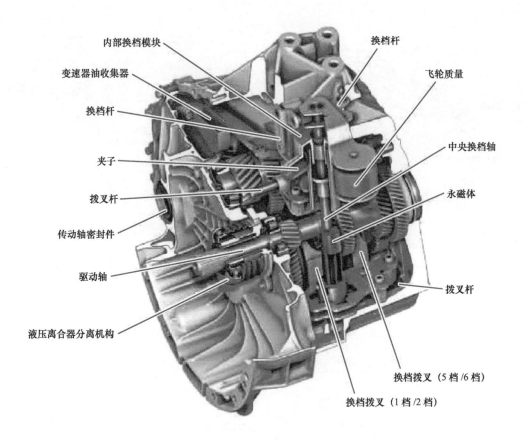

内部换档模块

变速器油收集器

换档杆

夹子

拨叉杆

传动轴密封件

驱动轴

液压离合器分离机构

换档杆

飞轮质量

中央换档轴

永磁体

拨叉杆

换档拨叉（5档/6档）

换档拨叉（1档/2档）

图 4-7   变速器的剖视图（发动机连接侧视图）

4.2.2   AMT 变速器

自动机械式变速器（Automated Mechanical Transmission，AMT），也称自动离合手动变速器，AMT 实际上就是带自动控制离合换档功能的手动变速器，它的结构和传统平行轴式手动变速器没有本质差异，结构上也基本一致。AMT 在货车上应用较为广泛，大部分自动档货车无论是进口车还是国产车都采用了 AMT，其维修保养也较为简单。液压式自动离合器是在目前通用的膜片离合器的基础上，增加了电子控制单元（ECU）和液压执行系统，将踏板操纵离合器油缸活塞改为由开关装置控制电动油泵去操纵离合器油缸活塞。

目前 AMT 大多装用于客车、货车等商用车型。图 4-8 所示为解放 12 档 AMT 控制系统部件。

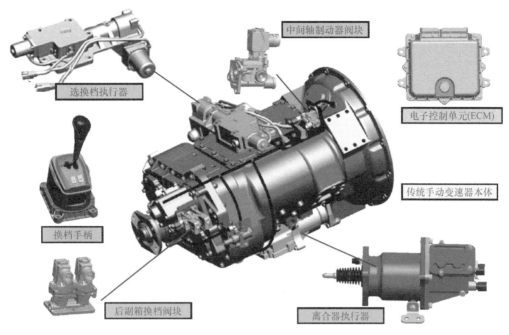

中间轴制动器阀块

选换档执行器

电子控制单元(ECM)

传统手动变速器本体

换档手柄

后副箱换档阀块

离合器执行器

图 4-8 解放 12 档 AMT

第4章

第 3 节
驱动桥与传动轴

4.3.1　驱动桥

差减总成由差速器与减速器组成。后驱车安装在后桥上，前驱车安装在变速器内部。差速器是实现左、右驱动轮不同转速转动的机构。减速器总成部件结构分解及结构图如图 4-9 所示。

减速器将变速器输出的动力进一步减速，增大转矩，并改变旋转方向。差速器主要由差速器壳、行星齿轮、半轴齿轮、行星齿轮轴等组成。差速器左、右轮的转速是不一样的，某一侧的车轮静止，则另一侧车轮转动的速度加倍。减速器主要由主动锥齿轮、从动锥齿轮、轴承座与减速器壳等组成。通过小轮带大轮达到减速增矩的作用。

布置在前驱动桥（前驱汽车）和后驱动桥（后驱汽车）的差速器，可分别称为前差速器和后差速器，如安装在四驱汽车的中间传动轴上，用来调节前后轮的转速，则称为中央差速器。

4.3.2　传动轴

传动轴是汽车传动系中传递动力的重要部件，它的作用是与变速器、驱动桥一起将发动机的动力传递给车轮，使汽车产生驱动力，传动轴部件外观如图 4-10 所示。传动轴是由轴管、伸缩套和万向节组成。伸缩套能自动调节变速器与驱动桥之间距离的变化。万向节是用来保证变速器输出轴与驱动桥输入轴两轴线夹角变化时，仍可实现两轴的等角速传动。

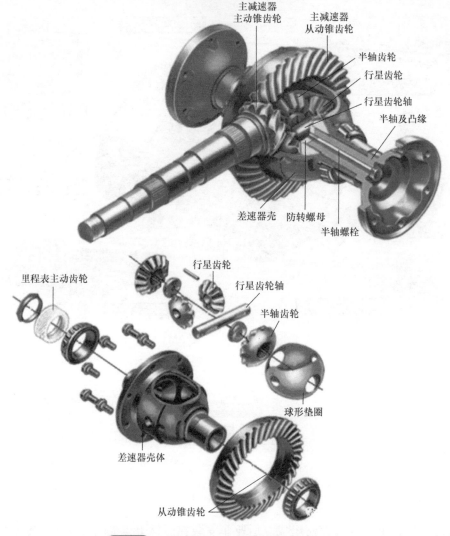

主减速器
主动锥齿轮

主减速器
从动锥齿轮

半轴齿轮

行星齿轮

行星齿轮轴

半轴及凸缘

差速器壳　防转螺母　半轴螺栓

里程表主动齿轮

行星齿轮

行星齿轮轴

半轴齿轮

球形垫圈

差速器壳体

从动锥齿轮

图 4-9　差速器与减速器总成部件分解及结构

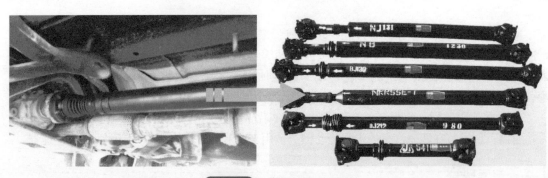

图 4-10　传动轴部件外观

　　万向节是汽车传动轴上的关键部件。在前置发动机后轮驱动的车辆上，万向节传动轴安装在变速器输出轴与驱动桥主减速器输入轴之间；而前置发动机前轮驱动的车辆省略了传动轴，万向节安装在既负责驱动又负责转向的前桥半轴与车轮之间。

　　十字轴万向节是目前汽车上应用最多的万向节。它以十字轴为中心，两端分别连接一个万向节叉，这样，即使两个万向节叉之间有夹角，动力依然可以传递过去。它的工作特性是当主动轴等速旋转时，从动轴的转速（角速度）是不均匀的。所以，为了达到等速转动，传动轴两端须安装两个万向节，并且还须满足两个条件，即传动轴两端的万向节叉应在一个平面内；主动轴和从动轴与传动轴的夹角应相等。该部件实物与分解图如图4-11所示。

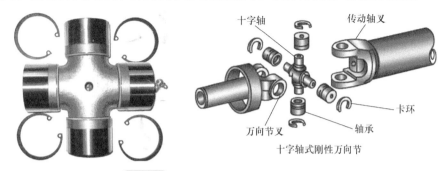

十字轴式刚性万向节

图 4-11　十字万向节实物与部件分解

球笼式万向节工作时六个钢球都参与传力，故承载能力强、磨损小、寿命长。它被广泛应用于各种型号的转向驱动桥和独立悬架的驱动桥。该部件实物与分解图如图4-12所示。

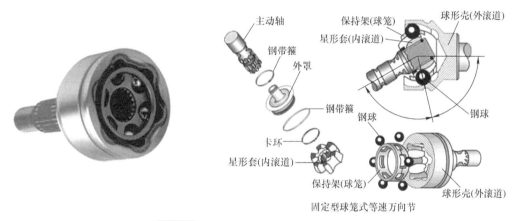

固定型球笼式等速万向节

图 4-12　球笼式万向节实物与部件分解

三枢轴万向节：万向节工作时，动力由半轴输入，经球叉、传力球、球销，最后经球笼输出。结构较紧凑。该部件实物与分解图如图4-13所示。

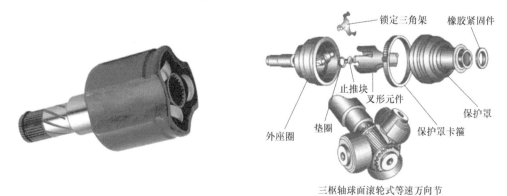

三枢轴球面滚轮式等速万向节

图 4-13　三枢轴万向节实物与部件分解

第 4 节
四轮驱动系统

4.4.1 分时四驱

分时四驱是由驾驶人手动切换的驱动模式，驾驶人可通过接通或断开分动器来选择两轮驱动（2WD）或四轮驱动（4WD）模式。这是 SUV 车型中最常见的驱动模式，其优点是既能保证车辆的动力性和通过性，又能兼顾燃油经济性，略显不足的是驾驶人需要自行判断路况，手动操作驱动模式。它可以分为基于 FR（前置后驱）车的 4WD 和基于 FF（前置前驱）车的 4WD。结构显示，发动机的动力按照变速器、分动器、前后传动轴、主减速器和差速器、驱动轴、车轮的顺序进行传输。典型的分时四驱汽车底盘结构如图 4-14 所示。

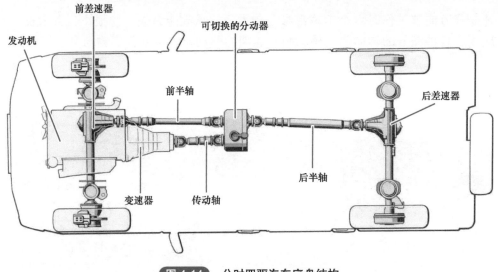

图 4-14　分时四驱汽车底盘结构

4.4.2 适时四驱

适时四驱就是根据车辆的行驶路况，系统会自动切换为两驱或四驱模式，是不需要人为控制的。适时驱动汽车其实跟驾驶两驱汽车没太大的区别，操控简便，而且油耗相对较低，广泛应用于一些城市 SUV 或轿车上。

适时四驱车的传动系统中，只需从前驱动桥引一根传动轴，并通过一个多片耦合器连接到后桥。当主驱动轮失去附着力（打滑）后，另外的驱动轮才会被动介入，所以它的响应速度较慢。适时四驱系统结构如图 4-15 所示。

4.4.3 全时四驱

全时四驱就是指汽车的四个车轮时时刻刻都能提供驱动力。因为是全时四驱，没有两驱和四驱之间切换的响应时间，主动安全性更好，不过相对于适时四驱来说，油耗较高。全时四驱汽车传动系统中，设置了一个中央差速器。发动机动力先传递到中央差速器，将动力分配到前后驱动桥。全时四驱的系统结构如图 4-16 所示。

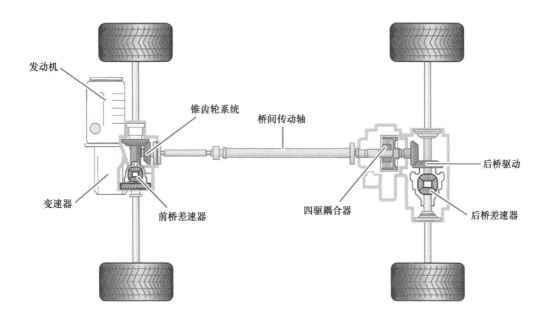

发动机

锥齿轮系统　桥间传动轴

后桥驱动

变速器

前桥差速器

四驱耦合器

后桥差速器

图 4-15　适时四驱系统结构

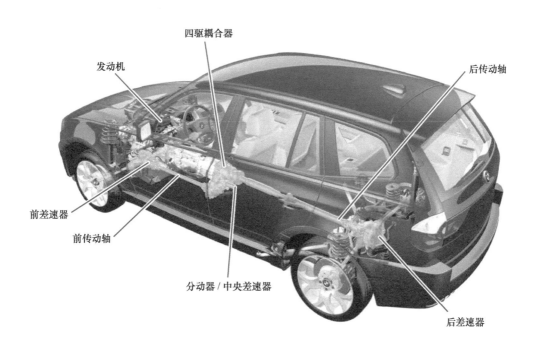

四驱耦合器

发动机

后传动轴

前差速器

前传动轴

分动器 / 中央差速器

后差速器

图 4-16　全时四驱系统结构

第5章 汽车行驶系统

汽车悬架系统

5.1.1 悬架概述

悬架系统是汽车的车架与车桥或车轮之间的一切传力连接装置的总称，其功能是传递作用在车轮和车架之间的力和力矩，并且缓冲由不平路面传给车架或车身的冲击力，并衰减由此引起的振动，以保证汽车平顺行驶。图 5-1 所示为汽车悬架系统。

汽车的悬架系统分为非独立悬架和独立悬架两种，非独立悬架的车轮装在一根整体车轴的两端，当一边车轮跳动时，另一侧车轮也相应跳动，在现代轿车中基本上已不再使用，多用在货车和大型客车上。独立悬架的车轴分成两段，每只车轮由螺旋弹簧独立安装在车架下面，当一边车轮发生跳动时，另一边车轮不受影响，两边的车轮可以独立运动，独立悬架系统又可分为横臂式、纵臂式、多连杆式、烛式以及麦弗逊式悬架系统等。

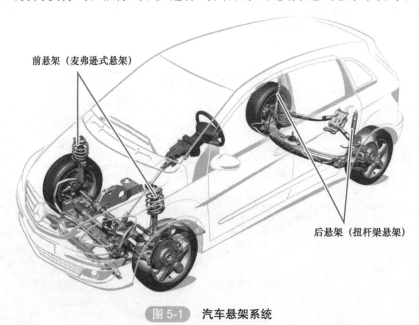

前悬架（麦弗逊式悬架）

后悬架（扭杆梁悬架）

图 5-1　汽车悬架系统

5.1.2 麦弗逊独立悬架

麦弗逊式悬架是当今应用最广泛的轿车前悬架之一。一般用于轿车的前轮。麦弗逊式悬架由螺旋弹簧、减振器、三角形下摆臂组成，绝大部分车型还会加上横向稳定杆。麦弗逊式前悬架的结构如图 5-2 所示。

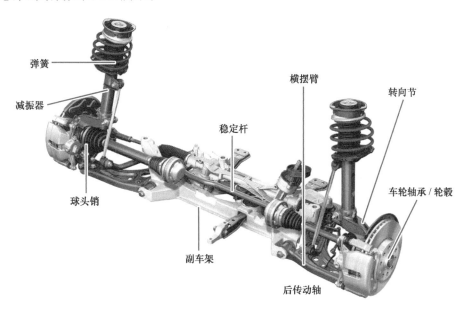

弹簧

减振器

横摆臂

转向节

稳定杆

球头销

车轮轴承 / 轮毂

副车架

后传动轴

图 5-2 麦弗逊式前悬架结构

5.1.3 双摇臂独立悬架

双摇臂悬架是独立悬架的一种，也称双叉骨、双愿骨（double wish bone）悬架，双叉臂悬架拥有上、下两个不等长的摇臂，双摇臂的上、下横摆臂可以制成 A 形或 V 形。V 形臂的上、下两个 V 形摆臂以一定的距离，分别安装在车轮上，另一端安装在车架上。双摇臂悬架结构如图 5-3 所示。

弹簧减振器

车轮轴承壳体

前桥差速器

辅助边框

上部横摆臂

稳定杆

摆动支承

下部横摆臂

图 5-3 双摇臂悬架结构（大众途锐前悬架）

5.1.4 多连杆独立悬架

多连杆独立悬架是由连杆，减振器和减振弹簧组成的。它的连杆比一般悬架要多些，按惯例，一般都把四个连杆或更多连杆结构的悬架，称为多连杆悬架。四连杆式悬架结构及组成部件如图 5-4 所示。

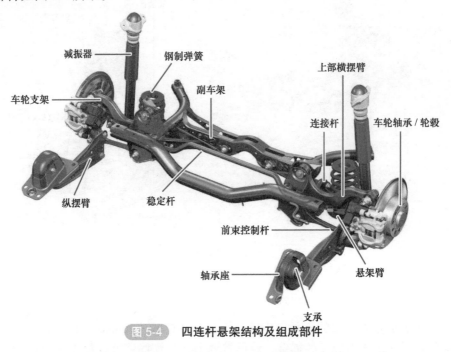

图 5-4 四连杆悬架结构及组成部件

图 5-5 所示为五连杆悬架，五根连杆分别指主控制臂、前置定位臂、后置定位臂、上臂和下臂，其中，主控制臂可以起到调整后轮前束的作用，以提高车辆行驶稳定性，有效降低轮胎的磨损。

图 5-5 五连杆悬架

5.1.5 扭杆悬架

汽车悬架的金属弹簧有三种形式，分别是螺旋弹簧、钢板弹簧和扭杆弹簧。扭杆弹簧一端与车架固定连接，另一端与悬架控制臂连接，通过扭杆的扭转变形达到缓冲作用。扭杆用合金弹簧钢做成，具有较高的弹性，既可扭曲变形又可复原，实际上起到了螺旋弹簧相同的作用，只是表现形式不同而已。扭杆悬架的结构如图5-6所示。

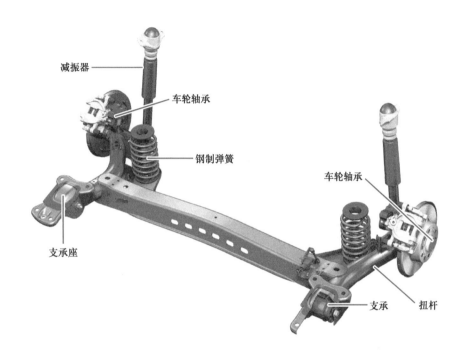

减振器

车轮轴承

钢制弹簧

车轮轴承

支承座

支承　扭杆

图 5-6　扭杆悬架结构

5.1.6 空气悬架

空气悬架是一种可调节式的车辆悬架，使用空气悬架很容易实现车身水平自动调节。空气悬架具有以下特性（图5-7）：

1）舒适性：不论载荷多大，车身固有频率基本保持恒定。

2）通过性：通过改变弹簧内的空气压力，可以实现不同的车辆高度。

3）行驶稳定性：不论载荷多大，减振器的衰减度保持恒定，且车身高度也保持恒定。

空气悬架主要由控制单元、吸气孔、排气孔、气动前后减振器和空气分配器等组成。空气悬架部件和结构如图5-8所示。

电子减振器控制系统（EDC）由以下组件构成，如图5-9所示：分别带有两个调节阀的四个电动调节式减振器；垂直动态管理平台 VDP 控制单元；用于探测车轮移动的四个车辆高度传感器；用于探测车身移动（提升，俯仰和侧倾）的传感器组件。

电子调节式减振器是带有相应空气弹簧减振支柱的单元，无法单独更换。在减振器上有两个电动调节阀，可通过该调节阀对调节式减振器的拉伸和压缩阶段分别进行调节。由此可完美抵消车身和车轮的振动。减振器是一个单筒充气支承杆。图5-10所示为电动调节式减振器的结构。

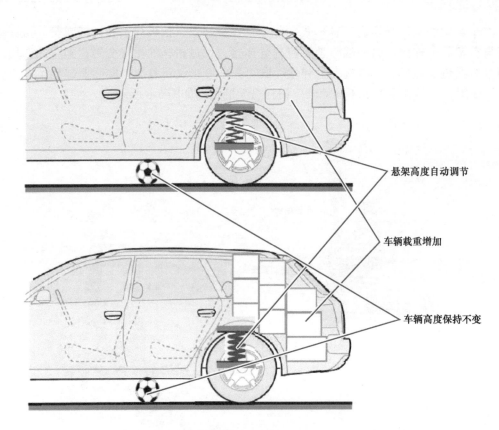

图 5-7　空气悬架的特性

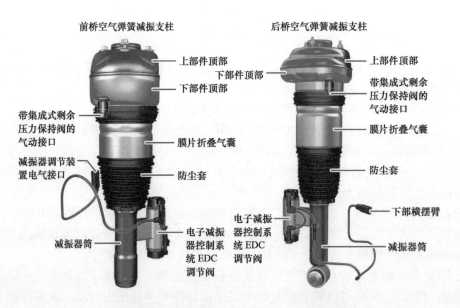

图 5-8　空气悬架（宝马 7 系）部件和结构

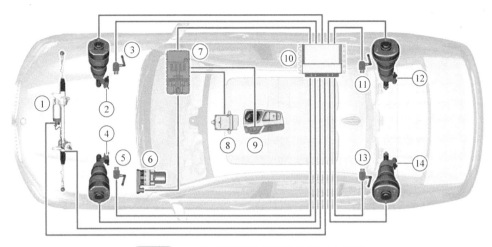

图 5-9　电子减振器控制系统（EDC）概览

1—电子助力转向系统 EPS（电动机械式助力转向系统）　2—右前减振器调节装置调节阀　3—右前车辆高度传感器
4—左前减振器调节装置调节阀　5—左前车辆高度传感器　6—动态稳定控制系统 DSC　7—车身域控制器 BDC
8—碰撞和安全模块 ACSM-High　9—驾驶体验开关　10—垂直动态管理平台 VDP　11—右后车辆高度传感器
12—右后减振器调节装置调节阀　13—左后车辆高度传感器　14—左后减振器调节装置调节阀

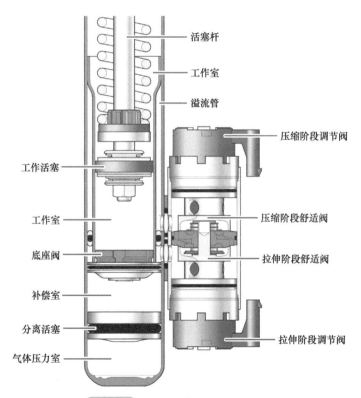

图 5-10　电动调节式减振器的结构

　　EDC 通过快速处理数据和控制电动主动式侧倾稳定杆 EARS，可迅速抵消出现的侧倾力矩，EARS 系统组成部件如图 5-11 所示。

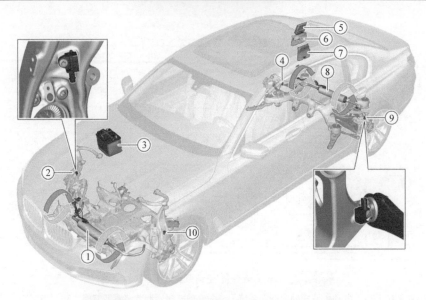

图 5-11　电动主动式侧倾稳定杆 EARS 系统部件

1—前桥电动主动式侧倾稳定杆 EARSV　2—右前车轮加速度传感器　3—发动机室 12 V 蓄电池（车载网络支持措施）
4—右后车轮加速度传感器　5—垂直动态管理平台 VDP　6—右后配电盒　7—电源控制单元 PCU（500 W DC/DC 变换器）
8—后桥电动主动式侧倾稳定杆 EARSH　9—左后车轮加速度传感器　10—左前车轮加速度传感器

　　主动式侧倾稳定杆接收垂直动态管理平台 VDP 的调节请求。两个主动式稳定杆控制单元（EARSV/EARSH）读取并处理总线电码。通过控制电动机使两个稳定杆部分相对扭转。在永磁同步电动机内进行集中能量转化，通过设定的旋转磁场对电动机的转动方向、转矩和转速进行调节。电动主动式侧倾稳定杆剖视图如图 5-12 所示。

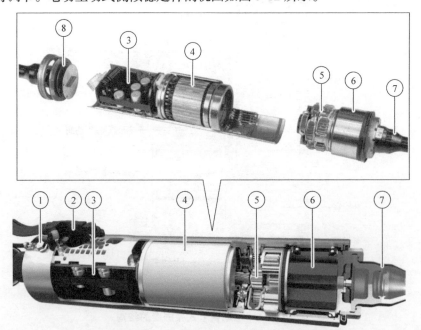

图 5-12　电动主动式侧倾稳定杆剖视图

1—接地点　2—电气接口　3—控制单元（EARSV/EARSH）　4—电动机　5—三级行星齿轮箱
6—隔离元件　7—稳定杆连杆　8—力矩传感器

第2节
轮胎与车轮

5.2.1　车轮-------------------

　　车轮通常由两个主要部件轮辋和轮辐组成，轮辋是在车轮上安装和支承轮胎的部件，轮辐是在车轮上介于车轴和轮辋之间的支承部件。车轮除上述部件外，有时还包含轮毂。车轮结构如图5-13所示。

　　轮辋是在车轮周边安装与支撑轮胎的部件，它与轮辐组成车轮。轮辋和轮辐可以是整体式的、永久连接式的或可拆卸式的。

　　轮辐是保护车辆车轮的轮圈、辐条的装置，其特征是一对圆形罩板，罩板的直径大小和轮圈的直径大小相接近。按照轮辐的结构，车轮分为辐板式和辐条式，目前主流的家用轿车均采用辐板式轮辐结构。

　　轮毂是轮胎内廓支撑轮胎的圆桶形的、中心装在轴上的金属部件，又称轮圈、钢圈、轱辘、胎铃。轮毂根据直径、宽度、成形方式、材料不同种类繁多。

图5-13 车轮结构

5.2.2　轮胎--

　　轮胎根据胎体帘线层排列的不同，分为子午线轮胎和斜交轮胎，如图5-14所示。轿车用轮胎几乎都是子午线轮胎。

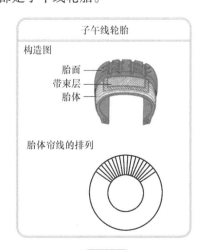
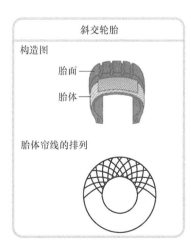

图5-14 子午线轮胎与斜交轮胎的结构特点

　　轿车与商用车（货车和客车）应用的子午线轮胎的材料有些不同，如表5-1所示。

表 5-1 不同材料的子午线轮胎

种　类	通　称	材　料	
		胎体	带束层
轿车用	钢丝子午线	合成纤维	钢丝
小型货车用	钢丝子午线	合成纤维	钢丝
货车及公共汽车用	全钢子午线	钢丝	钢丝

　　无内胎轮胎是以在轮胎的内侧贴合透气性低的特殊橡胶（内衬）的一体化构造，来代替使用内胎的轮胎。因为没有内胎，所以不会发生由内胎引起的故障，如图 5-15 所示。即使被钉子等刺穿也不容易造成快速漏气，能够使行驶中的事故防患于未然。因为轮胎内部的空气直接与轮辋接触，所以它的散热性较好。

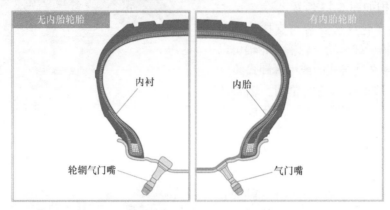

图 5-15　有内胎与无内胎轮胎

　　在轮胎侧面，子午线轮胎有"Radial"字样，无内胎轮胎有"Tubeless"字样。汽车轮胎常见标识及含义见图 5-16。

$$\underline{205}/\underline{65}\underline{R}\underline{15}\ \underline{94}\underline{H}$$
　　①　　②　③　④　　⑤　⑥

①205：断面宽的通称 (mm)；②65：扁平率的通称（％）；③R：轮胎构造标记（子午线）；④15：轮辋直径的通称（in）；⑤94：负荷指数（见表 5-2）；⑥H：速度等级（210km/h）

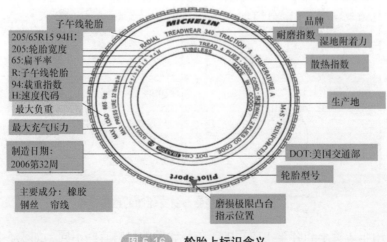

图 5-16　轮胎上标识含义

表 5-2　轮胎负荷指数与速度等级参数

负荷指数	每条轮胎载重/kg	负荷指数	每条轮胎载重/kg	负荷指数	每条轮胎载重/kg	负荷指数	每条轮胎载重/kg	负荷指数	每条轮胎载重/kg	速度等级	速度/（km/h）
										J	100
62	265	75	387	88	560	101	825	114	1180	K	110
63	272	76	400	89	580	102	850	115	1215	L	120
64	280	77	412	90	600	103	875	116	1250	M	130
65	290	78	425	91	615	104	900	117	1285	N	140
66	300	79	437	92	630	105	925	118	1320	P	150
67	307	80	450	93	650	106	950	119	1360	Q	160
68	315	81	462	94	670	107	975	120	1400	R	170
69	325	82	475	95	690	108	1000	121	1450	S	180
70	335	83	487	96	710	109	1030	122	1500	T	190
71	345	84	500	97	730	110	1060	123	1550	H	210
72	355	85	515	98	750	111	1090	124	1600	V	240
73	365	86	530	99	775	112	1120	125	1650	W	270
74	375	87	545	100	800	113	1150			Y	300
										VR	>210
										ZR	>240

轮胎生产日期标识位置及含义如图 5-17 所示。

DOT——则表示此轮胎符合美国交通部（Department of Transportation，DOT）规定的安全标准。"DOT"后面紧挨着的 11 位数字及字母则表示此轮胎的识别号码或序列号。各种强制认证标识如图 5-18 所示。

中国强制性产品认证，即"China Compulsory Certification"，英文缩写"CCC"，简称 3C 认证。

0803:制造日期-2003年第8周

图 5-17　轮胎生产日期标识

In metro（巴西）

ECE（欧洲）

CCC（中国）

图 5-18　强制认证标识

5.2.3 车轮动平衡

轮胎是由胎面和轮毂组合而成的一个整体，由于制造工艺的原因，导致轮胎这个整体各部分的重量分布不可能非常均匀。而在高速转动时轻微的"重量差"都会导致轮胎的不平衡转动。四轮不平衡的转动会使车轮摇摆、跳动（直观感受：高速方向盘抖动），令轮胎产生波浪形磨损，降低汽车行驶时的稳定性。

车轮动平衡分为两种，分别是"静平衡"和"动平衡"，静平衡是指车轮的重心与旋转轴心在同一线上，停止转动时的位置是任意的；如果一个车轮每次停止转动时的位置都是相同的，则说明该车轮是静不平衡。动平衡是指车轮转动过程中所表现出的现象，由于重量相对车轮的对称面不对称，当车轮高速转动时就会左右摆动。这就是车轮动不平衡现象。

为了防止轮胎的不平衡转动，车辆在出厂时就会对每个轮胎进行动平衡校准，贴上平衡块，保证高速转动的轮胎平衡平稳工作（图 5-19 ）。

图 5-19　轮胎平衡

5.2.4 车轮定位

由于车辆的四轮、转向机构、前后车轴之间的安装应具有一定的相对位置，这个相对位置是由厂家制定的标准值。调整恢复这个位置的安装，就是四轮定位。车轮定位的作用是使汽车保持稳定的直线行驶和转向轻便，并减少汽车在行驶中轮胎和转向机件的磨损。前轮定位包括主销后倾角（图 5-20）、主销内倾角（图 5-21）、前轮外倾角和前轮前束四个内容。后轮定位包括车轮外倾角和逐个后轮前束。

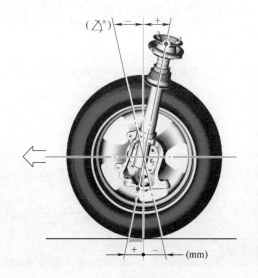

主销后倾角

主销后倾是指在车辆纵轴方向上，转轴轴线与经过车轮中心的路面垂直线之间形成的倾角。

主销后倾偏距是指转轴轴线与经过车轮中心的垂直线在路面上所形成的交点间的距离。

主销后倾为正时，车轮接地点在转轴与路面的交点之后（车轮被拉动）。正的主销后倾有助于车辆转向稳定性。

主销后倾为负时，车轮接地点在转轴与路面的交点之前（车轮被推动）。负的主销后倾有利于提供转向轻便性。

正的主销后倾有助于车轮回转到直线行驶位置。主销后倾误差将导致车辆"跑偏"。

图 5-20　主销后倾角和主销后倾偏距（绿）

主销内倾角

主销内倾角是指在车辆横向方向上，转轴（减振支柱转轴）中心线与路面垂直线之间的夹角。

在麦克弗逊（McPherson）式、烛式独立悬架上，主销内倾角与车轮外倾角形成的总角度（夹角）在弹簧压缩与伸长时保持不变。

车轮转动一个角度时，主销内倾角使车辆升高。主销内倾角产生回转力，驶过弯道后回转力使车轮和方向盘重新回到直线行驶位置。主销内倾角误差将导致车辆跑偏。

主销横偏距

主销横偏距是指从车轮接地面与车轮中心平面的交线至减振支柱转轴与地面交点间的距离。车辆不同，主销横偏距可以为正、负或零。

主销横偏距为正且较大时，滚动阻力对已转向的车轮影响较大。路面附着系数不断变化或车轮负荷不同时，受影响较大的车轮将承担导向任务。这会造成方向稳定性不平稳。如今从设计上已尽可能采用较小的主销横偏距，如图 5-22 所示。

图 5-21　主销内倾角

$R_0 > 0$　　　$R_0 < 0$　　　$R_0 = 0$

图 5-22　主销横偏距

车轮外倾角是车轮中心平面与垂直面的倾斜角，如图 5-23 所示。车轮上部向外倾斜时，车轮外倾角为正。车轮上部向内倾斜时，车轮外倾角为负。车轮外倾角误差将导致车辆持续"跑偏"。前桥调整为负车轮外倾角时，会使车辆总行驶性能表现为过度转向。前桥调整为正车轮外倾角时，会使车辆总行驶性能表现为不足转向。

一个车桥的总前束由该车桥上两车轮之间前部距离与后部距离的差值确定，如图 5-24 所示。在轮辋边缘处测量距离。前桥上的单个车轮前束是指单个车轮相对几何行驶轴线的夹角。后桥上的单个车轮前束是指单个车轮相对车辆纵向中心平面的夹角。前束误差不会导致车辆持续"跑偏"。

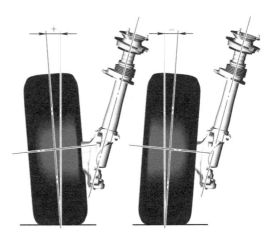

图 5-23　车轮外倾角

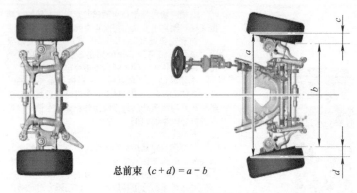

总前束 $(c+d) = a-b$

图 5-24 车桥总前束

5.2.5 胎压监测系统

轮胎失压显示 RPA 是用于间接测量不同轮胎充气压力的系统。在此并非测量实际轮胎充气压力，而是通过车轮转速传感器持续监控所有车轮的滚动周长。轮胎压力下降时，相应车轮的转动角速度会发生变化。车轮转速传感器可对其进行探测并向动态稳定控制系统 DSC 发送相关信号。车速超过 25km/h 和压力下降约 30% 时，系统会发出警告。在此通过组合仪表内的一个指示灯以及中央信息显示屏内的文本信息向驾驶人发出警告。轮胎失压显示 RPA 系统组成部件如图 5-25 所示。

图 5-25 轮胎失压显示 RPA 系统部件

1—右前车轮转速传感器　2—中央信息显示屏（不显示轮胎充气压力）　3—右后车轮转速传感器
4—左后车轮转速传感器　5—组合仪表 KOMBI　6—动态稳定控制系统 DSC　7—左前车轮转速传感器

RDCi 是一个轮胎压力直接测量系统，通过各车轮上的电子装置确定实际轮胎充气压力，它的组成部件如图 5-26 所示。与 RDC low 不同，RDCi 无须单独的 RDC 控制单元。RDCi 功能集成在动态稳定控制系统 DSC 控制单元内，使用遥控信号接收器 FBD 作为所有车轮电子装置发送记录的接收装置。它通过数据总线将相关信息发送至 DSC 控制单元。

图 5-26　轮胎压力监控系统 RDCi 系统部件

1—右前车轮电子装置　2—中央信息显示屏（可显示轮胎充气压力）　3—右后车轮电子装置　4—遥控信号接收器 FBD
5—左后车轮电子装置　6—组合仪表 KOMBI　7—动态稳定控制系统 DSC　8—左前车轮电子装置

第6章 汽车转向系统

第 1 节
液压助力转向

6.1.1 机械液压助力转向系统 --

机械液压助力转向系统主要包括齿轮齿条转向结构和液压系统（液压助力泵、液压缸、活塞等）两部分，如图 6-1 所示。它的工作原理是通过液压泵（由发动机传动带驱动）提供液压力推动活塞，进而产生辅助力推动转向拉杆，辅助车轮转向。

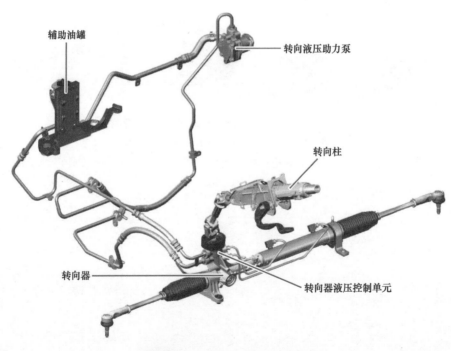

图 6-1 机械液压助力转向系统

6.1.2 电子液压助力转向系统 --

电子液压助力转向系统的结构原理与机械液压助力转向系统大体相同，最大的区别在于液压泵的驱动方式不同。机械液压助力的液压泵是直接通过发动机传动带驱动的，而电子液压助力采用的是由电力驱动的电动液压泵，如图 6-2 所示。

电子液压助力的电动液压泵，不用消耗发动机本身的动力，而且电动液压泵是由电子系统控制的，不需要转向时，电动液压泵关闭，进一步减少能耗。电子液压助力转向系统的电子控制单元，利用对车速传感器、转向角度传感器等传感器的信息处理，可以通过改变电动液压泵的流量来改变转向助力的力度大小。

助力转向控制单元集成在电动液压泵总成中，它根据转向角速度和车辆行驶速度，发出信号，驱动齿轮泵。瞬时供油量从控制单元中储存的通用特性图中读取。助力转向传感器安装在助力转向传动装置的旋转分流阀内，由它提供转向角并计算出转向角速度，转向角传感器安装在转向臂与转向轮之间的转向柱上，通过 CAN 总线传输的转向角信号来驱动转向轮。电子液压助力转向系统工作原理如图 6-3 所示。

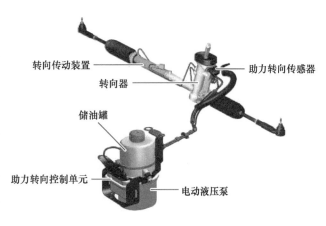

图 6-2　电子液压助力转向系统

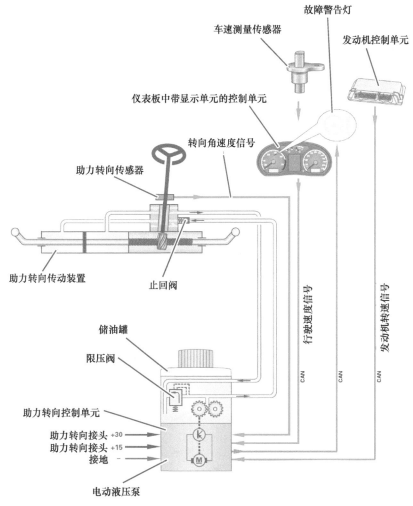

图 6-3　电子液压助力转向系统原理图

第 2 节
电动助力转向

6.2.1 R-EPS

R-EPS 是英文 Rack-drive Electric Power Steering system 的缩写，中文意思为齿条驱动式电动助力转向系统，它主要有同轴式 R-EPS 和非同轴式 R-EPS（即齿条平行式）两种形式，如图 6-4 所示。

同轴式 R-EPS 是指电动机轴与转向器丝杠轴同轴，电动机转子直接与丝杠螺母配合，并将转矩传递给丝杠螺母，丝杠螺母副通过丝杠螺母的旋转运动转变成齿条丝杠的直线运动。非同轴式 R-EPS 是指转向器助力电动机与转向器丝杠轴线不同轴（通常采用传动带连接电动机转轴和丝杠螺母），同时采用滚珠丝杠副作为减速机构的 R-EPS，该类型转向器多见于欧美车型。

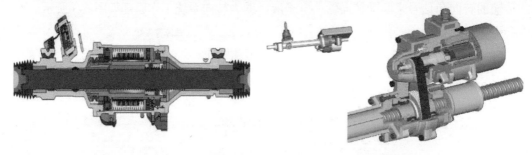

同轴式R-EPS　　　　　　　　　　　　非同轴式R-EPS

图 6-4　两种 R-EPS 形式

以带有平行轴传动机构（APA）的循环球式转向器为例。该转向机构的部件有：方向盘；带有转向角传感器的转向柱开关；转向柱；转向力矩传感器；转向器（循环球式转向器）；电动机械助力转向电动机（同步电动机）；转向助力控制单元；十字轴万向节轴。转向机构组成部件如图 6-5 所示。

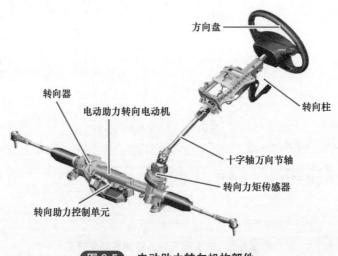

方向盘

转向器

电动助力转向电动机

转向柱

十字轴万向节轴

转向力矩传感器

转向助力控制单元

图 6-5　电动助力转向机构部件

这种带有平行轴传动机构（APA）的循环球转向器的电动机械式助力转向机构（图 6-6），是目前效率最佳的转向机构之一。这种转向机构的助力单元结构特别，且自身摩擦很小，这使得该机构转向感极佳，同时转向冲击很小。道路的侧面冲击因循环球转向器和电动机的惯性质量而被过滤掉了。

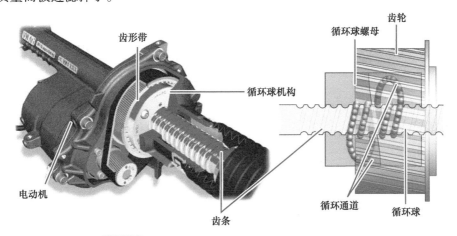

图 6-6　循环球电动机械式助力转向机构剖视图

电动助力转向机构部件分解如图 6-7 所示。

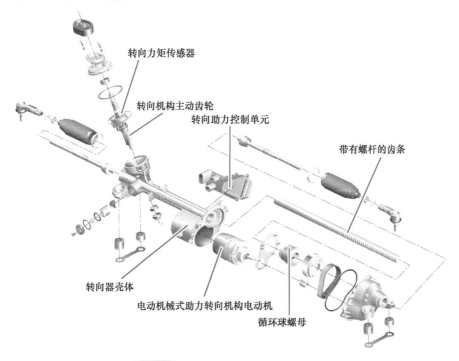

图 6-7　电动助力转向机构部件分解

6.2.2　P-EPS

齿轮助力式（P-EPS）系统通过电子助力转向系统 EPS 可自由确定转向助力及回位力。因此，该系统可根据相应行驶状况以最佳方式调整转向和行驶性能。下部和上部转向轴以伸缩套管形式装在一起，因此发生正面碰撞时可防止驾驶人受到严重伤害。通过机械转向柱调节装置,驾驶人可根据其座椅位置和身高调节最佳方向盘位置。P-EPS 系统组成如图 6-8 所示。

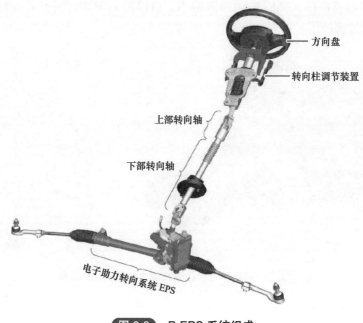

方向盘

转向柱调节装置

上部转向轴

下部转向轴

电子助力转向系统 EPS

图 6-8　P-EPS 系统组成

电子助力转向系统 EPS 是一个 12V 转向系统,最大助力功率为 0.3kW。EPS 单元由 EPS 控制单元和一个交流电动机组成,如图 6-9 所示。通过组件中包含的一个变换器可将 12V 直流电压转化为用于控制电动机的三相交流电压,通过平行于输入轴的 EPS 单元产生转向助力。为了避免因温度变化在组件内形成冷凝物,在输入轴旁带有一个壳体通风装置。该装置可防止电子系统损坏。

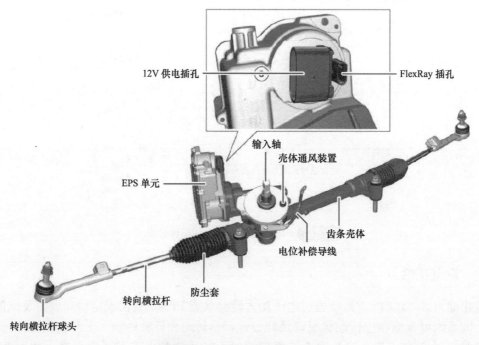

12V 供电插孔

FlexRay 插孔

输入轴

壳体通风装置

EPS 单元

齿条壳体

电位补偿导线

转向横拉杆

防尘套

转向横拉杆球头

图 6-9　电子助力转向系统 EPS

EPS 的转向力矩由驾驶人施加在方向盘上的力矩（手力矩）所决定，如图 6-10 所示。为了能够根据手力矩明确计算出助力力矩（电动机驱动力矩），通过一个力矩传感器测量手力矩。力矩传感器位于输入轴与小齿轮轴之间。对转向助力产生影响的其他因素，包括路面与轮胎间的静摩擦以及车速。

6.2.3　C-EPS

C-EPS 是 Column Electric Power Steering 的缩写，意为转向柱式电动助力转向。C-EPS 是一种机电一体化的新一代汽车智能助力转向装置，系统组成如图 6-11 所示。助力电动机直接在转向柱上施加助力，在不同车况下汽车转向时，它通过电子控制装置，使转向助力电动机产生所需的辅助助力。

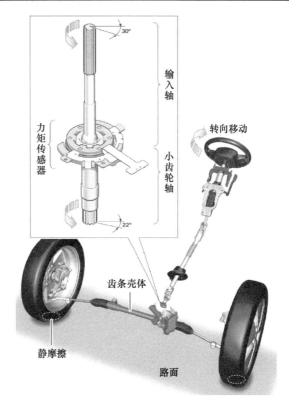

图 6-10 助力转向工作原理

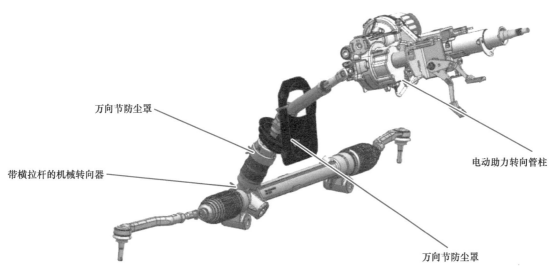

图 6-11 C-EPS 系统组成

第6章

第7章　汽车制动系统

第1节
制动器

7.1.1　盘式制动器

汽车制动器是汽车的制动装置，汽车所用的制动器几乎都是摩擦式的，可分为鼓式和盘式两大类。盘式制动器的旋转元件为旋转的制动盘，以盘的端面为工作表面。它的结构如图7-1所示。

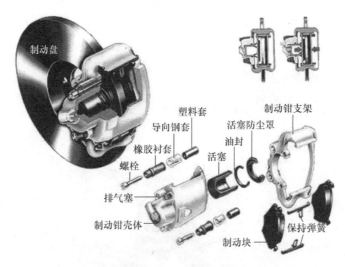

制动盘
塑料套
导向钢套
橡胶衬套
螺栓
排气塞
制动钳壳体
活塞防尘罩
油封
活塞
制动钳支架
制动块
保持弹簧

图 7-1　盘式制动器结构

盘式制动器也称碟式制动器，主要由制动盘、制动钳、摩擦片、轮缸、油管等部分构成。盘式制动器通过液压系统把压力施加到制动钳上，使制动摩擦片与随车轮转动的制动盘发生摩擦，从而达到制动的目的。

与封闭式的鼓式制动器不同，盘式制动器是敞开式的，制动过程中产生的热量可以很快散去，拥有很好的制动效能，现在已广泛应用于乘用车上。盘式制动器工作原理为通过液压系统施加在制动钳上的压力，利用摩擦片夹紧制动盘，从而起到使滚动的车轮减速的作用，如图7-2所示。

制动过程实际上是摩擦力将动能转化为热能的过程，如制动器的热量不能及时散出，将会影响其制动效果。为了进一步提升制动效能，通风制动盘应运而生。通风制动盘内部是中空的，也有的是在制动盘上打很多小孔，冷空气可以从中间穿过进行降温，如图7-3所示。从外表看，它在圆周上有许多通向圆心的洞，利用汽车在行驶当中产生的离心力能使空气对流，达到散热的目的，因此比普通实心盘散热效果要好许多。

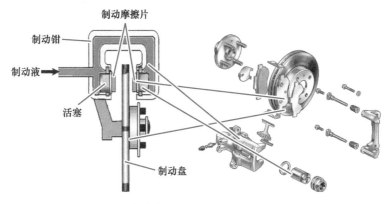

图 7-2 盘式制动器原理

图 7-3 通风制动盘

陶瓷制动盘在制动最初阶段就能产生最大的制动力，整体制动要比传统制动系统更快，制动距离更短。当然，它的价格也是非常昂贵的，多用于高性能跑车上。陶瓷制动盘相对于一般的制动盘具有重量轻、耐高温、耐磨等特性。普通的制动盘在全力制动下容易产生高热而引发热衰退，制动性能会大打折扣，而陶瓷制动盘有很好的抗热衰退性能，其耐热性能要比普通制动盘高出许多倍。以奥迪为例，陶瓷制动盘结构如图 7-4 所示。

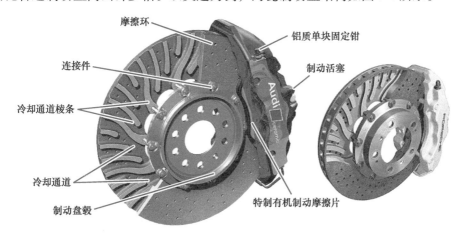

图 7-4 奥迪的陶瓷制动盘

7.1.2　鼓式制动器

鼓式制动器摩擦副中的旋转元件为制动鼓，其工作表面为圆柱面，它的结构如图7-5所示；鼓式制动器主要包括制动轮缸、制动蹄、制动鼓、摩擦片、回位弹簧等部分。它主要是通过液压装置使摩擦片与随车轮转动的制动鼓内侧面发生摩擦，从而起到制动效果的。

图 7-5　鼓式制动器结构

在踩下制动踏板时，推动制动主缸的活塞运动，进而在油路中产生压力，制动液将压力传递到车轮的制动轮缸推动活塞，活塞推动制动蹄向外运动，进而使得摩擦片与制动鼓发生摩擦，从而产生制动力，如图7-6所示。

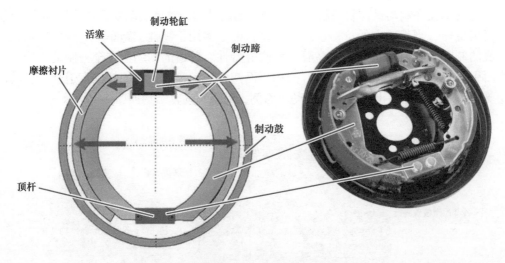

图 7-6　鼓式制动器原理

从结构中可以看出，鼓式制动器是工作在一个相对封闭的环境内的，制动过程中产生的热量不易散出，频繁制动影响制动效果。不过鼓式制动器可提供很高的制动力，所以广泛应用于客货车上。

7.1.3　驻车制动器

驻车制动器，通常是指机动车辆安装的手动制动器，俗称"手刹"。它在车辆停稳后用于稳定车辆，避免车辆在斜坡路面停车时由于溜车造成事故。电子驻车制动 EPB（Electrical Park Brake）俗称"电子手刹"，EPB 通过电子线路控制驻车制动。电子驻车制动器内部结构如图 7-7、图 7-8 所示。

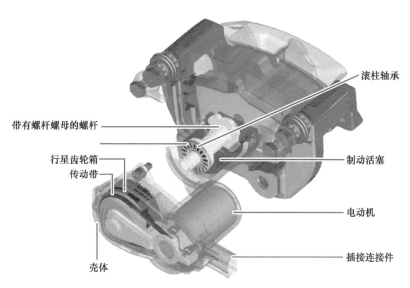

带有螺杆螺母的螺杆

行星齿轮箱
传动带

壳体

滚柱轴承

制动活塞

电动机

插接连接件

图 7-7　带有制动钳的 EPB 执行机构概览（宝马 5 系）

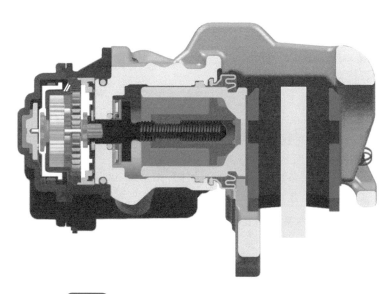

图 7-8　驻车制动器拉紧及全新制动摩擦片剖视图

EMF 控制单元得到驾驶人通过驻车制动按钮给出的驻车指令。系统通过车载网络连接和总线系统查询 / 识别车辆状态。该控制单元确定是否满足驻车过程的所有条件，满足条件时，就会控制后部制动钳上的两个 EPB 执行机构，如图 7-9 所示。

由于螺杆具有自锁功能，因此即使在断电状态下也可保持张紧力，从而确保车辆静止不动。EPB 执行机构固定在制动钳上，直接对制动活塞施加作用。电动机和传动带将作用力传递到两级行星齿轮箱上。然后通过螺杆接口驱动螺杆。EPB 执行机构结构如图 7-10 所示。

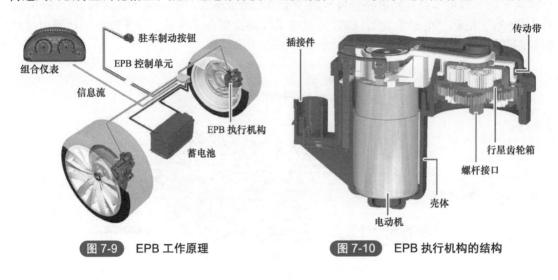

图 7-9　EPB 工作原理　　　图 7-10　EPB 执行机构的结构

第 2 节
防抱死制动系统

7.2.1　系统概述

ABS（Anti-locked Braking System）即防抱死制动系统。它是一种具有防滑、防锁死等优点的汽车安全控制系统，已广泛运用于汽车上。ABS 主要由控制单元（ECU）、车轮转速传感器、制动压力调节装置和制动控制电路等部分组成，如图 7-11 所示。

ABS 控制单元不断从车轮转速传感器获取车轮的速度信号，并加以处理，进而判断车轮是否即将被抱死。ABS 制动的特点是当车轮趋于抱死临界点时，制动轮缸压力不随制动主缸压力增高而增高，压力在抱死临界点附近变化，如图 7-12 所示。如判断车轮没有抱死，制动压力调节装置不参加工作，制动力将继续增大；如判断出某个车轮即将抱死，ECU 向制动压力调节装置发出指令，关闭制动主缸

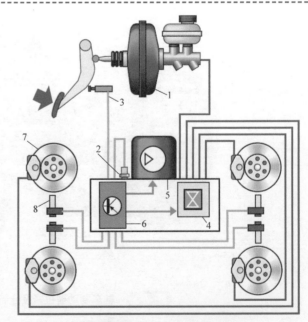

图 7-11　ABS 控制系统组成

1—制动助力器　2—制动力传感器　3—制动信号灯开关
4—液压单元　5—回液泵　6—控制单元
7—制动轮缸　8—车轮转速传感器

与制动轮缸的通道，使制动轮缸的压力不再增大；如判断出车轮出现抱死拖滑状态，即向制动压力调节装置发出指令，使制动轮缸的压力降低，减少制动力。

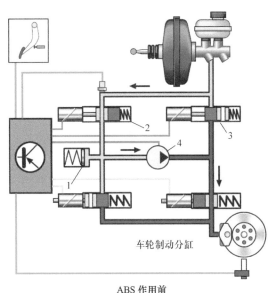
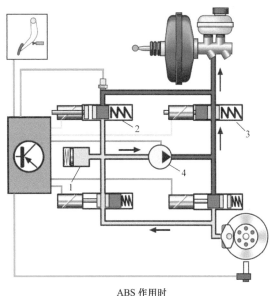

ABS 作用前
液压单元中的开关阀打开，同时高压开关阀关闭。于是，在回液泵中所建立的压力直接被送到制动轮缸

ABS 作用时
开关阀重新被关闭，而高压开关阀则被打开。回液泵的输送量将制动力保持在抱死阈值之下

图 7-12　ABS 系统工作状态

1—蓄压器　2—开关阀　3—高压开关阀　4—回液泵

7.2.2　真空助力器

　　现代汽车一般采用真空助力伺服制动系统，使人力和动力并用。传统燃油汽车的制动系统真空助力装置的真空源来自于发动机进气歧管，真空度负压一般可达 0.05~0.07MPa，真空助力装置外观如图 7-13 所示。纯电动车或燃料电池汽车由于不配备发动机总成，所以改用电动真空泵提供真空压力。

　　电动真空助力系统的工作过程为：当驾驶人发动汽车时，12V 电源接通，电子控制系统模块开始自检，如果真空罐内的真空度小于设定值，真空压力传感器输出相应电压值至控制器，此时控制器控制电动真空泵开始工作，当真空度达到设定值后，真空压力传感器输出相应电压值至控制器，此时控制器控制真空泵停止工作，当真空罐内的真空度因制动消耗，真空度小于设定值时，电动真空泵再次开始工作，如此循环。电动真空泵接口及剖视图如图 7-14 所示。

图 7-13　真空助力装置外观

真空助力器　储油罐　制动主缸　单向阀

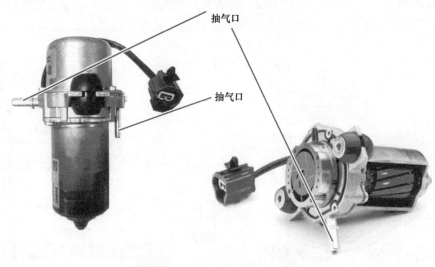

抽气口

抽气口

图 7-14 电动真空泵实物与剖视图

第 3 节
车身稳定控制系统

7.3.1 系统细分与区别

由于大量控制系统的存在，很难从逻辑上清晰地给牵引力控制和辅助系统分类。这些系统会分等级地相互连接在一起，其中一些处于高级阶段，另外一些会建立在其他硬件或软件基础之上，或成为已有功能的补充。

一种可供选择的分类方式是将牵引力控制和辅助系统按功能分配至"起步""行驶""制动"等汽车运行状态。图 7-15 说明了在汽车运行状态中哪种系统可能进行干预。

如图 7-16 所示，牵引力控制系统可以细分为两类。第一类为仅通过液压制动系统而进行制动的系统；第二类为通过发动机管理系统或变速器管理系统，影响汽车动态性能的系统。

起步	行驶	制动
EDL	ACC	ABS
TCS	TCS	EBD
E-ABS	ESP	CBC
HHC	EBC	ABSplus
AUTO HOLD	BSW	YMC
DAR	E-ABS	HBA
HAS	抗侧滑转向支持	HBS
	ROP	FRAD
	下坡辅助系统	前方辅助扫描
	车辆 / 拖车稳定系统	ESP、制动过增压

图 7-15 汽车运行中起作用的稳定系统

118

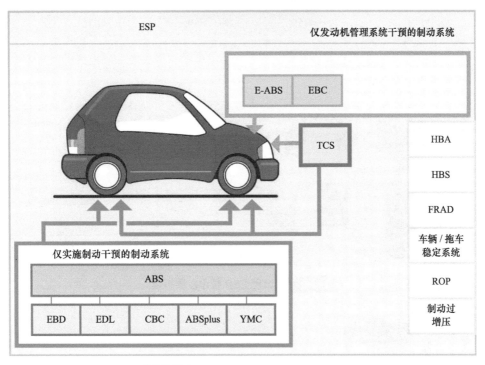

ESP
仅发动机管理系统干预的制动系统
E-ABS　EBC
TCS
HBA
HBS
FRAD
车辆／拖车
稳定系统
ROP
制动过
增压
仅实施制动干预的制动系统
ABS
EBD　EDL　CBC　ABSplus　YMC

图 7-16 牵引力控制系统的两大类型

ABS 系统是所有牵引力控制系统的始点，它是仅实施制动干预的制动系统。软件扩充以及通过 ABS 的附加系统元件的扩充包括 EBD、EDL、CBC、ABSplus 和 YMC。

TCS 是 ABS 系统的一个扩充。除了启动制动干预，它也能启动发动机管理系统干预。带有发动机管理系统干预的制动系统只包括 E-ABS 和 EBC。

当车中安装 ESP 时，所有牵引力控制系统都属于 ESP 系统。如果关闭 ESP 功能，某些牵引力控制系统功能会自主运行。

7.3.2 博世 ESP 系统

ESP（Electronic Stability Program，电子稳定程序）是博世公司的专利技术和注册商标，是为了进一步提高行车主动安全性而发明的牵引力／制动力控制系统。博世 ESP 源于 1983年，博世的工程师通过优化 ABS 的控制来增强车辆在全力制动时的稳定性。1995 年 3 月，博世的 ESP 开始批量生产，并首次装备于奔驰 S 级轿车。第 8 代 ESP 则是在 2002 年投入市场的。最新的博世 ESP 已经发展到第 9 代，如图 7-17 所示。第 9 代 ESP 除了在原有车身稳定控制上精益求精，还为车辆增添众多实用的功能，如：车道检测、碰撞预警、自适应巡航等。

ESP 其实是 ABS（制动防抱死系统）和 ASR（驱动轮防滑转系统）功能上的延伸，可以说是当前汽车防滑装置的最高形式。它主要由控制总成及转向传感器（监测方向盘的转向角度）、车轮传感器（监测各个车轮的速度转动）、侧滑传感器（监测车体绕纵轴线转动的状态）、横向加速度传感器（监测汽车转弯时的离心力）等组成，如图 7-18 所示。控制单元通过这些传感器的信号对车辆的运行状态进行判断，进而发出控制指令。

ESP 的主要功能有 ABS、EBD、TCS、VDC 等，如图 7-19 所示。

具体功能描述见表 7-1。

第7章

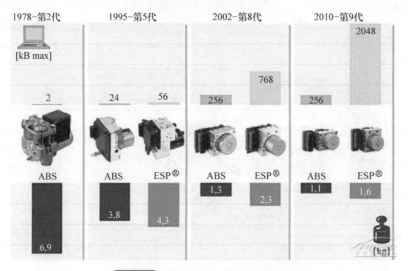

图 7-17　博世 ESP 技术发展历程

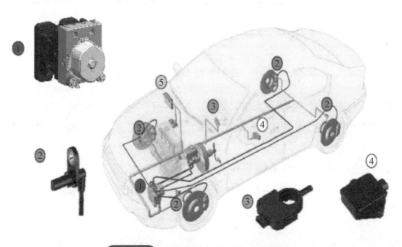

图 7-18　博世第 9 代 ESP 的组成

1—带电控单元的 ESP 液压调节模块　2—轮速传感器　3—方向盘转角传感器
4—偏航率传感器（集成于 EPS 内部）　5—与发动机系统的通信

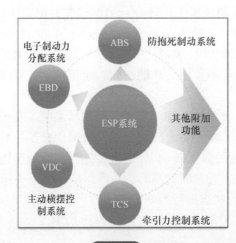

图 7-19　博世第 9 代 ESP 的功能

表 7-1 ESP 系统主要功能

序号	英文简称	中文名称	功能原理
1	VDC	车身动态控制	在车辆行驶过程中突然转向时，VDC 系统根据转向盘转角和车速等信息确定驾驶人的驾驶意图，并持续与车辆实际状况进行对比，如果车辆出现偏离正常行驶路线情况，VDC 将通过对相应的车轮施加制动进行修正，以帮助驾驶人控制侧滑，保持车辆的方向稳定性
2	TCS	牵引力控制	TCS 通过降低发动机功率防止车辆的驱动轮在加速行驶时打滑，必要时施加制动力控制，以防止驱动轮空转。在不利的行驶条件下 TCS 可使车辆易于起步、加速和爬坡
3	HHC	坡道起动辅助	在松开制动踏板后，HHC 能保持驾驶人所施加的制动压力 1s 时间，防止车辆后溜
4	HBA	液压制动辅助	驾驶人快速踩下制动踏板时，HBA 能识别出车辆处于紧急状态，迅速将制动压力提高至录大值，从而使 ABS 更迅速介入，有效地缩短制动距离
5	CDP	驻车制动减速	在拉起电子驻车开关时，CDP 功能开始工作，车辆会以恒定的减速度（只拉起电子驻车开关不踩制动时减速度 0.4g，在拉起电子驻车开关同时踩下制动踏板时减速度为 0.8g）制动，直至车辆停止，如果驾驶人松开电子驻车开关，CDP 功能就会停止工作
6	HDC	陡坡缓降	HDC 主要作用是通过主动制动帮助驾驶人以低速上下坡。工作期间当车轮滑移率超过 ABS 触发门限时，ABS 激活。此功能在 11~38km/h 车速范围内起作用，在此范围内可以通过加速踏板或制动踏板调整车速。当车速超过约 65km/h 时，HDC 功能自动停用
7	AVH	自动驻车	在车辆行驶过程中需要停驶，踩下制动踏板停车后，AVH 会控制 ESP 自动制动。此时车辆处于行驶档位，松制动踏板车辆不会行驶，在车辆静止 10min 内踩加速踏板车辆解除自动制动，可继续行驶；车辆静止 10min 后直接进入待命状态，同时自动拉起 EPB。再次按下自动驻车功能开关，自动驻车功能关闭

第7章

第8章 汽车基本电器

第1节
电源系统

8.1.1 蓄电池

　　蓄电池是汽车必不可少的一部分，可分为传统的铅酸蓄电池和免维护型蓄电池。汽车铅酸蓄电池主要由正（负）极板、隔板、电解液、槽壳、连接条和极桩等部件组成，如图8-1所示。

　　一个12V蓄电池由六个串联的单电池构成。它们安装在由隔板分隔的壳体中。每个蓄电池的基本模块都是单电池。单电池由一个极板组构成，它由一个正极板组和一个负极板组组合而成。极板组由电极和隔板构成。每个电极都是由一个铅栅板和活性物质构成的。隔板（微孔绝缘材料）用于分离不同极性的电极。电极或极板组在充满电时沉浸在体积分数38%的硫酸溶液中（电解液）。接线端子、单电池和极板连接器由铅制成。正极和负极具有不同的直径。正极总是比负极粗。不同的直径可以避免蓄电池连接错误（防止接错极）。单电池连接线穿过隔板。蓄电池的外壳（模块箱）由耐酸性绝缘材料制成，由底板固定在蓄电池上。上面外壳通过端盖封闭。

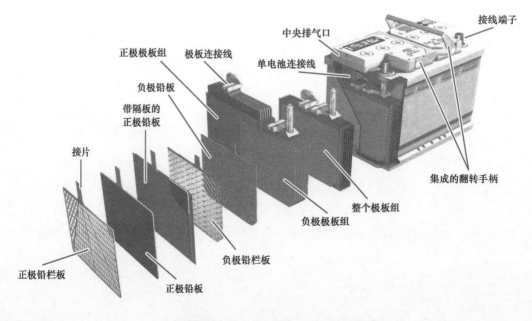

图8-1 汽车铅酸蓄电池部件分解

汽车蓄电池上有各种标识及连接与检视接口，以大众品牌为例，其具体作用说明如图 8-2 所示。

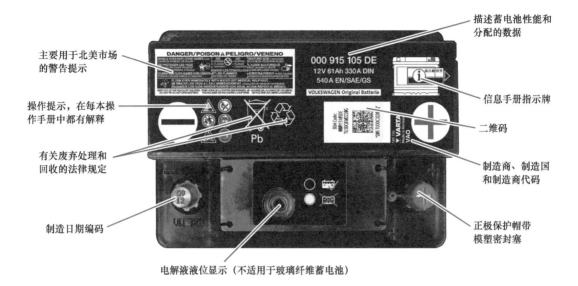

图 8-2 汽车蓄电池标识与接口

蓄电池数据及标识说明见表 8-1。

表 8-1 蓄电池数据及标识说明

数据及标识	说明
000 915 105 DE	大众汽车原厂备件编号
12 V	蓄电池电压，单位：V
61 Ah	额定电容（C20），数据单位：A·h
330 A DIN	低温试验电流根据 DIN，数据单位：A，在 −18℃ 情况下
540 A EN/SAE/GS	低温试验电流根据 EN、SAE 和 GS，数据单位：A，在 −18℃ 情况下
DIN	德国标准化协会
EN	欧洲标准
SAE	汽车工程师学会
GS	海湾标准（相当于波斯湾沿岸国家的标准）

8.1.2 发电机

汽车发电机是汽车的主要电源，其功用是在发动机正常运转时，向所有用电设备（起动机除外）供电，同时向蓄电池充电。汽车用发电机可分为直流发电机和交流发电机，由于交流发电机在许多方面优于直流发电机，直流发电机已被淘汰，交流发电机部件分解如图 8-3 所示。

交流发电机分为定子绕组和转子绕组两部分，三相定子绕组按照彼此相差 120° 电角度分布在壳体上，转子绕组由两块极爪组成。当转子绕组接通直流电时即被励磁，两块极爪形成 N 极和 S 极。磁力线由 N 极出发，透过空气间隙进入定子铁心再回到相邻的 S 极。转子一旦旋转，转子绕组就会切割磁力线，在定子绕组中产生互差 120° 电度角的正弦电动势，即三相交流电，再经由二极管组成的整流元件变为直流电输出。

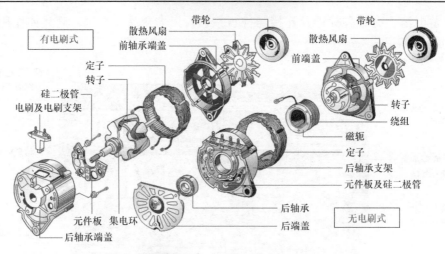

图 8-3 交流发电机部件分解

8.1.3 配电器

8.1.3.1 熔丝

保险装置主要指的是保护电气线路或用电设备（用电器）的易熔线和熔断器（熔丝）。它们的电路符号如图 8-4 所示。

1. 易熔线

易熔线通常用来保护电源和大电流干线，通常安装在电路的起始端（如蓄电池正极接线柱上）。易熔线的外面包有一层特殊的不易燃绝缘层，当线路中有超过额定电流大小的电流时，易熔线首先熔断。易熔线由电线线段及端子等组成。它在 5s 内熔断的电流和普通熔丝相比，相当于有 200~300A 电流通过，因此绝对不允许换用比规定容量大的易熔线。易熔线的外观形状如图 8-5 所示。

2. 熔断器（熔丝）

熔丝是熔断器的俗称，是一种连接在电路上

a) 易熔线符号　　　　　b) 熔断器符号

图 8-4　易熔线与熔断器的电路符号

图 8-5　易熔线外观

用以保护电路的一次性元件，当电路上电流过大时，其中的金属线或金属片因产生高温而熔断，导致断路而中断电流，以保护电气元件免于受到伤害。熔断器一般安装在仪表板附近或发动机罩下面的配电盒内，常与继电器组装在一起，构成全车电路的中央接线盒。熔断器外观与熔值标注如图 8-6 所示。

图 8-6　熔断器与熔值标注

8.1.3.2 继电器

继电器是自动控制电路中常用的一种元件，它是利用电磁感应原理以较小的电流来控制较大电流的自动开关，在电路中起着自动操作、自动调节、安全保护等作用。

继电器的种类很多，常用的有电磁式和干簧式两种。继电器按接通及断开方式可分为：常开型继电器，常闭型继电器和常开、常闭混合型继电器，其外形、脚位分布及内部原理如图 8-7 所示。

 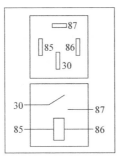  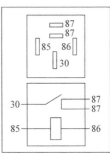

a) 常开型

 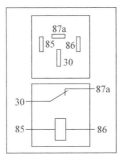  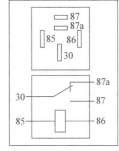

b) 常闭型   c) 常开、常闭混合型

图 8-7 继电器的类型

汽车上许多电器部件需要用继电器进行控制。在汽车上常用的继电器有：起动继电器、喇叭继电器、闪光（转向）继电器、刮水继电器等等。

第 2 节
组合仪表与开关

8.2.1 组合仪表

现代汽车大多配备组合仪表，不过，在电动汽车上也有取消传统型组合仪表的趋势，如特斯拉的 MODEL 3。组合仪表一般由面罩、边框、表芯、印制电路板、插接器、警告灯及指示灯等部件组成，如图 8-8 所示。有些仪表还带有稳压器和报警蜂鸣器。

不同汽车的组合仪表中的仪表个数不同，一般仪表板上主要仪表有：燃油表、冷却液温度表、发动机转速表和车速里程表。仪表板上还有许多指示灯、警告灯、仪表灯等。

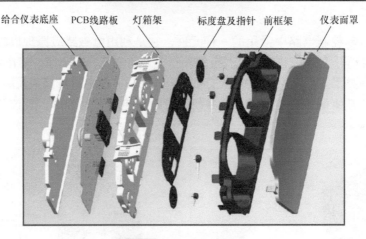

给合仪表底座　PCB线路板　灯箱架　　　标度盘及指针　前框架　　　仪表面罩

图 8-8　组合仪表结构

8.2.2　手势感应系统

手势感测器利用摄像头检测车辆驾驶人及乘客的手势动作，并转换成车辆功能的控制信号。

手势检测系统通过检测手部动作，使多媒体系统和车辆功能的舒适操作成为可能。为此，带摄像头的上方控制面板中的手部运动感测器将记录驾驶人和前排乘客的动作。记录的手势运动将转换为操作信号。

在宝马新 7 系 G12 上还首次通过手势控制实现了功能应用。可通过在选档开关与仪表托架之间定向移动来轻松执行。例如，在目的地引导处输入家庭地址等功能。

手势摄像机是一个 TOF 摄像机，集成在车顶功能中心 FZD 内，如图 8-9 所示。

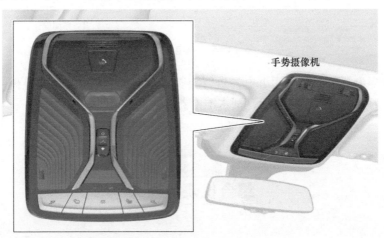

手势摄像机

图 8-9　带手势摄像机的车顶功能中心 FZD

TOF 摄像机具有非常灵敏的识别度，因此最适于进行手势识别或控制。

TOF 摄像机的基本工作原理与雷达或回声探测仪类似，它发送信号并记录周围环境的反射信号。采用这种摄像机时会将光波向前传输至空间深处，并针对传感器的每个像素测量光从该点返回所需的时间。通过"飞行时间原理"进行时间测量。TOF 摄像机结构如图 8-10 所示。

手势摄像机采用脉冲调制方式。进行脉冲调制时会发出一个较短光脉冲，同时开始测量时间。

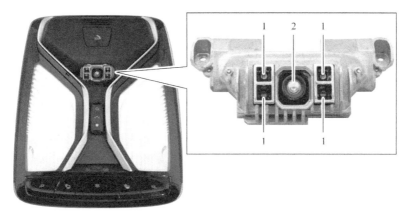

图 8-10　TOF 摄像机结构

1—红外线 LED　2—光学元件

四个红外线 LED（与电视遥控器类似）以脉冲形式照明手势互动区域，如图 8-11 所示。手势摄像机识别出所照明场景的反射光线，并根据光飞行时间的时间差计算出摄像机与反射物体的距离。由此，除像素亮度值外还可确定与摄像机的距离。通过该技术可产生一张最终用于手势识别的 3D 图。

手势摄像机的探测范围从方向盘、中央信息显示屏 CID 一直延伸至杂物箱，如图 8-12 所示。

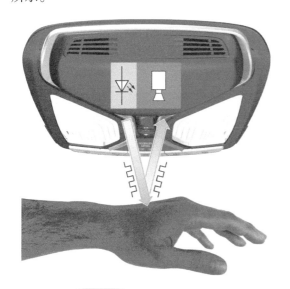

图 8-11　手势摄像机功能

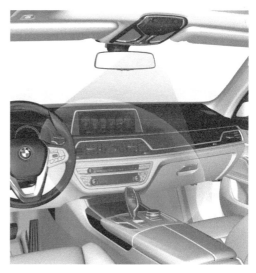

图 8-12　手势摄像机探测范围

8.2.3　虚拟后视镜

奥迪的虚拟车外后视镜，也可以称之为电子外后视镜。

电子外后视镜的原理并不复杂，硬件由高像素摄像头、图像传感器、成像处理器、显示屏等组成，软件一般由可处理丰富影像的软件系统和应用系统组成。通过电子化元件代替传统后视镜，电子摄像头通过线路将采集到的画面传输到前排车窗下方的屏幕之上。

奥迪 e-tron 上可以选装虚拟车外后视镜，如图 8-13 所示。这种后视镜与标配的车外后视镜相比明显狭长一些，这种新外形可以降低风阻（改善风阻系数），同时也降低了风噪（改善了声学性能）。每个扁平托架上个集成有一个小摄像头，其图像会显示在仪表板和车门之间过渡区的 OLED- 显示屏上。

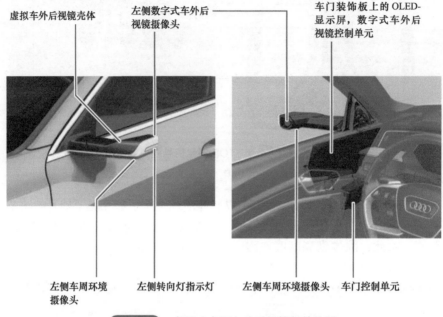

图 8-13　虚拟（电子）外后视镜部件位置

第 3 节
照明系统

8.3.1　车外照明

汽车灯具按照功能功用划分，主要有两个种类："汽车照明灯和汽车信号灯"。汽车照明灯按照其安装的位置及功用包括："前照灯、雾灯、牌照灯、仪表灯、顶灯、工作灯"。汽车灯光信号灯又包括："转向信号灯、危险报警灯、示宽灯、尾灯、制动灯、倒车灯"。

前照灯俗称前大灯，装于汽车头部两侧，用于夜间行车道路的照明。雾灯安装于汽车的前部和后部。用于在雨雾天气行车时照明道路和为迎面来车及后面来车提供信号。前雾灯安装在前照灯附近，一般比前照灯的位置稍低，后雾灯采用单只时，应安装在车辆纵向平面的左侧，与制动灯间的距离应大于 100mm，后雾灯灯光光色为红色，以警示尾随车辆保持安全距离，倒车灯装于汽车尾部，用于倒车时汽车后方道路照明和警告其他车辆和行人，牌照灯用于照亮车辆牌照，牌照灯装在汽车尾部牌照的上方或左右两侧。

转向信号灯装于汽车前、后、左、右角，用于汽车转弯时发出明暗交替的闪光信号，危险报警灯用于车辆遇到紧急危险情况时，同时点亮前后左右转向灯以发出警告信号。制动灯由于指示车辆的制动或减速信号。制动灯安装在车尾两侧，示廓灯安装在汽车前、后、左、右侧的边缘。用于汽车夜间行车时标志汽车的宽度和高度，因此也相应地被称之"示宽灯"和"示高灯"下面以丰田卡罗拉车型为例，它的主要照明与信号灯光部件位置如图 8-14 所示。

图 8-14 车辆外部照明信号灯

8.3.2　车内照明

汽车内部照明系统由顶灯、仪表灯、踏步灯、工作灯、行李舱灯组成（图 8-15）。它主要是为驾驶人、乘客提供方便。顶灯，安装在驾驶室或车厢内顶部，是驾驶室或车厢内的照明灯具。仪表灯，安装于仪表盘内，它用来照明汽车仪表。踏步灯，一般安装在汽车的上下车台阶的左右两侧，作用是用来照明车门的踏步处，方便乘客上下车。行李舱灯：为轿车行李舱内的灯具。阅读灯：装于乘员席前部或顶部。门灯：装于轿车外张式车门内侧底部，开启车门时，门灯发亮。

图 8-15 车辆内部照明灯

8.3.3　自动前照灯与照明控制系统

远光灯辅助系统可以为驾驶人提供更佳的视野，因为只要交通条件和环境条件允许，远光灯就会一直处于接通状态。如果远光灯辅助系统的摄像头识别出对面来车了，或者前面有车在行驶，那么前照灯就会及时进行变光，从而避免出现眩目，如图8-16所示。如果被识别出的车辆又从远光灯辅助系统的探测范围中消失了，那么灯光就会自动变回到远光灯状态，如图8-17所示。

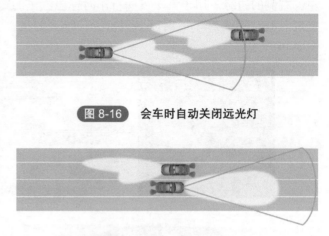

图 8-16　会车时自动关闭远光灯

图 8-17　会车过后自动打开远光灯

"可变照明距离"这个功能的作用是：在夜间行车时，保证本车道能获得足够的照明，同时又不会对其他车辆驾驶人造成眩目。该功能是在远光灯辅助系统的基础上进一步开发而来的（远光灯辅助系统在夜间行车时，能自动识别当前情况下可否接通远光灯，并相应地接通或关闭远光灯）。

如果识别出对面来车了，那么"可变照明距离"这个功能就会减小前照灯照程，最多可降至近光灯的照程。这样就可避免令对面的驾驶人产生眩目。对面的车辆驶过后，只要交通状况允许，前照灯照程会增大，最多可增至远光灯的照程。它的原理示意如图8-18所示。

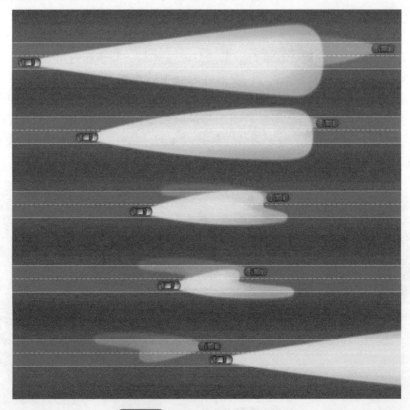

图 8-18　对面来车时的工作状态

矩阵光柱（MatrixBean) 远光灯也可以将灯光变暗。如果识别出道路上有别的车辆，那么可以只把此时导致别人眩目的那部分远光灯光段关闭，如图 8-19、图 8-20 所示。无论是针对前行车辆还是对向来车均可执行这种操作。这种技术的一个突出优点是：其余那部分远光灯光段（就是此时并未引起别人眩目的那部分）仍然以远光灯状态照亮着道路。因此，它就始终能为驾驶人提供尽可能好的道路照明，且最大限度利用远光灯。

图 8-19　有对向来车时的矩阵光柱（MatrixBean) 远光灯

图 8-20　有前行车辆时的矩阵光柱（MatrixBean) 远光灯

第 4 节
电动装置

8.4.1　电动门锁

中控门锁的工作原理是将电能转化为机械能，用电动机带动齿轮转动来开关车门。它的基本组成主要由门锁开关、门锁执行机构、门锁控制器，如图 8-21 所示。

大多数中控门锁的开关由总开关和分开关组成，总开关装在驾驶人身旁的车门上，总开关可将全车所有车门锁住或打开；分开关装在其他各车门上，可单独控制一个车门。门锁执行机构受门锁控制器的控制，执行门锁的锁定和开启任务。它主要有电磁式、直流电动机式和永磁电动机式三种结构。门锁控制器是为门锁执行机构提供锁 / 开脉冲电流的控制装置，具有控制执行机构通电电流方向的功能，同时为了缩短工作时间，具有定时的功能。按其控制原理大体可分为：晶体管式、电容式和车速感应式 3 种。

8.4.2　电动车窗

电动车窗系统由车窗、车窗玻璃升降器、电动机、继电器、开关和 ECU 等装置组成。其中，玻璃升降器系统是电动车窗的主要部件，根据机械升降机构的不同工作原理，玻璃升降器可分为 3 种形式：绳轮式、叉臂式和软轴式。

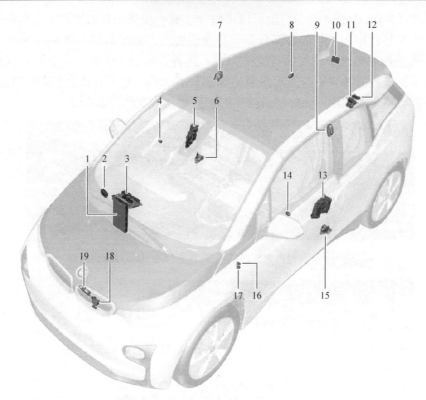

图 8-21 中控门锁系统部件（宝马 i3）

1—车身控制器 2—遥控信号接收器 3—车内配电盒 4—前排乘客侧前部车门上的中控锁按钮（仅限美规车辆）
5—前排乘客侧前部车门触点、中控锁 6—前排乘客侧后部车门触点、中控锁、下部车锁 7—前排乘客侧后部车门
触点、中控锁、上部车锁 8—行李舱照明灯 9—驾驶人侧后部车门触点、中控锁、上部车锁 10—抗干扰滤波器
11—带行李舱盖锁的行李舱盖接触开关 12—行李舱盖外侧的行李舱盖按钮 13—驾驶人侧前部车门触点、中控锁
14—驾驶人侧前部车门上的中控锁按钮 15—驾驶人侧后部车门触点、中控锁、下部车锁 16—发动机舱盖按钮
17—行李舱盖按钮 18—发动机舱盖锁开锁电动机 19—发动机舱盖锁内的发动机舱盖接触开关

　　叉臂式玻璃升降器主要由
扇形齿板、玻璃导轨和调节器
等组成，如图 8-22 所示。扇形
齿板利用驱动电动机的棘轮进
行转动，使玻璃沿导轨做上下
移动，主要用于玻璃圆弧度较
大的载货汽车、中型客车及中
低档轿车中。

　　绳轮式玻璃升降器由滑轮、
钢丝绳、张力器和张力滑轮等

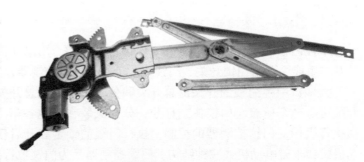

图 8-22 叉臂式玻璃升降器

组成，如图 8-23a 所示，它通过驱动电动机拉动钢丝绳来控制门窗玻璃的升降，可用于各种
圆弧形玻璃的车型中，但由于安装空间要求较大，主要用于玻璃圆弧度较小的中高档轿车
和高档半型客车中。

　　软轴式电动玻璃升降器可用于各种玻璃圆弧度的车型中，如图 8-23b 所示，但运行噪
声较大，主要用于玻璃圆弧度适中的中型客车和中低档轿车中。

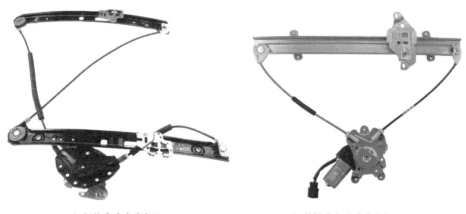

　　a）绳轮式玻璃升降器　　　　　　　　　　　　b）软轴式电动玻璃升降器

图 8-23　电动车窗升降器

8.4.3　电动天窗

　　全景玻璃天窗与传统滑动/外翻式玻璃天窗相比改善了后座乘员的空间感。前部玻璃盖板可向外移动到后部玻璃面上方。后部玻璃盖板是固定的，作为滑动面用于确保车身刚度。为了起到防晒和隔音作用，全景玻璃天窗带有两个全景天窗遮阳卷帘，分别用于前部和后部车顶内衬区域。全景天窗组成部件如图 8-24 所示。

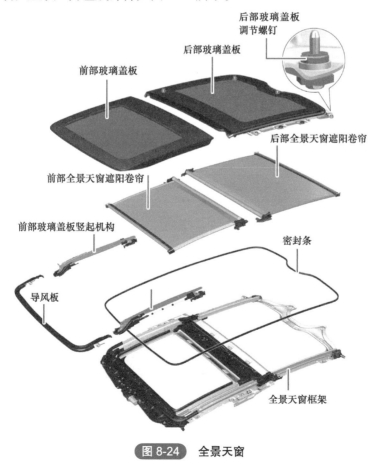

图 8-24　全景天窗

第8章

133

　　两个全景天窗遮阳卷帘可以无级方式彼此独立地打开和关闭。在自动关闭期间执行防夹保护功能。通过相应电动机对前部玻璃盖板和全景天窗遮阳卷帘进行驱动。通过立管将驱动力传至导轨内的滑块。

　　前部玻璃盖板的全景天窗照明装置触点位于全景天窗框架前部区域左右两侧。全景天窗框架结构如图 8-25 所示。

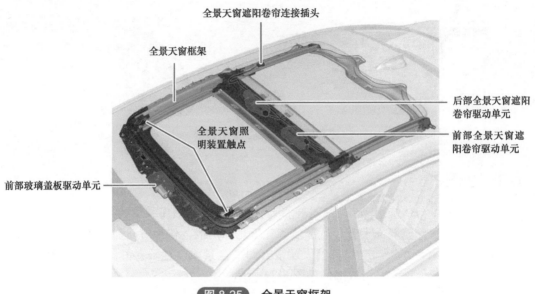

图 8-25　全景天窗框架

　　太阳能天窗上安装的太阳能电池可以为空调器通风运行模式供电，如图 8-26 所示。根据阳光照射情况：夏季用于降低车内温度；冬季用于车内空间除湿。在车外低温的情况下，不会打开太阳能模式。

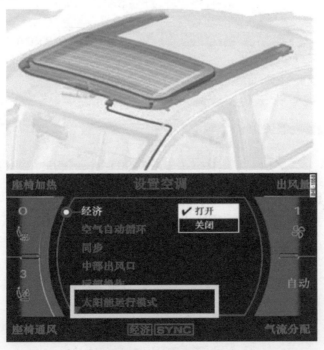

图 8-26　太阳能天窗功能

8.4.4　电动座椅

汽车电动座椅一般由双向电动机、传动装置和控制电路等组成。双向电动机产生动力，传动装置可以将动力传至座椅，通过控制开关实现座椅不同位置的调节，如图 8-27 所示。电动机一般采用永磁式直流电动机，它通过控制开关来改变流经电动机内部的电流方向，从而实现转动方向的改变。传动装置主要包括变速器、联轴器、软轴及齿轮传动机构等。变速器的作用是降速增矩。电动机与不同软轴相连，软轴与变速器输入轴相连，动力经降速增矩后从变速器的输出轴输出，输出轴与蜗杆轴或齿轮轴相连，最终带动座椅支架产生位移。

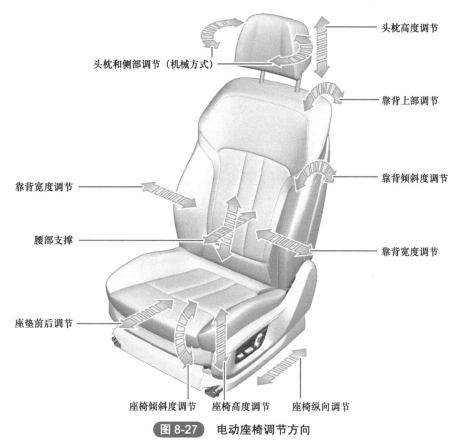

头枕高度调节

头枕和侧部调节（机械方式）

靠背上部调节

靠背宽度调节

靠背倾斜度调节

腰部支撑

靠背宽度调节

座垫前后调节

座椅倾斜度调节　　座椅高度调节　　座椅纵向调节

图 8-27　电动座椅调节方向

8.4.5　电动后视镜

现代汽车的后视镜都改为电动的，由电气控制系统来操纵，即为电动外后视镜。驾驶人可以在车内通过按钮对电动后视镜的角度进行调节，以获得良好的后方视域；驾驶人在倒车时，通过调节功能让电动后视镜向下翻（前进档时电动后视镜会自动回位），便于观察车辆与路边的距离，避免刮蹭；现代轿车的电动后视镜为伸缩式，而且具有位置记忆功能。电动后视镜内部结构与开关部件如图 8-28 所示。

电动后视镜调节开关的安装位置随车型不同而有所不同，大部分开关都安装在驾驶室侧门的内饰板上，可以随意切换开关或旋钮，控制左、右电动后视镜。每个车外电动后视镜内各安装了两套微型电动机和驱动器，这种电动机可以在一个方向上正反转动。其中一套操纵电动后视镜做前后运动，另一套操纵电动后视镜左右摆动。按下电动后视镜开关，电流将导入左电动后视镜或右电动后视镜的电动机，并选择了电动机的电压极性，电动机

第8章

按选定的方向旋转，直至电动后视镜调节到需要的位置。

执行部件（已去除后视镜镜面）　　　　开关组件（设置与调节开关）

图 8-28　电动后视镜执行部件与开关组件

8.4.6　刮水器与洗涤器

刮水器系统主要由刮水器、组合开关刮水器控制杆、自动及间歇控制单元和回位控制单元组成，有自动刮水、慢速刮水、快速刮水等不同的刮水功能。刮水器与洗涤器系统组成部件如图 8-29 所示。

洗涤器系统主要由洗涤器、控制开关等组成。向里拨动组合开关右手柄，洗涤器通电工作，向前风窗喷射洗涤液，同时 BCM 根据检测它的通电时间，并以此控制刮水器动作相应次数以清洁玻璃。

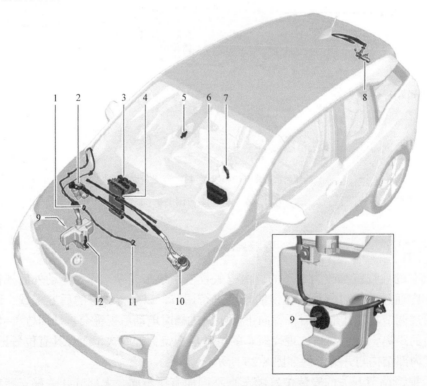

图 8-29　刮水器与洗涤器系统的组成部件

1—右侧清洗喷嘴　2—右侧刮水器电动机　3—车内配电盒　4—车身控制器　5—晴雨/光照/水雾传感器
6—组合仪表 KOMBI　7—转向柱开关中心上的组合开关　8—后窗玻璃刮水器及传动装置　9—洗涤液液位传感器
10—左侧刮水器电动机　11—左侧清洗喷嘴　12—车窗玻璃清洗泵电动机

8.4.7 电动转向柱

带电动纵向和高度调节装置的转向柱可使驾驶人通过无级调节方向盘获得符合人机工程学设计的最佳座椅位置和驾驶位置。电动转向柱调节装置部件如图 8-30 所示。

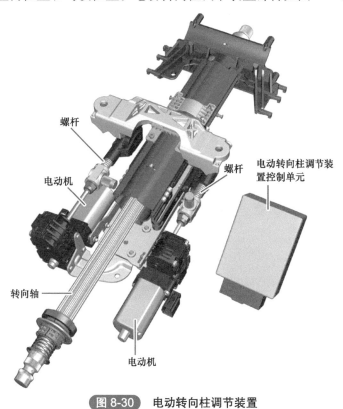

螺杆

电动机

螺杆

电动转向柱调节装置控制单元

转向轴

电动机

图 8-30 电动转向柱调节装置

8.4.8 电吸门装置

车门自动软关闭系统，即电动吸合车门，又叫磁力吸合车门。它主要是通过电源的通断来控制门门的闭合。通电产生磁力，车门闭合。断电，磁力消失，车门打开。门框上（或门板边缘）装有电磁线圈，当车门打开时，线圈中就会有电流通过，从而形成电磁场，这样，由于磁力，当车门关到与门框距离较近时，车门就会被自动吸上。

该电动吸合车门的两大重点就是传感器与电动机。无论何时关门，只要动作不过于猛烈，传感器都能检测到。譬如，当车门合到一半（距离门锁约 6mm 左右）时，传感器就会检测到这一情况。传感器可以检测到关门的意图，一旦车门锁锁定把手，电动机（安装在每个车门上，包括行李舱门上）就会启用。电动机的主要任务是将车门牢牢地拉合，几乎不产生任何噪声。

自动软关功能的传感器系统位于车门锁内，采用霍尔传感器。霍尔传感器安装在各车门的门锁内，如图 8-31 所示。一个霍尔传感器用于

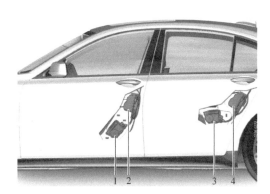

图 8-31 自动软关系统安装位置

1—驾驶员车门 SCA 传动装置　2—驾驶员车门锁
3—驾驶员侧后车门 SCA 传动装置
4—驾驶员侧后车门门锁

卡爪，其他用于碰锁。

车门锁内部结构与工作原理如图 8-32、图 8-33 所示。

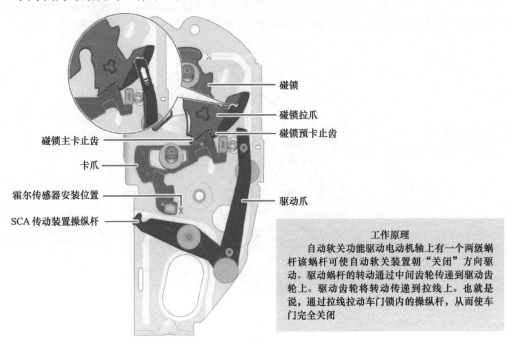

碰锁
碰锁拉爪
碰锁预卡止齿
碰锁主卡止齿
卡爪
霍尔传感器安装位置
SCA 传动装置操纵杆
驱动爪

工作原理
　　自动软关功能驱动电动机轴上有一个两级蜗杆该蜗杆可使自动软关装置朝"关闭"方向驱动。驱动蜗杆的转动通过中间齿轮传递到驱动齿轮上。驱动齿轮将转动传递到拉线上。也就是说，通过拉线拉动车门锁内的操纵杆，从而使车门完全关闭

图 8-32　自动软关功能车门锁工作原理图

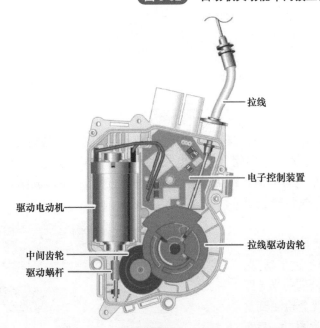

拉线
电子控制装置
驱动电动机
拉线驱动齿轮
中间齿轮
驱动蜗杆

工作原理
　　自动软关功能驱动电动机轴上有一个两级蜗杆该蜗杆可使自动软关装置朝"关闭"方向驱动。驱动蜗杆的转动通过中间齿轮传递到驱动齿轮上。驱动齿轮将转动传递到拉线上。也就是说，通过拉线拉动车门锁内的操纵杆，从而使车门完全关闭

图 8-33　自动软关功能传动装置工作原理图

8.4.9　电动隐形门拉手

　　隐藏式外拉手回缩状态让车身侧门更加简洁，可以减少车辆宽度尺寸，行驶时降低风阻。同时，在锁车和停车状态防止外部拽拉，避免由此引发的安全问题。它通过电动机实现手柄自动外伸及回缩，如果配备主动无钥匙进入系统，用户靠近车辆外拉手时主动伸出。

平摆式隐形门拉手自带控制器，左右前门拉手带微动开关，结构如图 8-34 所示。

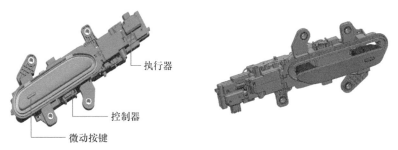

图 8-34 隐形门拉手结构

隐形门拉手系统原理如图 8-35 所示。

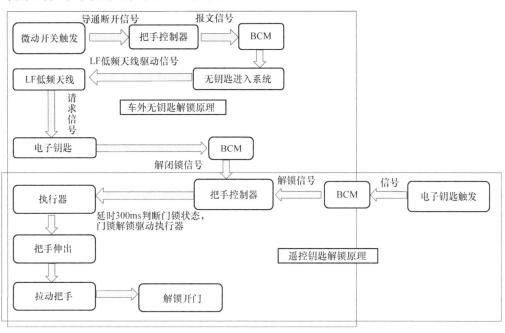

图 8-35 隐形门拉手工作原理

使用遥控钥匙控制时，其工作原理如图 8-36 所示。

8.4.10 电动翼门 / 滑门 ---

如图 8-37 所示为在宝马 i8 上使用的所谓翼门。翼门向上打开，彰显出了车辆的运动特性。与传统钢制车门结构相比，车门由更多的单个部件组成。碳纤维制车门结构和其余塑料部件，以及钢制和铝合金制加强件，确保结构重量较轻且非常坚固。车门外部面板由铝合金制成，与车门结构粘接在一起。

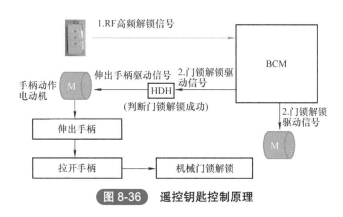

图 8-36 遥控钥匙控制原理

图 8-37　宝马 i8 电动跑车翼门打开效果

　　车门铰链和车门止动器采用针对翼门的设计。车门通过车门止动器保持打开状态。车门铰链通过螺栓与 Life 模块的碳纤维结构固定在一起。为此在生产过程中将金属嵌件粘接在 A 柱内，用于确保螺栓连接和粘接牢固。车门部件结构如图 8-38 所示。

　　前车门连接件结构如图 8-39 所示。

图 8-38　车门部件结构

1—钢制车门铰链固定装置　2—钢制车门锁固定装置
3—铝合金制侧面碰撞保护装置　4—铝合金制车门外部
面板和卷边条　5—碳纤维制车门结构件

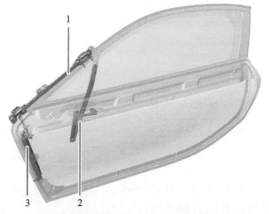

图 8-39　前车门连接件结构

1—车门铰链　2—强件　3—车门止动器

　　电动滑门是一种可以自动开关的滑动门总成，一般装用在 MPV 车型上。总成由门钣金、吸合锁系统、滑动门驱动系统、驱动控制模块（ECU）及防夹系统等组成。它可以通过中控台、遥控钥匙或侧门上的按钮等多处实现控制，使用户进入车厢更为方便和舒适。电动滑门打开效果如图 8-40 所示。

　　电动滑门在机械滑门的基础上新增了以下主要零部件（图 8-41）：吸合锁系统，防夹系统，驱动系统及控制模块 ECU，开启执行器，内拉手。

图 8-40　MPV 电动滑门打开效果

8.4.11　敞篷车折叠车顶

宝马 4 系 F33 折叠式硬顶的设计主要以宝马 M3（E93）为基础。三件式车顶采用轻型结构钢板材质，硬顶开合状态如图 8-42 所示。现在在车速不超过 13km/h 的情况下可打开和关闭折叠式硬顶。如果硬顶已经开始移动，在车速不超过 18km/h 的情况下可以继续移动。车辆加速至 18km/h 以上时，硬顶就会停止移动，并且组合仪表内会显示一条检查控制信息。此外，还会在 FASTA 数据中进行记录。

此外，它还采用了改进型隔音措施、带有集成式车内照明灯的带覆层车顶内衬，以及新型装载辅助功能。

折叠式硬顶由一个中央液压单元进行驱动。液压单元又由敞篷车车顶模块 CTM 进行控制。监控移动过程

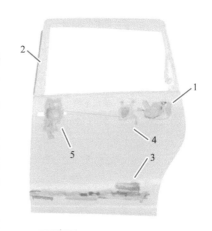

图 8-41　电动滑门内部部件

1—吸合锁系统　2—防夹系统　3—ECU
4—开启执行器　5—内拉手

时，CTM 共读取 20 个传感器的信号。此外，CTM 还控制行李舱盖的自动软关功能。它的主要组成部件如图 8-43 所示。

图 8-42　折叠式硬顶开合状态

折叠式硬顶连同液压和电气组件一起总重量约为 153kg。其中约 102kg 来自于车顶模块，约 51kg 来自于后部模块。

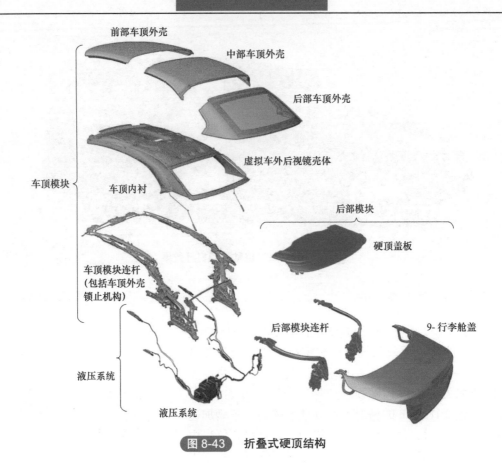

图 8-43 折叠式硬顶结构

第 5 节
电热与电声装置

8.5.1 除霜器

　　冬季汽车风窗玻璃结霜会给人们驾车出行造成很大不便和困扰。目前主要的除霜方式有三种，分别是：车载暖风除霜系统，加有电阻丝的电热玻璃除霜，及使用汽车防雾剂和防雾贴膜的方式除霜。大多数汽车前窗除霜装置是采用暖风装置的热空气吹向玻璃的方法，来达到除霜的目的。它由鼓风机、进出暖风风管、除霜喷口等组成。暖风的进口和车内暖风装置的风管相连，以便直接用暖风将覆盖于风窗玻璃外表面的霜和冰雪融化，消除风窗玻璃内表面的雾气。

　　对后窗玻璃的除雾除霜，不少汽车采用热电式除霜装置。热电式除霜装置是把电阻丝直接加工制造在玻璃层内，即用肉眼可以看见的那几道红线，如图 8-44 所示。它利用汽车本身的电流加热电阻丝，以达到除霜目的，但线条印在玻璃上会影响视线，因此，这种方法仅用于后窗。电热玻璃除霜其原理是在风窗玻璃中均匀布置多条加热电阻丝，打开电阻开关后，电阻丝速加热玻璃，使玻璃温度升高，附着在玻璃上的霜雾则受热融化，从而达到除霜目的。

后窗玻璃中的加热电阻丝（红线）　　　　　　后窗玻璃加热开关（REAR）

图 8-44　后窗除霜器形式与操作开关

8.5.2　点烟器

点烟器是汽车的一个设备。传统意义的点烟器，从汽车电源取电，加热金属电热片或金属电热丝等电热单元，为点烟取火源。随着汽车的发展和人们需求的不断变化，点烟器接口通常可配置车载逆变器，可为移动电子设备充电。车用点烟器部件外观如图 8-45 所示。

图 8-45　汽车点烟器

8.5.3　座椅加热器

座椅加热是利用座椅内的电加热丝对座椅内部加热，并且通过热传递将热量传递给乘坐者，改善冬天时座椅因长时间停放后过凉造成的乘坐不舒适感。座椅加热器的基本结构是：下层是一层无纺布，加热丝布置在无纺布上，用固定胶带将加热丝固定在无纺布上，针织布盖在固定胶带上，并用针织线缝制成类似座椅加热处的形状，再缝合在座椅罩内。

座椅加热和座椅通风是有区别的，如图 8-46 所示：在选择了座椅加热功能后，整个座椅都被加热。在选择了座椅通风功能后，座垫和靠背内的四个轴流风扇都开始工作。为了防止乘员身体过冷，根据所选的档位情况座椅会自动加热。当座椅温度低于 15℃时，风扇电动机就不再工作了，座椅通风功能就无法接通了。

座椅加热　　　　　　　　　　　主动通风

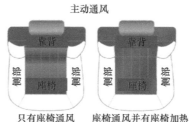

座椅加热（带有侧肋加热）　　　　只有座椅通风　　座椅通风并有座椅加热

图 8-46　汽车座椅加热与通风功能

8.5.4　发动机声音模拟器

与传统燃油车辆相比，电动汽车在低速行驶时所产生的噪声是非常小的。一些国家要求要有外部声响，以便让人容易感觉到车辆。为此车辆需要安装下述部件：电动机声响生成控制单元和电动机声响生成执行器，如图 8-47 所示。

电动机声响生成控制单元

电动机声响生成执行器

图 8-47　电动汽车发动机声音模拟器

电动机声响生成控制单元负责激活电动机声响生成执行器。该控制单元连接在扩展 CAN 总线上，它会分析车速和负荷力矩等信息以便生成声响。

在电动车行驶中，这个执行器会产生声响，该声响车速超过约 30km/h 时会减小。车辆在停住以及车速超过约 50km/h 时，电动机声响生成执行器不产生声响。这个声效类似于燃油车辆发动机运行时的声音。

8.5.5　喇叭

汽车喇叭的主要作用是发出声音，警示车辆和行人注意安全，增加行驶的安全性。按声音动力分为气喇叭和电喇叭两种；按其外形分为筒形、螺旋形和盆形三种；按发声频率分高音喇叭和低音喇叭两种。

气喇叭的工作原理是利用压缩空气的气流使金属膜片振动而发出声音，因此必须在带有空气压缩机的汽车上方能使用。一般在大客车和重型货车上都装有气喇叭，特别是长途运输车在山区或弯道等地段行驶时，用气喇叭鸣叫，能有效地提醒行人和对方来车驾驶人的注意。因为气喇叭音量大，余音好，声音悦耳且传播较远。气喇叭一般采用筒形，并使用高音与低音两个喇叭联合工作，如图 8-48 所示。

电喇叭的工作原理是利用电磁吸力使金属膜片振动而发出声音。它是汽车上广泛应用的一种喇叭，按结构形式分为筒形、螺旋形和盆形三种，一般多制成螺旋形或盆形，如图 8-49 所示。

通常使用的电喇叭根据其工作方式可以分为机械式和电子式两种。其中电子式喇叭又分为触点式和无触点式两种。触点式电喇叭利用触点的闭合与断开控制电磁线圈中励磁电流的通断，从而使铁心（或衔铁）以一定频率上下移动，并带功金属膜片振动而产生声音。无触点式电喇叭利用电子线路来控制电磁线圈中励磁电流的通断，使铁心以一定频率移动，并带动金属膜片振动而产生音响。电喇叭结构如图 8-50 所示。

图 8-48 气喇叭实物图

螺旋形喇叭

盆形喇叭

图 8-49 电喇叭实物

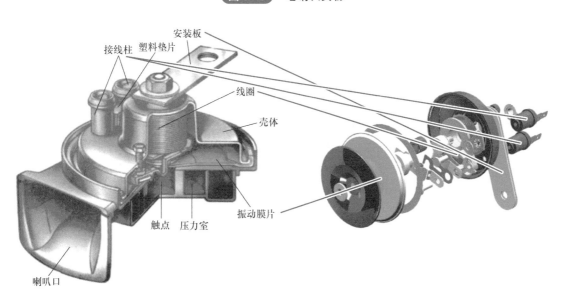

接线柱　塑料垫片　安装板

线圈

壳体

触点　压力室

振动膜片

喇叭口

螺旋形喇叭

盆形喇叭

图 8-50 电喇叭结构

第6节

空调系统

8.6.1 空调系统概述

现代汽车空调系统由制冷系统、供暖系统、通风和空气净化装置及控制系统组成。系统组成部件如图 8-51 所示。

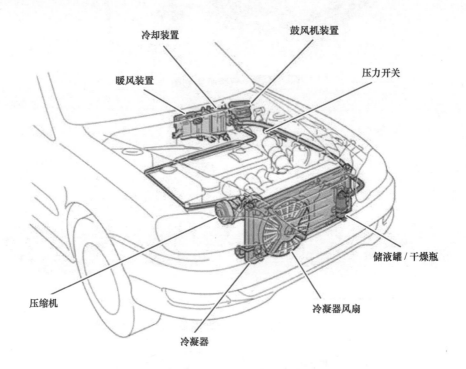

图 8-51 汽车空调系统组成部件

汽车空调按驱动方式可分为独立式和非独立式。独立式空调专用一台发动机驱动压缩机，制冷量大，工作稳定，但成本高，体积及重量大，多用于大、中型客车。非独立式空调的压缩机由汽车发动机驱动，制冷性能受发动机工作影响较大，稳定性差，多用于小型客车和轿车。按空调性能分为单一功能型和冷暖一体式。前者将制冷、供暖、通风系统各自安装、单独操作，互不干涉，多用于大型客车和载货汽车上；后者的制冷、供暖、通风共用鼓风机和风道，在同一控制板上进行控制，工作时可分为冷暖风分别工作的组合式和冷暖风可同时工作的混合调温式。轿车多用混合调温式。按控制方式可分为手动式和自动型。手动空调通过拨动控制板上的功能键对温度、风速、风向进行控制，电控气动调节则是利用真空控制机构，当选好空调功能键时，就能在预定温度内自动控制温度和风量。全自动调节空调利用计算比较电路，通过传感器信号及预调信号控制调节机构工作，自动调节温度和风量；微机控制的全自动调节以微机为控制中心，实现对车内空气环境进行全方位、多功能的最佳控制和调节。

以大众捷达车型为例，汽车空调系统组成部件实体如图 8-52 所示。

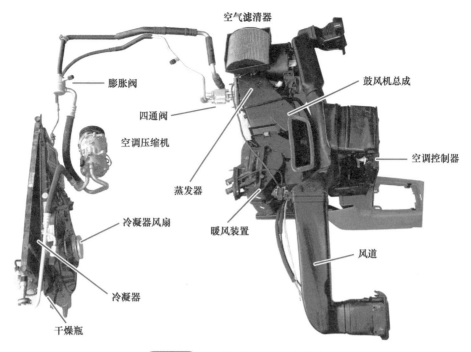

空气滤清器

膨胀阀

四通阀

空调压缩机

鼓风机总成

空调控制器

蒸发器

冷凝器风扇

暖风装置

风道

冷凝器

干燥瓶

图 8-52　空调系统组成部件实体

8.6.2　电动汽车空调

　　纯电动汽车没有发动机作为空调压缩机的动力源，也没有发动机余热可以利用，以达到取暖、除霜的效果。对于电动汽车来说目前选择的制冷空气调节方式主要用电动压缩机制冷，电动汽车空调系统暖风则采用 PTC 电加热器。PTC 电加热器是用 PTC 热敏电阻元件作为发热源的一种加热器。电动汽车空调系统组成部件如图 8-53 所示。

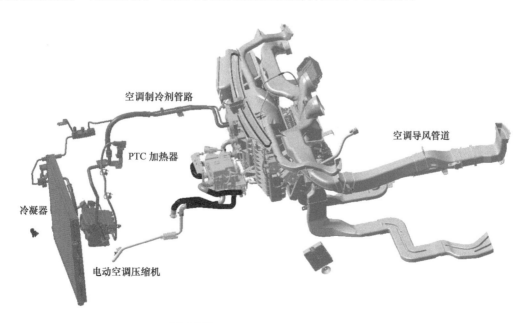

空调制冷剂管路

空调导风管道

PTC 加热器

冷凝器

电动空调压缩机

图 8-53　电动汽车空调系统组成部件

第8章

电动空调压缩机将蒸发器低温低压的气态制冷剂压缩成高温高压（80～90℃，1.5MPa）的气态制冷剂，送往冷凝器冷却。通过冷凝器与外部空气进行热交换，制冷剂被冷凝成中温，压力约为 1.0～1.2MPa 的液态工质，冷凝后的液态制冷剂经膨胀阀进入蒸发器。从膨胀阀过来的低温低压的制冷剂经蒸发器不断吸收车厢空气的热量，变成低温低压（0℃，0.15MPa）的气态制冷剂进入压缩机进行下一个循环。供暖系统采用空调驱动器驱动 PTC 加热器，PTC 加热冷却液后供给暖风芯体；如果是插电混动汽车，在条件不满足情况下，起动发动机制热。电动汽车空调控制系统原理框图如图 8-54 所示。

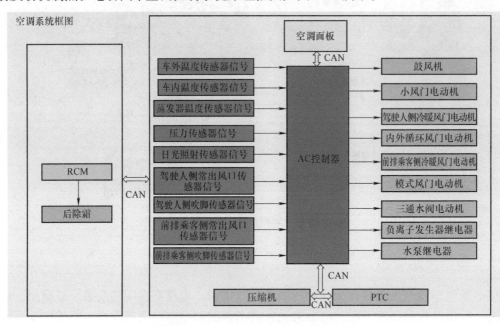

图 8-54 电动汽车空调控制系统原理框图

8.6.3　空调制冷系统

压缩机将气态的制冷剂压缩为高温高压的气态，并送至冷凝器（室外机）进行冷却，经冷却后变成中温高压的液态制冷剂进入干燥瓶进行过滤与去湿，中温液态的制冷剂经膨胀阀（节流部件）节流降压，变成低温低压的气液混合体（液体多），经过蒸发器（室内机）吸收空气中的热量而汽化，变成气态，然后再回到压缩机继续压缩，继续循环进行制冷。制热的时候有一个四通阀使制冷剂在冷凝器与蒸发器的流动方向与制冷时相反，所以制热的时候室外吹的是冷风，室内机吹的是热风。空调制冷工作循环如图 8-55 所示。

8.6.4　空调暖风系统

汽车空调暖风系统的作用主要是为车内提供暖气及风窗除霜并调节空气。它是将车内空气或进入车内的外部空气送入热交换器，吸收某种热能量，从而提高空气的温度，并利用鼓风机将热空气送入车内，提高车内的温度的一种装置。冬季取暖，汽车空调可以向车室内提供暖风，提高车室内的温度，使乘员不再感觉到寒冷。

目前，在汽车使用最为广泛的是水暖式和燃烧式。轿车上一般采用发动机的冷却液进行供暖，称为水暖式供暖系统。该系统利用冷却液作为热源，将冷却液引入热交换器（加热器），然后利用鼓风机将车厢内的空气吹过热交换器，从而使车厢温度升高。

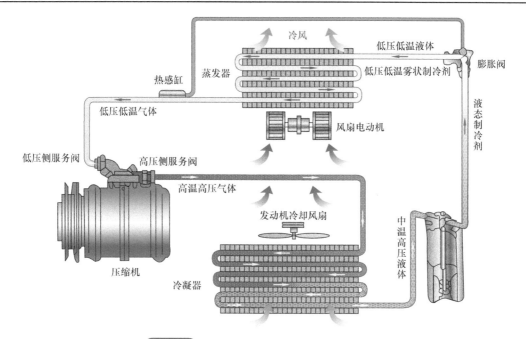

冷风

低压低温液体

热感缸 蒸发器

低压低温雾状制冷剂

膨胀阀

液态制冷剂

低压低温气体

风扇电动机

低压侧服务阀 高压侧服务阀

高温高压气体

发动机冷却风扇

中温高压液体

压缩机

冷凝器

图 8-55 空调制冷系统相关部件与工作原理

以大众辉腾为例，加热回路由两个热交换器组成，泵阀单元与发动机冷却液回路，如图 8-56 所示。它的功能是，将从制冷回路蒸发器中出来的冷却和干燥的空气加热到所需温度。泵阀单元组成一个总成，由两个顺序阀和一个冷却液泵组成。冷却液泵有两个泵轮，用同一个电动机驱动。

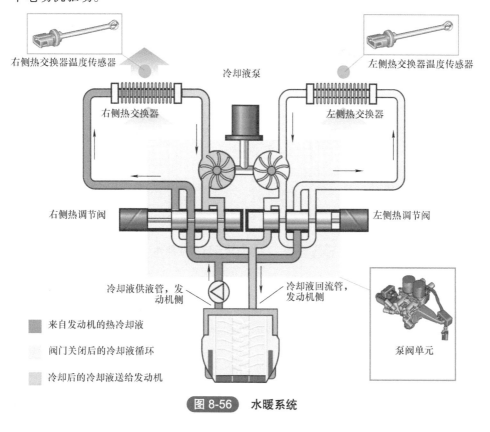

右侧热交换器温度传感器

冷却液泵

左侧热交换器温度传感器

右侧热交换器

左侧热交换器

右侧热调节阀

左侧热调节阀

冷却液供液管，发动机侧

冷却液回流管，发动机侧

来自发动机的热冷却液

阀门关闭后的冷却液循环

冷却后的冷却液送给发动机

泵阀单元

图 8-56 水暖系统

8.6.5　自动空调

自动空调系统是汽车全自动空调系统的简称，主要由空调制冷系统、供暖通风系统和自动控制系统、自检及报警系统四大部分组成。控制部件，包括空调系统冷凝器电动机、蒸发器电动机等，包括混合气流电动机、气流方式电动机，用以控制冷暖气组合、开启或关闭正面、侧面和脚部的出风口。

自动空调控制系统的传感器一般有车厢内温度传感器、车厢外温度传感器、蒸发器温度传感器、太阳能传感器、冷却液温度传感器等。其中冷却液温度传感器位于发动机出水口，它将冷却液温度反馈至ECU，当冷却液温度过高时ECU能够断开压缩机离合器而保护发动机，同时也使ECU依据冷却液温度控制冷却液通往加热芯的阀门。有些轿车的自动空调还装有红外温度传感器，专门探测乘员面额部的表面皮肤温度。当传感器检测到人体皮肤温度时也反馈到ECU。这样，ECU有多种传感器的温度数据输入，就能更精确地控制空调。自动空调系统组成机构如图8-57所示。

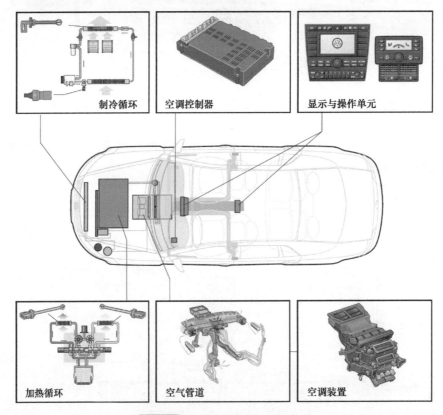

制冷循环　　空调控制器　　显示与操作单元

加热循环　　空气管道　　空调装置

图 8-57　自动空调系统组成部件

8.6.6　空气净化系统

PM2.5会对人体健康造成非常严重的危害。根据我国的环境空气质量标准，PM2.5年均浓度小于$35\mu g/m^3$为达标。

比亚迪绿净技术将PM2.5的监控、过滤和净化集成于空调系统。每5s检测并提醒空气状况；将空气经过4层净化和过滤，具有超强高效净化能力，可在4min内将PM2.5值由$500\mu g/m^3$降至$12\mu g/m^3$以下，空气净化系统组成部件如图8-58所示。

高效过滤器 + 负离子层 + 静电集尘器：

高效过滤器　　　　　　　　电离层

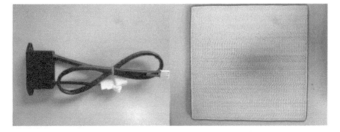

负离子发生器　　　　　　　静电集尘器

图 8-58　空气净化系统组成部件

空气过滤顺序：先经过"高效过滤器"过滤，再经过"静电集尘器"过滤，如图 8-59 所示。

1）高效过滤器：高效精滤技术，采用高效低阻滤材，对直径 $0.3\mu m$ 以上的粉尘颗粒过滤超过 70%。

2）静电发生器：使空气中的颗粒带电。

3）静电集尘器（HAF）：该集尘器自身带静电，可有效吸附带电的颗粒，同时可进一步吸附 $0.3\mu m$ 以下的粉尘颗粒。

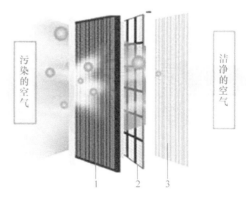

图 8-59　空气净化流程

1—高效过滤清　2—静电发生器　3—静电集尘器

第 7 节
中控门锁和防盗系统

8.7.1 中控门锁

中控锁负责打开或关闭车辆。中控锁是车辆的标准配置，涉及所有车门、燃油箱盖板和行李舱盖。可通过以下组件操控中控锁：识别发射器；驾驶人侧车门锁芯（车门锁）；中控锁按钮；行李舱盖锁芯；行李舱盖外侧按钮；A柱上的内侧行李舱盖按钮；车门外侧拉手（车门外侧拉手电子装置/便捷登车及起动系统）；行李舱盖上的中控锁按钮。中控门锁系统组成如图8-60所示。

通过按压识别发射器上的按钮使车辆开锁并打开车门。关闭车门后可以通过按压上锁按钮使车辆上锁。

只有驾驶人侧车门关闭时才能使车辆上锁。执行被动打开和关闭功能的前提是选装了舒适登车系统。

通过抓住车门外侧拉手使车辆开锁，前提是识别发射器位于车辆附近1.5m范围内。

通过按压车门外侧拉手上的传感区域触发上锁功能。使用自动软关功能时，只需轻轻将车门拉入或压入车门锁内，随后自动软关功能就会将车门完全关闭。

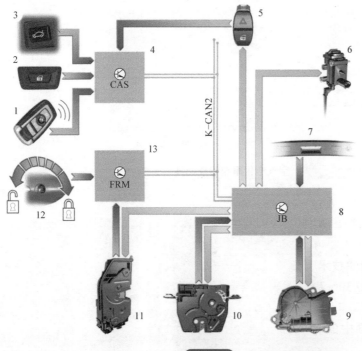

工作原理
便捷登车及起动系统④分析识别发射器①的信号，并发出车辆开锁或上锁请求。接线盒电子装置⑧执行这些请求。驾驶人侧车门锁芯⑫用于驾驶人侧车门机械开锁或上锁。脚部空间模块⑬分析锁芯移动情况（霍尔传感器状态）以及车门触点状态

图 8-60 中控门锁系统框图

1—识别发射器　2—中控保险锁死按钮　3—A柱上的内侧行李舱盖按钮　4—便捷登车及起动系统　5—中控锁按钮
6—燃油箱盖板中控锁　7—行李舱盖外侧按钮　8—接线盒电子装置　9—行李舱盖锁自动软关功能传动装置
10—行李舱盖中控锁　11—车门锁（4个）　12—驾驶人侧车门锁芯　13—脚部空间模块 FRM

8.7.2 防盗系统

汽车上的防盗系统可分为以下三类：发动机防盗锁止（IMMO，Immobilization）系统；遥控门锁（RKE，Remote Keyless Entry）系统；无钥匙进入与起动（PKE，Passive Keyless Entry/GO）系统。

目前，以 IMMO 和 RKE 在市售车中应用最为广泛。IMMO 主要通过将加密的芯片置于钥匙中，在开锁的过程中，通过车身的射频收发器验证钥匙是否匹配来控制发动机，它的原理如图 8-61 所示。

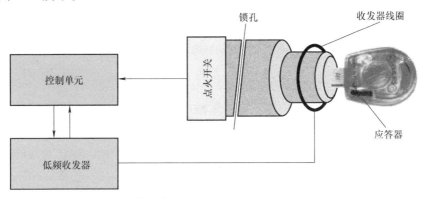

图 8-61 发动机防盗锁止系统原理

RKE 的主要工作原理是通过车主按下钥匙上的按钮，钥匙端发出信号，信号中包含相应的命令信息，汽车端天线接收电波信号，经过车身控制模块 BCM 认证后，由执行器实现启 / 闭锁的动作，它的原理如图 8-62 所示。

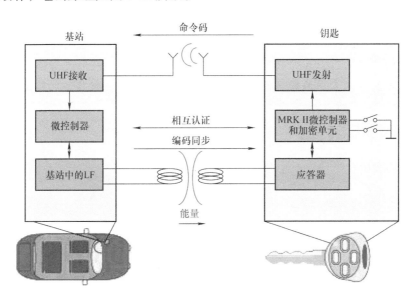

图 8-62 遥控门锁工作原理

无钥匙进入（PKE）系统是在 RKE 基础之上发展起来的，它采用 RFID 技术，类似于智能卡。当驾驶人进入指定范围时，该系统通过识别判断如果是合法授权的驾驶人则进行自动开门。上车之后，驾驶人只需要按一个按钮即可起动点火开关，它的原理如图 8-63 所示。

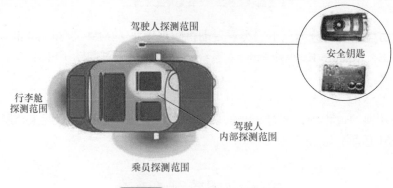

驾驶人探测范围

安全钥匙

行李舱
探测范围

驾驶人
内部探测范围

乘员探测范围

图 8-63　无钥匙进入系统原理

第 8 节
安全系统

8.8.1　安全带

安全带可显著降低人体的冲撞动能；安全带在 50km/h 速度正碰时能够吸收相当于人从四楼自由下落时产生的动能！安全带可防止发生失控的运动，这些运动可能导致严重的伤害；发生严重碰撞时，燃爆式安全带收紧，为安全气囊弹开保留时间。

燃爆预紧式安全带在碰撞的瞬间，其中的张紧器向下拉紧安全带，避免碰撞时没有安全带的情况。安全带和安全气囊共同作用来降低乘客上身受伤的概率。

当发生碰撞事故时，安全带将乘员"约束"在座椅上，使乘员的身体不至于撞到方向盘、仪表板和风窗玻璃上，避免乘员发生二次碰撞；同时避免乘员在车辆发生翻滚等危险情况下被抛离座位。汽车上安全带布置与结构如图 8-64 所示。

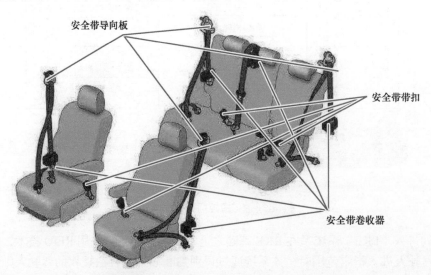

安全带导向板

安全带带扣

安全带卷收器

图 8-64　汽车三点式安全带布置与结构部件

安全带卷轴与齿轮刚性连接在一起，齿轮由球来驱动，球存放在存放管内，点燃燃料后产生膨胀气体推动小球移动。检验已触发过的安全带张紧器时，晃动拆卸下的安全带张紧器会有清晰的咔啦声（小球已在接收盒内）。球式安全带张紧器内部结构如图 8-65 所示。

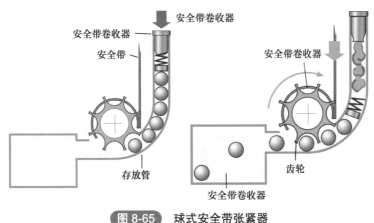

图 8-65　球式安全带张紧器

8.8.2　安全气囊

安全气囊分布在车内前方（前排座位），侧方（车内前排座位和后排座位）和车顶三个方向。在装有安全气囊系统的容器外部都印有 SRS 的字样。汽车安全带就是在汽车上用于保证乘客以及驾驶人，在车身受到猛烈撞击时减少乘客受伤害的装置。

当汽车与障碍物碰撞后，称为一次碰撞，乘员与车内构件发生碰撞，称为二次碰撞，气囊在一次碰撞后、二次碰撞前迅速打开一个充满气体的气垫，使乘员因惯性而移动时"扑在气垫上"，从而缓和乘员受到的冲击并吸收碰撞能量，减轻乘员的伤害程度。

安全气囊一般由传感器（Sensor）、电控单元（ECU）、气体发生器（Inflator）、气囊（Bag）、续流器（Clockspring）等组成，通常气体发生器和气囊等做在一起构成气囊模块（Airbagmodule）。传感器感受汽车碰撞强度，并将感受到的信号传送到控制器，控制器接收传感器的信号并进行处理，当它判断有必要打开气囊时，立即发出点火信号以触发气体发生器，气体发生器接收到点火信号后，迅速点火并产生大量气体给气囊充气。安全气囊系统组成部件如图 8-66 所示。

安全气囊是呈辐射状弹开的，且点火触发的时间是错开的，这样在发生交通事故时，作用到乘员身上的负荷也就减小了。根据碰撞的严重程度和种类的不同，两次点火触发的时间间隔约为 5~50ms。

8.8.3　行人保护系统

对于最基本的行人保护技术，主要涉及车身吸能材料的应用，如吸能保险杠、软性的发动机舱盖材料、前照灯及保证附件无锐角等。其中，在发动机舱盖段面上采用缓冲结构设计，则是国内汽车厂商较为常见的做法。

主动防护发动机舱盖系统利用发动机舱盖弹升技术，使发动机在汽车发生碰撞时瞬间鼓起，使人体不是碰撞在坚硬车壳上，而是碰撞在柔性与圆滑的表面上。在检测到撞人之后，车辆就会自动启动发动机舱盖弹升控制模块，车内配备的弹射装置便可瞬间将发动机罩提高，相当于在人落下时在下面垫了气垫。发动机机罩升降器结构如图 8-67 所示。

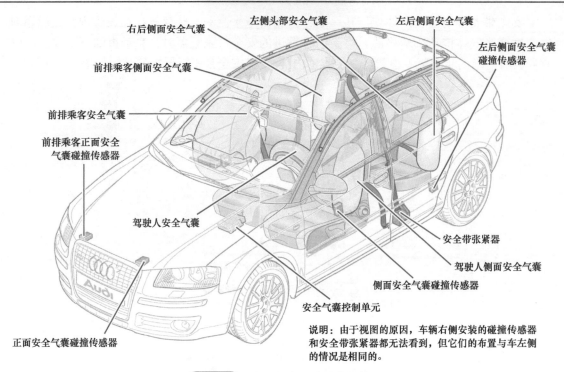

右后侧面安全气囊

左侧头部安全气囊

左后侧面安全气囊

左后侧面安全气囊
碰撞传感器

前排乘客侧面安全气囊

前排乘客安全气囊

前排乘客正面安全
气囊碰撞传感器

驾驶人安全气囊

安全带张紧器

驾驶人侧面安全气囊

侧面安全气囊碰撞传感器

安全气囊控制单元

说明：由于视图的原因，车辆右侧安装的碰撞传感器和安全带张紧器都无法看到，但它们的布置与车左侧的情况是相同的。

正面安全气囊碰撞传感器

图 8-66　安全气囊系统组成部件

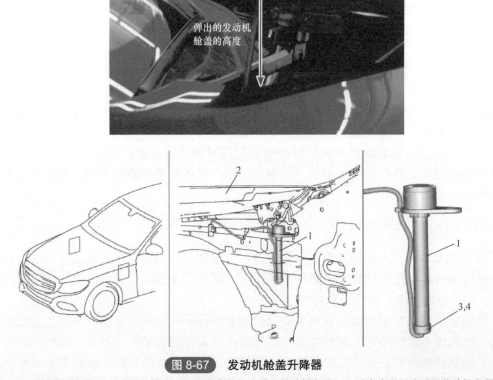

弹出的发动机
舱盖的高度

2

1

1

3,4

图 8-67　发动机舱盖升降器

1—发动机舱盖升降器　2—发动机舱盖　3—左侧保护性发动机舱盖触发器　4—右侧保护性发动机舱盖触发器

第 9 章

多媒体信息系统

第 1 节

影音系统

9.1.1 基本音响系统

汽车音响系统包括天线、接收装置、扬声修正、可听频率增幅及扬声器系统 5 个部分。天线用于接收广播电台的发射电波，通过高频电缆向无线电调谐装置传送。接收装置是由无线电调谐装置将电台发射的高频电磁波有选择地接收，并解调为音频电信号。功率放大器用于将微弱的音频信号放大到可推动扬声器的足够功率。扬声器是最终决定车厢内音响性能的重要部件。

扬声器口径的大小和在车上安装的方法、位置是决定音响性能的重要因素，为欣赏立体声音响，车上至少要装两个扬声器。以奥迪 A3 车型为例，车上基本音响系统中各扬声器的布置如图 9-1 所示。

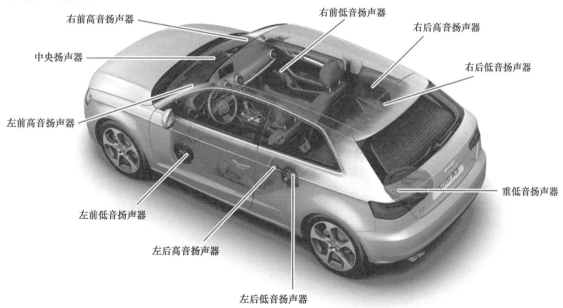

右前高音扬声器　右前低音扬声器　右后高音扬声器　右后低音扬声器　中央扬声器　左前高音扬声器　左前低音扬声器　左后高音扬声器　左后低音扬声器　重低音扬声器

图 9-1 基本音响系统

9.1.2 高级音响系统

有 3D 音效的 Bang & Olufsen 音响系统总功率约为 705W。5.1 环绕声音响能够提供极致的听觉享受。外部音频放大器（数字式组合音响控制单元）有 15 个声道，共控制 13 个扬声器和一个重低音扬声器。其中重低音扬声器通过两个声道控制。外部音频放大器位于左前座椅下面，通过 MOST 总线与信息电子系统控制单元相连。它的扬声器分布如图 9-2 所示。

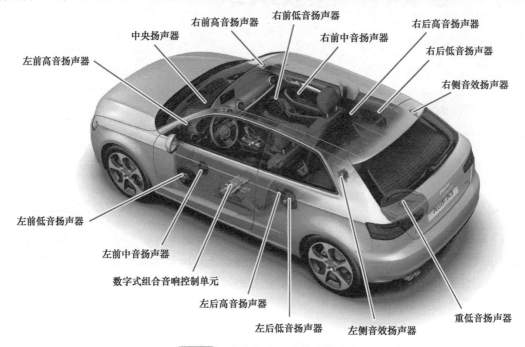

图 9-2　高级音响系统扬声器分布

9.1.3　汽车天线

汽车天线从外观上区分，主要有以下三种形式：鞭形天线、鲨鱼鳍天线和内置天线。以奥迪 A6L 车型为例，它的天线位于车辆后部和车顶上，如图 9-3 所示。

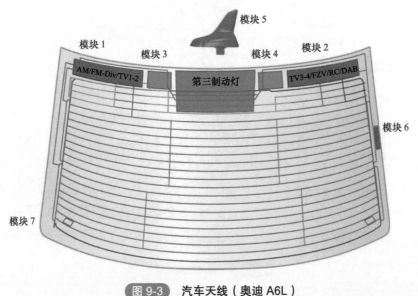

图 9-3　汽车天线（奥迪 A6L）

模块 1：收音机 / 天线放大器　模块 2：遥控中央门锁（FZV）/ 天线放大器 2　模块 3：GPS/ 导航天线
模块 4：手机天线 / 电话、导航和驻车加热天线（美国）　模块 5：车顶天线 / 收音机、电话和导航天线
模块 6：带阻滤波器　模块 7：Telepass 天线

9.1.4 可伸缩显示屏

有的汽车的中央显示屏可隐身于仪表台内,在需要的时候自动弹出。以奥迪 Q7 车型为例,它的显示屏机械机构安装位置如图9-4 所示。

奥迪 Q7 所配置的显示屏运动机构,可以使显示屏能够从仪表板中垂直升高(图 9-5)。上述两种显示屏的运动机构是相同的。

运动机构本身包括:显示屏伸出和缩回电动机,显示屏伸出限位开关,显示屏缩回限位开关,位置识别霍尔式传感器,导向销,提升臂,弹簧(在伸出时补偿间隙并平衡重量)

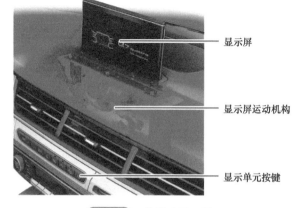

图 9-4 伸缩式显示屏

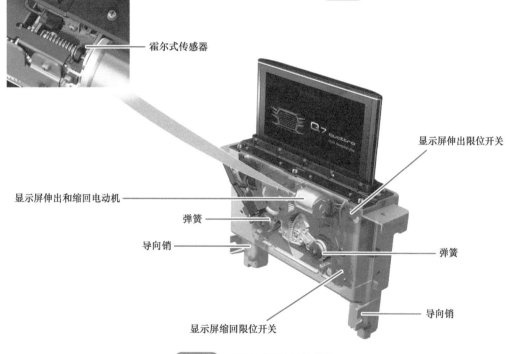

图 9-5 显示屏运动机构结构

9.1.5 信息娱乐系统

模块化信息娱乐系统(Modular Infotainment System,MIB),分为 MIB 入门版、MIB 标准版和 MIB 高级版三个扩展等级。这种模块化理念的核心是为收音机和导航设备开发一种可以提供各种不同功能的,统一的系统结构。也就是说所有结构版本的信息娱乐系统,在系统和功能结构方面都是相同的。此外,它的目的还有在模块化结构中加入更新的私人娱乐、多媒体和电信电气设备研发方案,为终端用户实现更多的使用价值。例如,可以接收并显示广播电台的电台徽标,或者不同版本的终端设备可以具备 USB、SD 卡或 iPod 接口。另外,所有设备均配备触摸屏。大众 MIB 系统组成部件如图 9-6 所示。

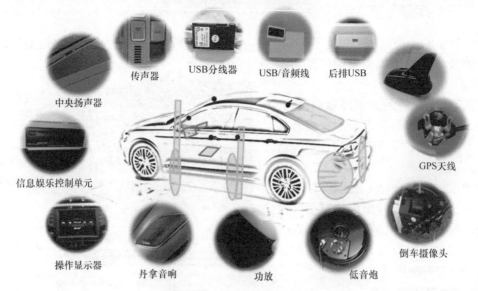

图 9-6　MIB 系统组成部件

MIB 系统部件连接关系如图 9-7 所示。

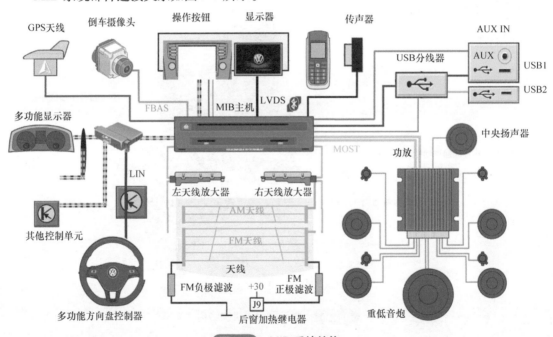

图 9-7　MIB 系统结构

　　RSE 控制单元安装在车辆后座区中控台下方。RSE 控制单元即后座区娱乐系统 Headunit，带有用于外部数据源（游戏机、Apple 电视等）的 HDMI/MHL 接口。此外，还有一个用于播放音频和视频的 USB 接口。后座区显示屏现在通过 APIX 2 直接连接 RSE 控制单元。显示屏在屏幕上带有一个单独的接通 / 关闭按钮。无线耳机通过 KLEER 协议进行的无线传输，选择支持 14 个声道的 2.4GHz 高级无线传输。与传统蓝牙协议不同，KLEER 协议可确保耳机实现非压缩且无损失的播放效果。

　　RSE 系统部件如图 9-8 所示。RSE 系统与车载网络连接如图 9-9 所示。

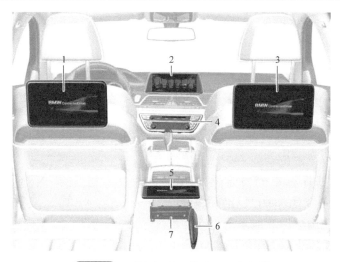

图 9-8　后座娱乐系统（RSE）部件

1— 左后 10in 后座区显示屏　2— 前部中央信息显示屏 CID　3— 右后 10in 后座区显示屏

4— 带音响系统操作面板及其后方 Headunit High 2 的前部中央中控面板　5—Touch Command 平板电脑

6— 后部 KLEER 遥控器　7—RSE 控制器

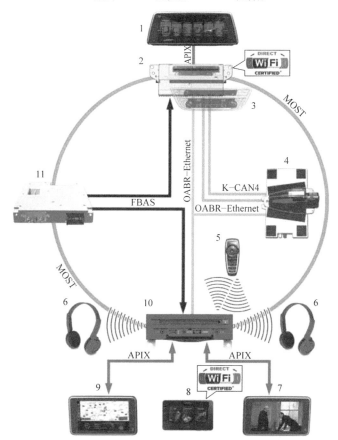

图 9-9　后座娱乐系统组件与车载网络的连接

1— 中央信息显示屏 CID　2—Headunit High 2 HU-H2　3— 中控面板上的音响操作面板

4— 远程通信系统盒 2 TCB2 以及带电话和远程通信系统天线的车顶鳍形天线　5— 后座区 KLEER 遥控器

6— 与 RSE 控制单元内接收装置连接的基于 KLEER 标准的无线耳机　7— 右侧后座区显示屏 FD

8—Touch Command TC　9— 左侧后座区显示屏 FD　10—RSE 控制单元（后座区娱乐系统）　11— 视频模块 VM

第2节
车载通信网络

9.2.1 GPS 导航系统

导航系统通过卫星定位系统（全球卫星定位系统 GPS）的数据计算车辆当前位置，如图 9-10 所示。GPS 系统是一种可以准确确定位置、速度和时间的美国军用导航系统，同样也可民用。GPS 系统由 24 颗 NAVSTAR GPS 卫星构成，这些卫星在 20200km 的高度处分布在六个轨道面上，每隔 12h 绕地球一周。

全球卫星定位系统（NAVSTAR-GPS）借助接收地点至多个卫星的距离确定位置。一颗卫星不足以确定位置，接收装置可能处在以卫星为中心，以已知距离为半径的一个球面上的任何一点。如果已知接收装置位于地球表面上，则会减小其在圆周上的位置。接收到两个

图 9-10　同时接收三颗卫星信号

卫星的信号时，会在两个圆的交点处获得两个位置。只有使用三颗或多颗卫星时才能得到一个交点，因此能够准确确定位置，如图 9-11 所示。问题是卫星以大约 3.9km/s 的速度移动，这会造成球中心点的位置快速变换，因此不能直接测量至卫星的距离。

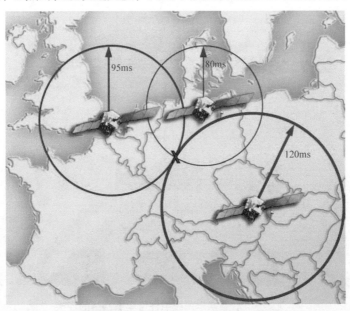

图 9-11　通过三颗卫星信号计算位置

GPS 解决该距离测量问题的方式是，所接收的信号带有发送时间，即信号发送时的 GPS 系统时间。接收装置获得 GPS 系统时间后，就可以通过发送时间和接收时间的时间差

来确定运行时间。通常情况下接收装置无法识别在 GPS 系统时间内的接收时间。为此需要第四颗 GPS 卫星的信号。

每颗 GPS 卫星中都装有一个高精度原子钟。为此，通过地球上的五个主控站使各卫星的原子钟同步。

GPS 导航仪的运行光有 GPS 系统还不够，还需要一个汽车导航系统。它只能够接收 GPS 卫星发送的数据，计算出用户的三维位置、方向以及运动速度和时间方面的信息，但没有路径计算能力。用户手中的 GPS 接收设备要想实现路线导航功能，还需要一套完善的包含硬件设备、电子地图、导航软件在内的汽车导航系统。一部完整的 GPS 汽车导航仪是由芯片、天线、处理器、内存、显示屏、扬声器、按键、扩展功能插槽、地图导航软件 9 个主要部分组成的，系统框图如图 9-12 所示。

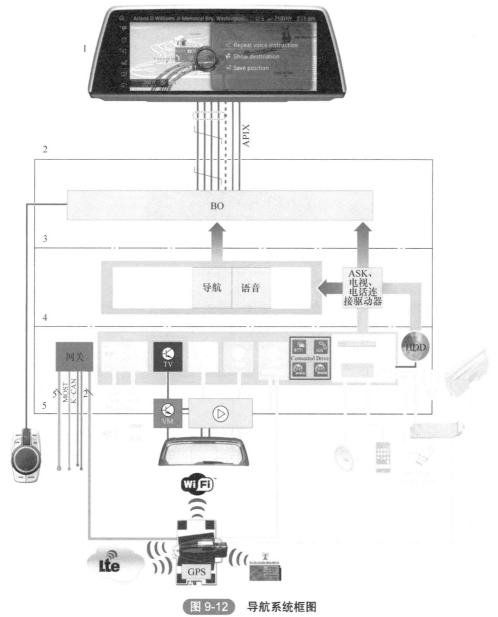

图 9-12 导航系统框图

1—中央信息显示屏 CID　2—Headunit High 2　3—操作界面　4—应用程序 / 软件　5—接口 / 调谐器 / 硬件连接

提供出行路线规划是汽车导航系统的重要功能。它包括自动线路规划和人工线路设计。自动线路规划是由驾驶人确定起点和目的地，由计算机软件要求自动设计最佳行驶路线，包括最快的路线、最简单的路线、通过高速公路线路最少的路线计算。人工线路设计是优驾驶人根据自己的目的地设计起点、终点和途径点等，自动建立路线库。线路规划完毕后，显示器能够在电子地图上显示设计路线，并同时显示汽车运行路径和运行方法。

9.2.2 移动通信

在带有集成式 SIM 卡和应急运行特性的车辆上，TCB 一直充当车载网络失灵时（通过独立电池应急供电）的调制解调器。无论是 BMW 远程售后服务还是 ConnectedDrive 服务（ASSIST、ONLINE、远程和互联网）均使用该调制解调器，以及它所连接的鳍形天线内的远程通信系统天线。紧急呼叫 GSM 天线一直是一个独立部件，通过硬线与 TCB 连接，还有一个话筒和一个紧急呼叫扬声器也是如此。

新款宝马 7 系通过两根集成式远程通信系统天线（TEL1 和 TEL2）确保出色的 LTE 数据接收质量。现在，集成式紧急呼叫天线（备用）同时也用作车内 WLAN 热点的"集线器"。车载网络连接如图 9-13 所示。

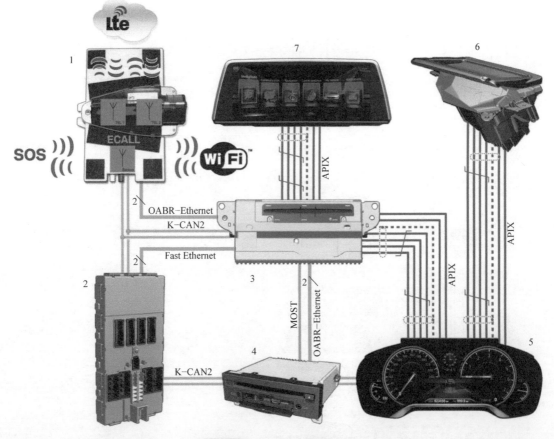

图 9-13 **TCB2 车载网络连接**

1—TCB2（包括紧急呼叫天线）与鳍形天线（带有电话（TEL1）以及用于紧急呼叫功能、远程控制、BMW 远程售后服务和 ConnectedDrive 服务的远程通信系统天线（TEL2）组合 2—车身域控制器 3—Headunit High 2 4—后座区娱乐系统 RSE 控制单元 5—组合仪表 KOMBI 6—平视显示屏 HUD 7—中央信息显示屏 CID

带 TCB2 的 HU-H2 系统框图如图 9-14 所示。

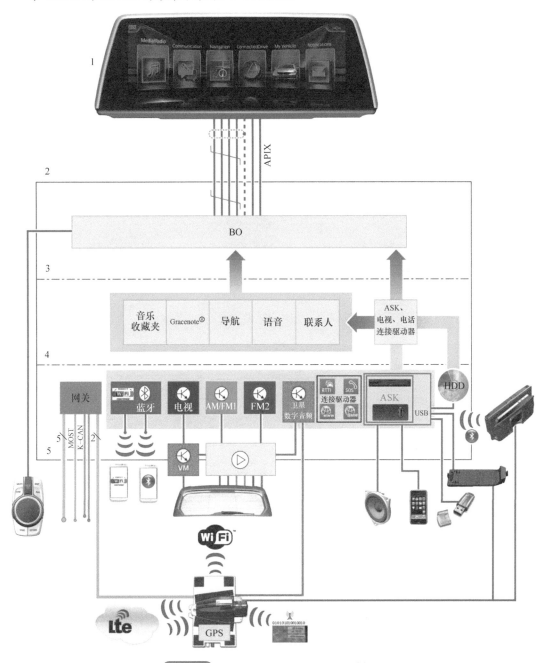

图 9-14 包括 TCB2 的 HU-H2 系统框图

1—中央信息显示屏 CID　2—Headunit High 2　3—操作界面　4—应用程序 / 软件　5—接口 / 硬件连接

9.2.3 蓝牙通信

Bluetooth™（蓝牙），它的技术标志见图 9-15。这个名字源于 10 世纪时丹麦王哈罗德二世，他因为酷爱吃蓝莓，结果每天牙龈都是蓝色的，人送绰号 Harald Blatand，中国有人翻译为蓝牙王，Blatand 在英语中解

图 9-15 蓝牙技术标志

释为 Bluetooth。后来，哈罗德国王将现在的挪威，瑞典和丹麦地区统一起来。由于这个无线系统可以将各不同商业领域，如计算机、手机、汽车行业的信息系统联在一起，这正如同哈罗德国王口齿伶俐，善于交际，并一统北欧的功绩相仿，且蓝牙技术的主要倡导和响应者爱立信 Ericson 和诺基亚 Nokia 分别来自北欧国家瑞典和芬兰，因此在考虑为这项新技术命名时，就选择了富有北欧传统文化特色的蓝牙（Bluetooth™）。

Bluetooth™ 是瑞典的爱立信（Ericsson）公司司开发的支持设备短距离通信（一般是 10m 之内）内）的无线电技术。它使用 2.45GHz 的波段来进行通信，该波段在全世界范围内都是免费的。

蓝牙模块的功能：蓝牙车载电话；AMI 接口蓝牙适配器；VAS 5052A 蓝牙连接口，如图 9-16 所示。

图 9-16 蓝牙通信网络应用

第 3 节
车 联 网

9.3.1 车联网硬件

车联网系统包含四部分，主机、汽车 T-BOX、手机 APP 及后台系统。主机主要用于的影音娱乐，以及车辆信息显示；汽车 T-BOX 主要用于和后台系统 / 手机 APP 互联通信，实现后台系统 / 手机 APP 的车辆信息显示与控制。车联网系统组成如图 9-17 所示。

汽车 T-BOX 与主机通过 CAN BUS 总线通信，实现指令与信息的传递，从而获取包括车辆状态、按键状态等的信息，以及传递控制指令等；通过音频连接，实现双方共用扬声器与喇叭输出。与手机 APP 是通过后台系统以数据链路的形式进行间接通信（双向）。T-BOX 与后台系统通信还包括语音和短信两种形式，使用短信形式主要实现一键导航及远程控制功能。

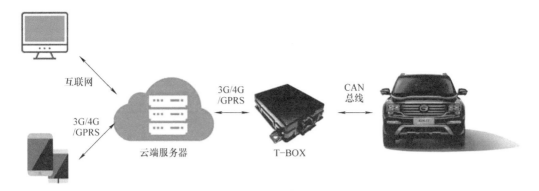

互联网

3G/4G
/GPRS

3G/4G
/GPRS

CAN
总线

云端服务器　　　　　T-BOX

图 9-17　车联网系统组成示意图

9.3.2　远程控制功能

最普遍的远程控制方式就是通过手机 APP（界面见图 9-18）向车辆下发指令，远程控制的实现是基于车联网平台的，用户可以通过手机 APP 下发远程控制的指令，身份验证成功后，车辆网后台发送指令给给车辆的 T-BOX（智能车载终端），如果此时 T-BOX 处于休眠状态，车辆网后台会下发短信，唤醒 T-BOX，进行后续操作，如果 T-BOX 处于工作状态，则无需唤醒，直接接收远程控制的指令，并将信号传递给车辆执行机构各自的 ECU 模块，ECU 执行后，会将执行结果反馈给 T-BOX，再通过车联网后台发送到 APP，形成闭环，实现整个远程控制交互流程。

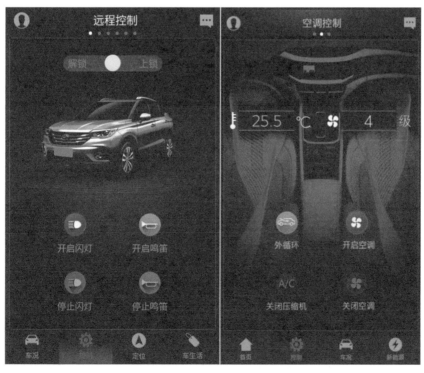

图 9-18　车辆远程控制界面

车身控制与总线网络

第 1 节

车身控制系统

10.1.1　系统功能

车身控制模块（BCM）能够完成多种车身控制功能。与车身控制模块直接连接的部件由车身控制模块控制。车身控制模块基于如下信息以控制输出：从与车身控制模块直接连接的传感器和开关获得的输入信息；从与 2 级串行数据连接的其他车辆系统借用信息。车身控制系统信号框图如图 10-1 所示。

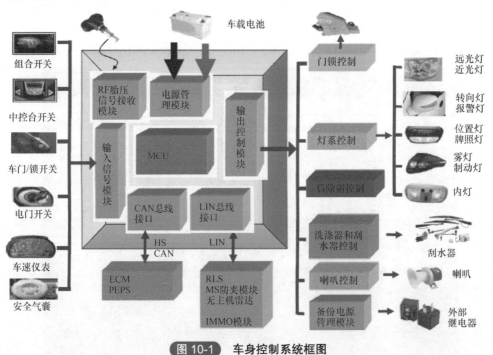

图 10-1　车身控制系统框图

10.1.2　系统原理

BCM 包括低功率模式的微处理器、电可擦除只读存储器（EEPROM）、CAN、LIN 收发机和电源。BCM 具有离散的输入和输出端子，控制车身大部分功能。它通过高速 CAN 总线与其他主要电气系统交互作用，通过 LIN 总线与次要的电气系统交互作用，连接关系如图 10-2 所示。BCM 的电源模式主控模块（PMM）功能，为大部分车辆电器部件供电。

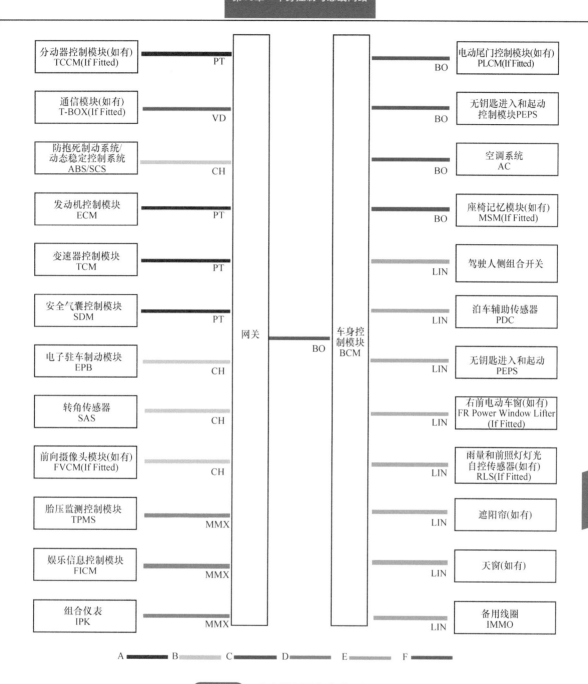

图 10-2　**车身控制器与车载网络连接**

A= 动力高速 CAN 线　B= 底盘高速 CAN 线　C= 车身高速 CAN 线　D= 多媒体高速 CAN 线

E=LIN 线　F= 诊断高速 CAN 线

通过车身高速 CAN 总线，BCM 与以下部件直接通信：

· MSM（座椅记忆模块，如有）

· PLCM（电动尾门控制模块，如有）

· AC（空调系统）

· PEPS（无钥匙进入和起动控制模块）

· GATEWAY（网关）

使用 LIN 总线，车身控制模块与以下部件直接通信：

- RLS（雨量和前照灯灯光自控传感器，如有）
- SR（天窗，如有）
- SS（遮阳帘，如有）
- PDC（泊车辅助传感器）
- IMMO（备用线圈）
- PEPS（无钥匙进入和起动控制模块）
- DDSP（驾驶人侧组合开关）
- PWL（电动车窗）

在点火开关打开后，BCM 唤醒安全系统、照明系统和诊断系统。点火开关位于 ACC 位置时，BCM 允许洗涤器 / 刮水器和电动车窗系统运行。当点火开关位于 ON 位置时，燃油系统开始工作，同时 BCM 通过 CAN、LIN 总线与其他 ECU 进行联络和信息传递。

在点火开关关闭，CAN 和 LIN 总线停用状态下，如果蓄电池仍连接，BCM 将一直保持睡眠待命状态，随时准备接受 CAN 和 LIN 总线信号。

BCM 监控所有信息的输入和输出，如果检测到故障，相应的故障码将存储在故障记录中。BCM 能检测到短路和开路，以及错误的 CAN 和 LIN 总线信号。检测到故障后，BCM 将关闭相应功能。在故障消除后，相应功能将在下次功能请求时被激活。

第 2 节
车载网络总线

10.2.1　车载网络概述

汽车电子技术正在飞速发展，汽车电气技术日趋复杂，高度集成的多功能系统，使汽车工程师们必须寻求更快速有效的信息传输方式。

总线技术及车载网络的出现，使汽车拥有更多、更强的功能成为现实。为了既能保证各种汽车电子设备通信顺畅，又能节省空间。应将各个独立的电子设备连接成网络。为了保证信号传递的准确性和可靠性，应将原来的模拟信号转为数字信号，如图 10-3 所示。

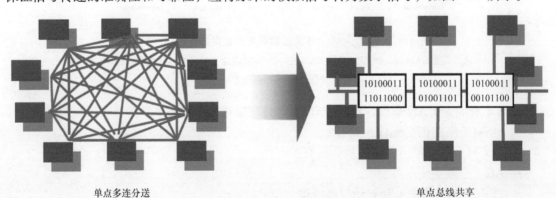

单点多连分送　　　　　　　　　　　　单点总线共享

图 10-3　车载网络进化

10.2.2　CAN 总线

CAN 为 Controller Area Network 的缩写，意为控制器局域网络；CAN 线系统是双线系统，双线同时工作，可靠性很高；它的最大稳定传输速率可达 1Mbit/s，CAN 总线特征如图 10-4 所示，系统构件如图 10-5 所示。

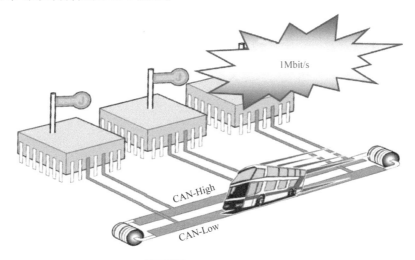

CAN-High

CAN-Low

图 10-4　CAN 总线特征

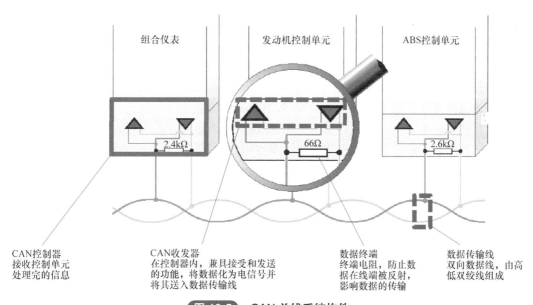

组合仪表　　　　发动机控制单元　　　　ABS控制单元

2.4kΩ　　　　66Ω　　　　2.6kΩ

CAN控制器
接收控制单元
处理完的信息

CAN收发器
在控制器内，兼具接受和发送
的功能，将数据化为电信号并
将其送入数据传输线

数据终端
终端电阻，防止数
据在线端被反射，
影响数据的传输

数据传输线
双向数据线，由高
低双绞线组成

图 10-5　CAN 总线系统构件

10.2.3　LIN 总线

LIN 为 Local Interconnect Network 的缩写，意为局部互联网络；"局部互连"指的是所有控制单元被安装在一个有限的结构空间（例如车顶）内。它也被称为"局部子系统"。

一辆汽车中各个 LIN 总线系统之间的数据交换是通过 CAN 数据总线进行的，而且每次只交换一个控制单元的数据。LIN 总线系统是一根单线总线，应用示例如图 10-6 所示。导线有基本颜色（紫色）和识别颜色。导线截面积为 0.35mm²，不需要进行屏蔽。系统允许一个 LIN 主控制单元和最多 16 个 LIN 从属控制单元之间进行数据交换。LIN 总线的数据传送速率是 1~20kbit/s。

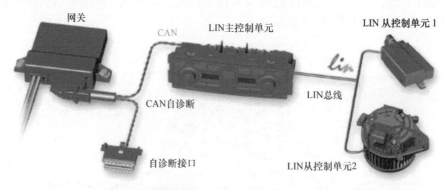

图 10-6　LIN 总线应用示例

10.2.4　FlexRay 总线

FlexRay 联合组织是一个跨厂商的研发组织，于 2000 年成立，之后成员不断增加，其中就有宝马、通用、克莱斯勒、大众等汽车厂商。

那么 FlexRay 指什么呢？ Flex = 灵活，Ray = 鳐鱼（图 10-7 为 FlexRay 联合组织的标志）。使用 FlexRay 的目的是满足未来车内联网的更高要求，尤其是提高数据传输率、实现实时功能和确保故障安全性。它扩展了车辆动态调节、车距控制系统（ACC）及图像处理等功能的使用范畴。

图 10-7　FlexRay 组织标志

以奥迪 Q7 上的 FlexRay 为例，该系统具有如下特点：电子双线式总线系统；数据传输速率：最高 10Mbit/s；数据传输带有 3 种信号状态："空闲"，"数据 0"，"数据 1"；"活跃"星形的拓扑结构；实时功能；实现了分部式调节，并可在安全相关的系统中使用。

FlexRay 的两条导线命名为总线正线和总线负线。两条导线的电平在最低 1.5V 和最高 3.5V 之间变化。FlexRay 工作时存在 3 种信号状态：

• "空闲"——两条总线导线的电平为 2.5V

• "数据 0"——总线正线的电平较低而总线负线的电平较高

• "数据 1"——总线正线的电平较高而总线负线的电平较低

传输时长取决于导线长度和总线驱动上的过渡时长。信号进行分化传输，所以需要 2 条导线。在接收器中，通过两个信号的差异测定原先的比特状态。典型的值包括 1.8V 到 2.0V 之间的电压差，如图 10-8 所示。在发送

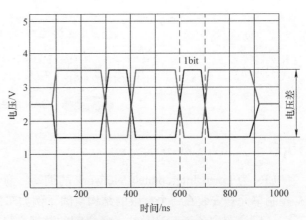

图 10-8　FlexRay 传输信号特征

器上，必定至少存在 1200mV 的电压差。接收器上，必定至少还存在 800mV 的电压差。如果在 640~2660ms 内，总线上没有活动，FlexRay 会自动进入睡眠模式（空闲）。

10.2.5 MOST 总线

MOST 为 Media Oriented Systems Transport 的缩写，意为媒体定向系统传输；MOST 总线采用光信号传输数据，传输速率可达 25Mbit/s，环形结构；信息娱乐系统（如 TV、DVD）为保证声音和画质的需求，对传输速率要求高，采用 MOST 总线通信，优点是导线少、重量轻、抗干扰且传输速度非常快。

每个 MOST 控制单元都可以将数据发送到 MOST 总线上。只有中央网关模块能够实现 MOST 总线与其他总线系统之间的数据交换。MOST 总线通过不同通道传输数据。由于应用目的不同，因此数据被发送到数据流（通道）内的不同时间窗上。数据传输通道结构如图 10-9 所示。

控制信号通过控制通道发送，例如顶级高保真音响放大器音量调节信号和诊断数据。同步通道主要用于传送音频数据。异步通道传输导航系统的图像数据，例如地图视图和方向箭头。对 MOST 总线内的控制单元进行编程时，使用控制通道和异步通道，并可以针对 MOST 直接存取接口进行相应适配。

图 10-9 数据传输通道结构

1—同步通道 2—异步通道 3—控制通道

第 10 章

第11章 驾驶辅助系统

第1节

驻车辅助系统

11.1.1 倒车雷达

倒车雷达（PDC，Parking Distance Control）全称为"倒车防撞雷达"，也称"泊车辅助装置"，是汽车泊车或者倒车时的安全辅助装置，由超声波传感器（俗称探头）、控制器和显示器（或蜂鸣器）等部分组成，如图11-1所示。

11.1.2 倒车影像

倒车影像又称泊车辅助系统，或称倒车可视系统、车载监控系统等。英文名称：vehicle backup camera。该系统广泛应用于各类大、中、小车辆倒车或行车安全铺助领域。一般

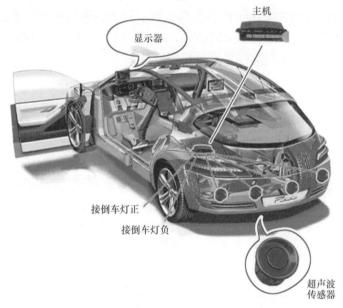

图 11-1　倒车雷达组成

普通单路输出的倒车影像仅需要把电源正极接到汽车倒车灯电源正，电源负极接到倒车灯负或者接地（GND）亦可。车辆挂上倒档后，车尾实物景象即可通过摄像头传输到中控台显示屏，方便驾驶人判断，如图11-2所示。

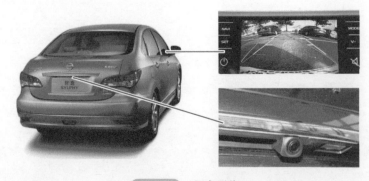

图 11-2　倒车影像

11.1.3 全景影像

360° 全景可视系统弥补了只能通过雷达或者单一的后视摄像头提供的影像。全景可视系统可以有四路视频输出，即前、后、左、右。将摄像头安装在车前、车尾以及后视镜的下面。它由遥控控制，能自动切换画面，视频可以由四个视频组成，也可以由单一的视频组成。它还可增加防盗监控与行车安全监控功能。

360° 环视系统包括：全景系统、俯视系统、倒车摄像机，部件安装位置如图 11-3 所示。

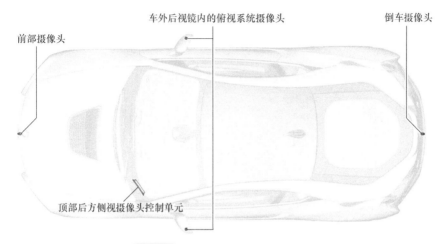

前部摄像头　车外后视镜内的俯视系统摄像头　倒车摄像头

顶部后方侧视摄像头控制单元

图 11-3　宝马 i8 环视系统组件安装位置

摄像机通过以太网与控制单元相连。控制单元通过一根 FBAS 导线将视频信号传输至多媒体影音单元。多媒体影音单元通过一根 APIX 导线将视频信号传输至中央显示屏。全景影像系统显示画面如图 11-4 所示。

请注意车辆周边安全

图 11-4　全景影像系统显示画面

11.1.4 自动泊车

自动泊车系统就是不用人工干预，自动停车入位的系统。此系统包括一个环境数据采集系统、一个中央处理器和一个车辆策略控制系统。上述的环境数据采集系统一般包括图像采集系统和车载距离探测系统（通过超声波传感器或者毫米波雷达系统）。遍布车辆周围的雷达探头测量自身与周围物体之间的距离和角度，然后通过车载电脑计算出操作流程，配合车速调整方向盘的转动，驾驶人只需要控制车速即可。

　　以宝马 7 系车型为例，自动泊车系统部件组成如图 11-5 所示。

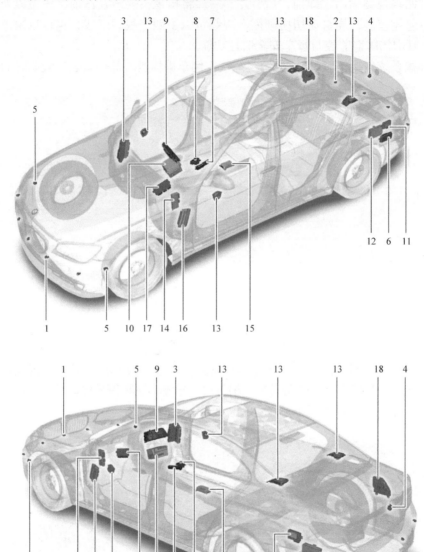

图 11-5　**PDC 倒车摄像机侧视系统**

1—驻车距离监控系统 PDC 前保险杠内的五个超声波传感器　2—驻车距离监控系统 PDC 后保险杠内的四个超声波传感器　3—带有集成式 PDC 控制单元的接线盒电子装置　4—倒车摄像机　5—左侧 / 右侧侧视系统摄像机　6—TRSVC 控制单元　7—PDC/ 倒车摄像头接通 / 关闭按钮和侧视系统接通 / 关闭按钮　8—控制器 PDC/ 倒车摄像头接通 / 关闭按钮和侧视系统接通 / 关闭按钮的控制单元　9—中央信息显示屏 CIDPDC/ 倒车摄像机 / 侧视系统显示屏　10—车辆信息计算机 CIC 进行数据处理用于在 CID 内显示　11—视频开关 VSW　12—音响放大器（高保真）PDC 声音距离警告　13—左前 / 右前、左后 / 右后扬声器 PDC 声音距离警告　14—中央网关模块 ZGM　15—集成式底盘管理系统 ICM 车速信号　16—脚部空间模块 FRM　17—便捷登车及起动系统 CAS　18—后部电子模块 REM

行驶辅助系统

11.2.1 自适应巡航系统

　　自适应巡航（ACC）系统是在定速巡航装置的基础上不断发展而来的。如果"前面没车"，那么可以使用驾驶人设定的期望车速来行车，这与定速巡航功能相当，如图 11-6 所示。如果前车很慢而导致本车不可能用期望车速来行驶，那么 ACC 可以使两车保持驾驶人设定的期望车距，如图 11-7 所示。随后，在需要时车辆会自动降低输出功率、换档（指自动变速器车）和 / 或制动干预以降低车速。在某些行驶状况时，还会要求驾驶人主动进行制动，这个警告信息会以声音和视觉方式显示出来。

图 11-6 **"前面没车"：使用驾驶人设定的期望车速来行车**

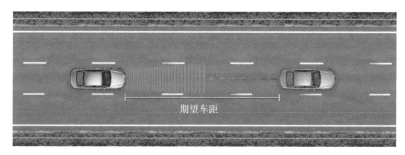

期望车距

图 11-7 **前面车辆的车速比本车的期望车速低：实现期望车距**

　　雷达技术被用来实现 ACC 基本功能。雷达是一种给物体定位的电子手段。发射出去的雷达波束碰到物体表面后会被反射回来。从发射信号到接收到反射信号所需要的时间取决于物体之间的距离。将再次接收到的反射波束与发射波束进行对比并分析。发射器 / 接收器与物体之间距离同信号传递时间的关系如图 11-8 所示：示例 B 中的距离是示例 A 中的两倍。那么示例 B 中反射信号到达接收器所需时间就是示例 A 中的两倍。

　　具有停车和起步功能的主动定速巡航控制系统在堵车情况下的示意如图 11-9 所示。

　　具有停车和起步功能的 ACC 将以前 ACC 系统的有效范围扩展到低速行驶直至停车。因此，在该车速范围内也会自动对车距和车速进行调节。

　　具有停车和起步功能的 ACC 根据需要自动停车，当它识别到可以重新起步时就会向驾驶人发出一条提示信息。驾驶人必须对提示信息进行确认才能重新起步。只有在停车时间很短的情况下，才会通过具有停车和起步功能的 ACC 自动完成起步过程。

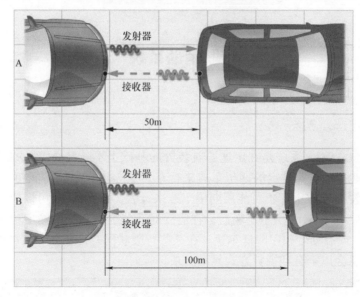

图 11-8　雷达测距原理

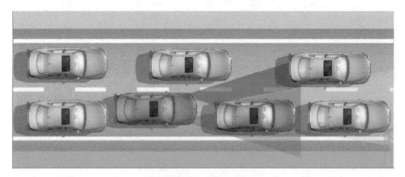

图 11-9　堵车情况

11.2.2　紧急制动系统

前向紧急制动（FEB）是一个使用前视摄像头单元信息的干涉系统，如图 11-10 所示。如果 FEB 系统判断有必要施加制动以避免碰撞，系统会切断发动机动力，并以一个可以安全停车的速度施加制动。

FEB 系统使用来自前视摄像头单元的距离信息，以判断如果不立即执行制动是否会发生碰撞。

系统使用前视摄像头单元衡量与前方行驶车道内的车辆距离：如果有碰撞发生

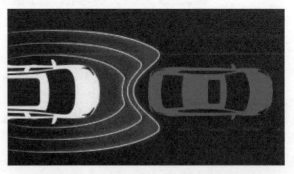

图 11-10　FEB 以 10～80km/h 的速度工作

的危险，ADAS 控制模块通过 CAN 通信发出视觉警告信号和蜂鸣警告信号到组合仪表；如果驾驶人不施加制动，ADAS 控制模块发送一个紧急制动请求到 ABS 控制单元；ABS 执行器施加制动力到制动器，并尽快缓慢地停车；ADAS 控制单元将制动保持继电器驱动信号发送至制动保持继电器，并点亮制动灯；如果 FEB 系统使车辆完全停止，车辆将保持停止约 2s，直到松开制动器。FEB 系统工作原理如图 11-11 所示。

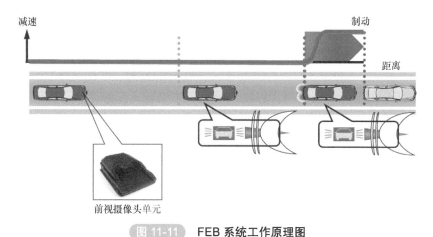

图 11-11 FEB 系统工作原理图

满足下列条件时，ADAS 控制单元执行控制，控制过程如图 11-12 所示：

- FEB 系统设置为 ON
- 车速在 10 ~ 80km/h
- 可能与前方车辆发生碰撞

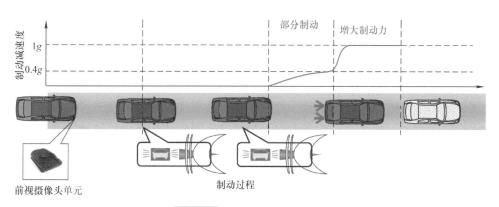

图 11-12 FEB 系统制动过程

11.2.3 交通拥堵辅助系统

TJA（Traffic Jam Assistant）交通拥堵辅助系统，是 ACC 功能的拓展版，它可以跟 ACC 一样走走停停，但增加了轻微转向调整的功能。车距传感器和前置摄像头将前方车辆流量、道路边界、车道宽度、前车车距、自车的转向角等信息反馈给车距控制单元。车距控制单元根据内部算法，规划汽车什么时候该加速、减速直至制动。发动机控制单元根据规划的策略，对车辆实施加、减速、制动灯控制指令；转向控制单元根据规划的策略，对车辆实施转向微调等控制指令；车载电控单元根据规划的策略，对车辆实施报警信号提示或解除等信号指令。

触发 TJA 功能后，系统接管车辆的控制，但是驾驶人的双手必须放于方向盘上，准备随时接管车辆的控制。这时候车辆控制系统可以控制汽车的转向和加减速等，根据控制策略，保持跟车车距，并时刻监测是否有加塞的车辆插入，做车辆转向微调和跟车动作。同时，传感器也会监测驾驶人随时接管汽车控制系统的就绪状态，如果驾驶人始终没有任何反应的时候，系统会以 −2m/s² 的加速度逐渐平稳减速，直至触发 ESC 停车，同时闪烁警告灯。

交通拥堵辅助系统功能由 ACC 自适应巡航、预碰撞安全系统（Front assist）和车道保持系统共同实现，应用场景如图 11-13 所示。这套系统利用前方雷达及前风窗玻璃上的内藏式摄像头，在车速低于 60km/h 时保持对前车行驶情况的监测。在拥堵路况可以实现自动跟车及制动，并在车辆偏离车道时纠正行驶轨迹，辅助驾驶人控制车辆。同时，它通过对发动机控制系统、制动系统及转向系统的主动控制，实现对于前方车辆自动跟随。

图 11-13　交通拥堵系统应用场景

11.2.4　车道保持辅助

车道保持辅助系统具有以下功能：如果道路上有车道标线，或者车道与车道标线之间存在足够明显的对比，则可识别道路走向；为驾驶人提供关于车道保持辅助系统工作状态的视觉信息；实施修正性或者辅助性的转向干预；如果车道保持辅助系统的转向干预不足以修正转向，则会通过振动方向盘警告驾驶员；如果驾驶人松开方向盘超过设定的时间，则会向驾驶人发出一个视觉和声音警告（方向盘离手识别）；当驾驶人有意变道，例如超车时，系统功能将受限。

车道保持辅助系统借助前部摄像头进行车道识别，通过修正转向干预，帮助车辆在各种行车状况下保持在车道内。可用于双车道线和单车道线。车速大于 65km/h 时激活处于主动模式。

开启条件：

1）通过信息娱乐系统 CAR 菜单 - 设置 - 驾驶人辅助系统开启或关闭。

2）通过仪表中的驾驶人辅助系统菜单开启和关闭，见图 11-14。

根据所识别到的车道走向，车道保持辅助系统会从其内部设定的功能限制和驾驶安全角度出发，计算一条虚拟车道。虚拟车道计算过程如图 11-15 所示。

现在，借助所得出的虚拟车道，车道保持辅助系统开始计算车辆相对虚拟车道的侧向定位。如果车辆正在接近虚拟车道边缘线或者越过这条虚拟车道，那么车道保持辅助系统便会实施转向干预。

图 11-14　车道保持系统开启状态

数字化

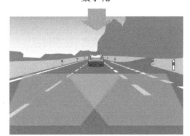

选取两个梯形探测区域

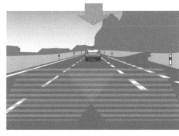

选取梯形探测区域内特定的扫描行

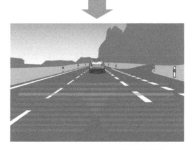

分析各扫描行

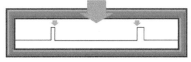

识别灰度值的大幅变化

设置标记点，用于识别实际车道走向

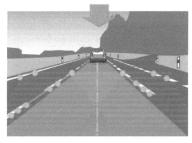

图 11-15　根据标记点计算虚拟车道

第11章

11.2.5 车道变更辅助

在变换行车道所导致的交通事故中，有很多是因为在换道过程中未看清车辆而引起的。

通过对相邻车道，尤其是汽车后方区域的持续监控，换道辅助系统为驾驶人在超车和换道过程中提供支持，从而为提高车辆的主动安全性做出了贡献。当相邻车道被一个或多个道路使用者占用时，驾驶人会得到提醒

换车道警告系统可识别出本车换车道时可能存在危险的交通情况。随后分两个等级提醒和警告驾驶人。这种交通情况包括例如远处车辆快速从后方驶近本车。这些车辆随即进入如图 11-16 所示的"换车道区域"。驾驶人自己很难对这些情况做出判断，特别是在光线阴暗的情况下。雷达传感器工作时完全不依赖于光线强度。因此换车道警告系统可为驾驶人提供有效支持。

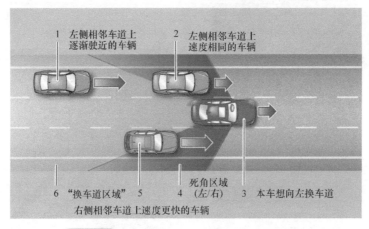

图 11-16 使用换车道警告功能时的典型路况

其他车辆进入死角区域时也会存在危险。只有非常谨慎小心的驾驶人才会发现这些车辆。如果驾驶人疏忽大意，可能就会忽视此处的车辆。换车道警告系统的雷达传感器可在直至本车中间区域范围内识别出相邻车道上的其他车辆。在此换车道警告系统还能为驾驶人提供这项非常有益的帮助。

只要系统已接通且处于准备工作状态，就会在出现危险换车道情况时通过第一等级"提醒"驾驶人注意。信息通过控制车外后视镜内的警告灯发出。

如果在这种情况下驾驶人想要换车道，且通过操作转向信号灯做出指示，就会触发第二个较严重的"警告"等级。相应警告灯随即以高亮度闪烁且方向盘开始振动。以此提醒驾驶人注意必须使用哪些操作元件，以消除危险情况：驾驶人必须停止换道操作，并在必要时返回初始车道。

11.2.6 交叉行驶辅助

汽车防撞预警系统主要用于协助驾驶人避免高速、低速追尾，高速中无意识偏离车道，与行人碰撞等重大交通事故。它像第三只眼一样帮助驾驶人，持续不断地检测车辆前方道路状况，系统可以识别判断各种潜在的危险情况，并通过不同的声音和视觉提醒，以帮助驾驶人避免或减缓碰撞事故。

汽车防撞预警系统是基于智能视频分析处理的汽车防撞预警系统，如图 11-17 所示的交叉行驶防撞警告系统，主要功能为：车距监测及追尾预警、前方碰撞预警、车道偏离预警、

导航功能、黑匣子功能。相对于国内外现有的汽车防撞预警系统，如超声波防撞预警系统、雷达防撞预警系统、激光防撞预警系统、红外线防撞预警系统等，它的功能更强。

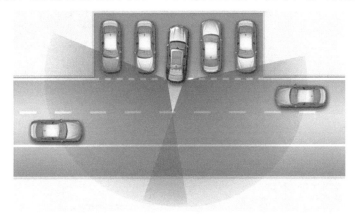

图 11-17　交叉行驶警告系统示例：驶出停车位过程

第3节
视觉辅助系统

11.3.1　夜视辅助系统

　　夜视辅助系统可以帮助驾驶人在黑暗中及时识别出车辆前部区域的行人，使得驾驶人能及时避免危险情况，热敏红外摄像头采集图像将车辆前部的热敏图像显示在组合仪表显示屏上如果将某物识别为人，那么图像还会加上颜色，如图 11-18 所示，系统不仅能够探测生物，还能探测车道和建筑物轮廓。

图 11-18　夜视辅助系统识别的人体

11.3.2　抬头显示系统

　　HUD 为 Head up Display 的缩写，意为抬头显示。平视显示系统是指将各种车辆系统的信息投影显示到驾驶人视野中的光学系统。如果想了解这些参数，驾驶人不必明显改变头部位置，只需在端坐的同时将目光投向道路即可，应用场景如图 11-19 所示。

　　HUD 相当于一部投影装置。需要使用一个光源来投射 HUD 信息。利用 LED 灯组作为光源。通过 TFT 投影显示屏产生图像内容。TFT 投影显示屏相当于一个滤波器，允许光线通过或阻止光线通过。

　　由一个图像光学元件确定 HUD 显示图像的形状、距离和尺寸。图像看起来就好像自由漂浮在道路上一样，风窗玻璃的作用相当于反光镜。信息投射原理如图 11-20 所示。

第11章

图 11-19　HUD 系统应用场景

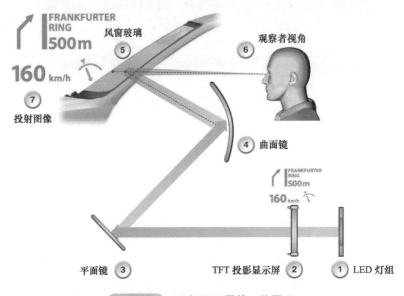

图 11-20　平视显示屏的工作原理

HUD 投射图像内容距离观察者的眼睛大约 2.2m，如图 11-21 所示。

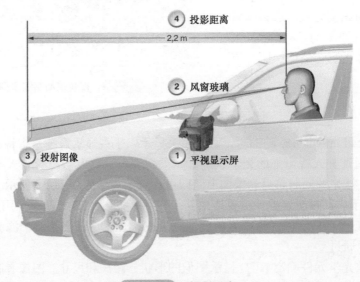

图 11-21　投影距离

11.3.3 盲区监测警示

如果其他车辆从后部接近到并进入到可探测距离内时，换道辅助系统"Side Assist"将向驾驶人发出警告，通过这种方式在超车或更换车道过程中，为驾驶人提供帮助，如图 11-22 所示。因此可以避免在高速公路和类似高速公路的道路上换道过程中发生事故。

换道辅助
警告灯

图 11-22 车道切换辅助系统

功能开启方式：

1）通过信息娱乐系统 CAR 菜单 - 设置 - 驾驶人辅助系统开启或关闭。

2）通过仪表中的驾驶员辅助系统菜单开启和关闭。

技术数据：

1）雷达传感器监控车辆后面左右最大 70m 的范围，如图 11-23 所示。

2）变道辅助系统在车速达到大约 10km/h 时就会激活。

3）雷达传感器探测角度约 110°。

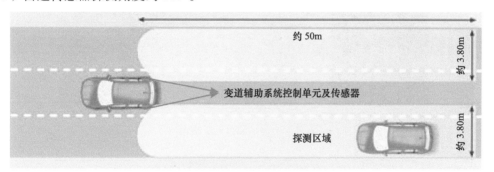

约 50m

约 3.80m

变道辅助系统控制单元及传感器

探测区域

约 3.80m

图 11-23 有效控制范围

第11章

11.3.4 开门警示系统

打开驾驶人侧车门时，开门警示辅助系统发出警告的车内情景如图 11-24 所示。

图 11-24 开门警示系统示例

第4节
交通警示系统

11.4.1　疲劳驾驶监测警示

疲劳驾驶检测通过对转向行为进行分析完成。如果系统识别到驾驶人有疲劳倾向，将发出声音警告，或在组合仪表的多功能显示屏上显示要求驾驶人休息的信息，如图11-25所示。

图 11-25　疲劳驾驶提醒

11.4.2　限速提醒与交通标志识别

基于摄像头的交通标志识别系统，不仅使用驾驶人辅助系统前部摄像头识别到的交通标志，而且还使用导航系统中针对该交通标志的信息，作为预估路段数据传输导航数据，并告知驾驶人有关前面路段的信息。摄像头识别到的交通标志有更高的优先级。当前部摄像头无法识别到交通标志时，就会关闭该系统。

在超出限速时可以警告驾驶人。自适应巡航控制系统（ACC）会接受交通标志识别系统识别到的限速，并用于自身的速度控制。

识别到的交通标志有三种不同的显示方法：在组合仪表上全屏显示，如图11-26所示；在组合仪表上扩展显示；显示在选装的平视显示器上。采用全屏显示时，可以同时显示识别到的三个交通标志。最多可以显示三个限速标志或两个限速标志和一个禁止超车标志。限速标志可能有不同的附加指示牌。

扩展显示只能显示交通标志，如图11-27所示。此时每次指的是一个限速标志，可能还有一个附加指示牌。在考虑到当前形势的情况下，优先显示全屏显示中的限速标志。当前形势可以是时间、识别到挂车、车窗玻璃刮水器的打开状态，或前雾灯和后雾灯的打开状态。

交通标志识别系统以来，可以在超过显示的限速时警告驾驶人。警告可以是纯视觉警告，即显示的交通标志开始闪烁不停。如果交通标志下方还有附加指示牌的话，那么在发出警告时保持不动，且不闪烁。闪烁频率约为1Hz。

图 11-26 全屏显示（奥迪 Q7）

图 11-27 扩展显示（奥迪 Q7）

第11章

第12章 车　身

第1节

车内饰件

内饰件一般是指轿车车厢的隔板、门内装饰板、仪表板总成、扶手、地毯等零部件和材料。相对于车上其他部件而言，它们对车辆的运行性能没有什么影响，但它代表了整部车子的形象，并且承担起了减振、隔热、吸音和遮音等功能，对轿车的舒适性起到了十分重要的作用。

12.1.1　仪表台

仪表板是汽车驾驶室中安装各种指示仪表和点火开关等的一个总成。它装在仪表嵌板上，或者作为附件装在转向管柱上。仪表板总成好似一扇窗户，随时反映车子内部机器的运行状态。同时，它又是部分设备的控制中心和被装饰的对象，是驾驶室内最引人注目的部件。仪表板总成既有技术的功能又有艺术的功能，是整车风格的代表之一。下面以奥迪Q3车型为例，它的仪表台部件分解如图12-1所示。

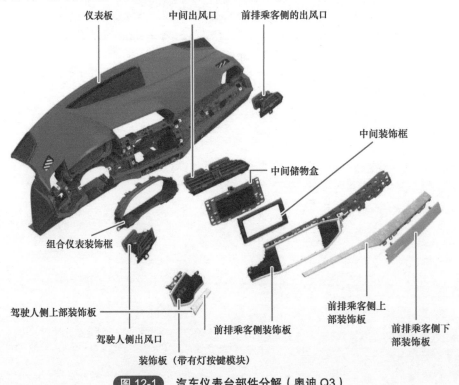

图 12-1　汽车仪表台部件分解（奥迪 Q3）

12.1.2　地垫及盖板

汽车隔音材料是指针对汽车噪声来设计的材料，主要的汽车隔音材料是丁基橡胶，包括阻尼片、橡塑、EVA/EPDM 板材等。

汽车制振胶有两种，一种是丁基橡胶制振胶，另一种是沥青制振胶，丁基橡胶制振胶耐温性好，在高温 +300℃和低温 −80℃的环境下性能稳定，不变形、不开裂，与被粘贴物粘贴牢固。沥青制振胶价格实惠，应用普遍，一般用于底盘、行李舱的制振，效果非常理想。汽车隔音棉和汽车制振胶二者结合效果更加显著。也有运用软塑料作为车内隔音材料的。

以大众途锐车型为例，该车开发有两种隔音套件。汽油发动机隔音套件由沥青薄膜隔音垫组成。柴油发动机配套有四个沥青铝合金夹层形式的隔音垫。隔音垫组成部件如图 12-2 所示。

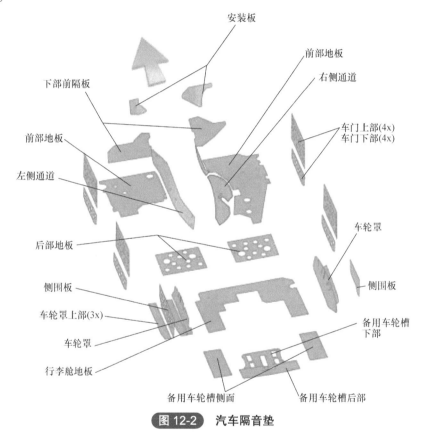

安装板

前部地板

右侧通道

下部前隔板

车门上部(4x)
车门下部(4x)

前部地板

左侧通道

车轮罩

后部地板

侧围板

侧围板

车轮罩上部(3x)

车轮罩

备用车轮槽
下部

行李舱地板

备用车轮槽侧面　　备用车轮槽后部

图 12-2　汽车隔音垫

说明：绿色表示沥青塑料薄膜；绿色 / 橙色表示用于柴油机的铝合金夹层薄膜。

汽车内部常用的地垫及盖板安装位置如图 12-3 所示。

12.1.3　座椅

汽车座椅按形状可分为分开式座椅、长座椅；按功能可分为固定式、可卸式、调节式；按乘座人数可分为单人椅、双人椅、多人椅。根据座椅的使用性能，从最早的固定式座椅，一直发展到多功能的动力调节座椅，有气垫座椅、电动座椅、立体音响座椅、直到电子调节座椅。按材质分为真皮座椅和绒布座椅等。还有一些供特殊对象使用的座椅，如儿童座椅和赛车座椅等。空调座椅的结构如图 12-4 所示。

| 地板地毯 | 发动机舱盖隔热垫 | 顶篷 | 行李舱盖饰件 |

①　　　　②　　　　③　　　　④

后座椅上部地毯

⑤

后座椅靠背地毯

⑥

行李舱侧饰件

⑦

⑩　　　　⑨　　　　⑧

轮毂饰件　　　备胎盖板　　　行李舱地毯

图 12-3　汽车地垫及盖板

头枕

靠背热电元件

靠背

靠背导管

座垫双风机

座垫

座垫气道

控制模块

滑轨

座垫热电元件

图 12-4　空调座椅结构

　　一般五座轿车的座椅布局为前 2 后 3 结构，七座的 MPV 与 SUV 车型都有 2+2+3 与 2+3+2 等两种布局方式。图 12-5 所示为宝骏 720 的座椅布置。

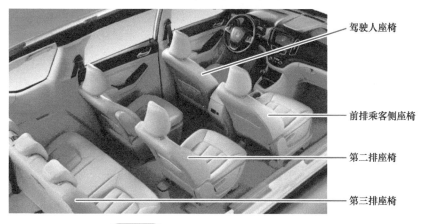

驾驶人座椅

前排乘客侧座椅

第二排座椅

第三排座椅

图 12-5 汽车座椅布置（2+2+3 形式）

第2节
车外饰件

汽车外饰件主要指前后保险杠、轮眉、格栅、散热器装饰罩、防擦条等通过螺栓或卡扣及双面胶条固定在车身上的部件。外饰件在车身外部主要起装饰、保护作用及开启等功能。

12.2.1 保险杠

汽车保险杠是吸收和减缓外界冲击力、防护车身前后部的安全装置。轿车的前后保险杠都是塑料制成的，人们称为塑料保险杠。一般汽车的塑料保险杠是由外板、缓冲材料和横梁三部分组成。其中外板和缓冲材料是用塑料制成的，横梁用冷轧薄钢板冲压成 U 形槽状；外板和缓冲材料附着在横梁上。以奥迪 A3 车型为例，它的前保险杠组成部件如图 12-6 所示。

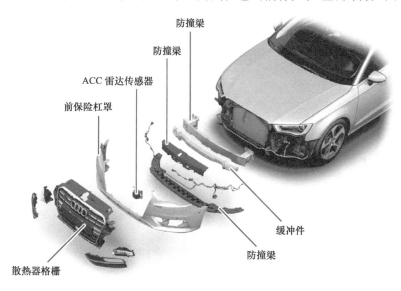

防撞梁

防撞梁

ACC 雷达传感器

前保险杠罩

缓冲件

防撞梁

散热器格栅

图 12-6 前保险杠部件

第12章

后保险杠包括一块焊有连接板的盖罩，以及一块内置有排气装置尾管扩散器的扰流板，如图 12-7 所示。连接板上固定有侧向辅助系统的传感器。车尾传感器被固定在保险杠盖罩上。保险杠通过连接板安装在车身尾部。保险杠在侧面通过事先安装好的导向件平齐地固定在车身侧围板上。

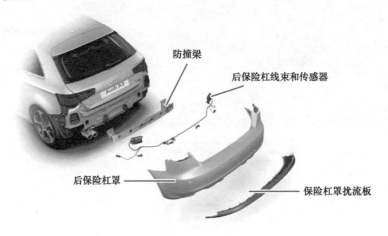

防撞梁

后保险杠线束和传感器

后保险杠罩

保险杠罩扰流板

图 12-7 后保险杠部件

12.2.2 天窗

汽车天窗安装于车顶，能够有效地使车内空气流通，增加新鲜空气的进入，同时汽车天窗也可以开阔视野，以及满足移动摄影、摄像的拍摄需求。汽车天窗可大致分为：外滑式、内藏式、内藏外翻式、全景式和窗帘式等。它主要安装于商用 SUV、轿车等车型上。下面以奥迪 A3 为例，其全景滑动 / 外翻式天窗是粘接在车身的车顶切口内的，部件分解如图 12-8 所示。

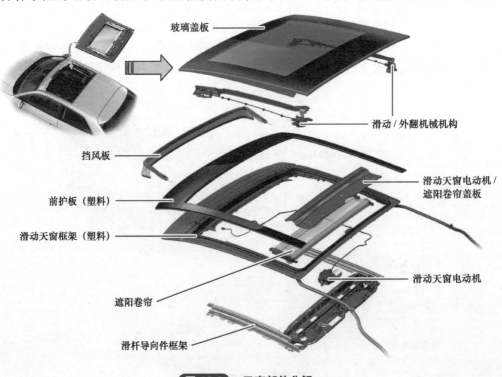

玻璃盖板

滑动 / 外翻机械机构

挡风板

滑动天窗电动机 / 遮阳卷帘盖板

前护板（塑料）

滑动天窗框架（塑料）

滑动天窗电动机

遮阳卷帘

滑杆导向件框架

图 12-8 天窗部件分解

12.2.3 后视镜 --

后视镜以安装位置划分，分有外后视镜、下后视镜和内后视镜。以用途划分，外后视镜反映汽车后侧方，下后视镜反映汽车前下方，内后视镜反映汽车后方及车内情况。用途不一样，镜面结构也会有所不同。一般后视镜镜面主要有两种，一种是平面镜，顾名思义镜面是平的，用术语表述就是"表面曲率半径 R 无穷大"，这与一般家庭用镜一样，可得到与目视大小相同的映像，这种平面镜常用为内后视镜。另一种是凸面镜，镜面呈球面状，具有大小不同的曲率半径，它的映像比目视小，但视野范围大，类似相机"广角镜"的作用，这种凸面镜常用为外后视镜和下后视镜。轿车及其他轻型乘用车一般装配外后视镜和内后视镜，大型商用汽车（大客车和大货车）一般装配外后视镜、下后视镜和内后视镜，如图 12-9 所示。

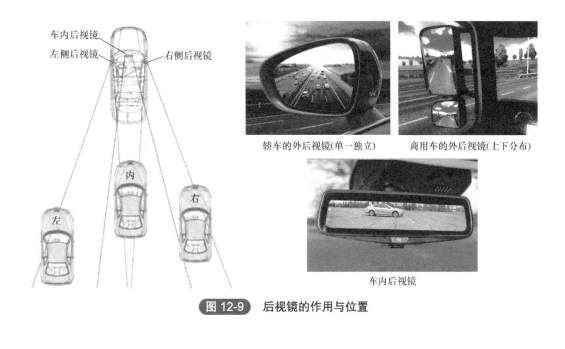

轿车的外后视镜(单一独立)   商用车的外后视镜(上下分布)

车内后视镜

图 12-9 后视镜的作用与位置

第3节
白 车 身

白车身的定义：白车身（Body in White）按照车身术语标准和教科书上的定义，是指车身结构件及覆盖件焊接总成，并包括前翼子板、车门、发动机舱盖、行李舱盖，但不包括附件及装饰件的未涂漆的车身。涂装后的白车身加上内外饰（包括仪表板、座椅、风窗玻璃、地毯、内饰护板等）和电子电器系统（音响、线束、开关等），再加上底盘系统（包括制动系统、悬架系统等），再加上动力总成系统（包括发动机、变速器等）就组成了整车。

12.3.1 汽车车身材料 --

汽车车身的常用材料是钢。钢是碳质量分数最高为 2.06% 的铁碳合金。含碳量更高的为铸铁。钢可以与其他元素镍、锰、硅、铬等合金化，形成不同的合金钢，如表 12-1 所示。根据其组成和特性的不同，有很多种不同的合金钢。

表 12-1 汽车合金钢构成元素

合金元素	改变钢的特性
铬	提高钢的耐蚀性（铬对钢的耐蚀性和耐酸性有决定性的影响）
锰	细化晶粒；提高强度；增强淬透性；提高硬度、拉伸率和耐磨性，影响焊接性能和锻造性能
钼	提高强度和韧性；提高耐蚀性；改善淬透性，促进晶粒形成，改善其焊接性能
镍	提高强度和韧性；有助于奥氏体晶格结构的稳定，提高低温下的可塑性
铌	铌的作用与钛类似
磷	提高强度；有助于平衡其可压缩性和强度
硅	提高强度和弹性极限；细化晶粒
氮	提高奥氏体钢的强度；改善其在高温下的力学性能
钛	提高强度和韧性；抑制晶粒长大，从而有助于细化晶粒；抑制铬合金钢中铬碳化物的析出，从而抑制晶间腐蚀

因此按照钢的特定特性对其分类非常有意义。可以将各钢种按照其力学性能：如抗拉强度、屈服强度进行分类，以普通钢、高强度钢、超高强度钢为例，具体如表 12-2 所示。

表 12-2 钢的分类

按照其拉伸强度分类	拉伸强度 /MPa	钢分类
普通钢	小于 300	深冲钢
高强度钢	300～480	烘烤硬化钢
	350～730	微合金钢；各向同性钢
	340～480	磷钢；无间隙钢（IF 钢）
	500～600	双相钢（DP 钢）含有质量分数 0.12% 的碳、0.5% 的硅和 1.46% 的锰
	600～800	相变诱发塑性钢（TR IP 钢）一般含有质量分数 0.15%～0.4% 的碳、1%～2% 的硅和 0.5%～2% 的锰
超高强度钢	>800	多相钢（CP 钢），碳的质量分数很低，低于 0.2%，并含有微合金元素，如：锰、硅、钼和硼
超高强度热成形钢	>1000	马氏体钢

重量在汽车制造中越来越重要。这是由于汽车要达到节约能源和环保的目标，使用较轻的材料也可以减轻车辆的重量。现代汽车越来越多地使用铝材料。

为了保证车身组件的使用性能，不使用纯铝材质，而使用铝合金材质，纯铝的强度很低。通过熔合其他元素可以改变铝的特性，首先是改善其强度和耐蚀性。组成铝合金的主要成分为镁和硅。这种合金形式是型材铝、铸件节点、铝板的基础。以奥迪 A8 车型为例，它的车身结构首次采用了不同的材质来构建。该承载式车身结构将铝、钢、镁和碳纤维增强复合材料（CFK）混合在一起使用，同时将四种不同的轻结构材质结合到了一起。成分比例最多的是铝件，达 58%，比如铸造节点、挤压型材和板件，如图 12-10 所示。

并不是车身所有的材料强度越高越好，要看用在什么地方。如驾乘室的框架（如横梁、纵梁、ABC 柱等），为了使驾车室的空间尽量不变形（保证驾乘人员安全），就必须采用高强度的材料。而车前和尾部的材料（如发动机舱盖板、翼子板等），为了能够吸收撞击力，可以使用强度相对较低的材料。

图例:

　铝板

　铸铝

　铝型材

　超高强度钢（热压成形）

　碳纤维增强复合材料（CFK）

　镁

　新一代高强度钢

　高强度钢

　软钢

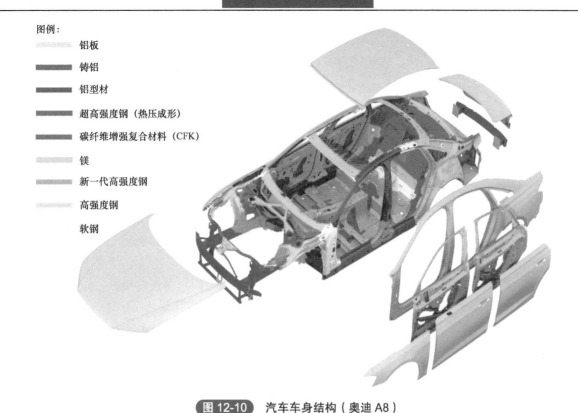

图 12-10　汽车车身结构（奥迪 A8）

12.3.2　汽车碰撞安全

在汽车碰撞中，重要的是保护车内人员的安全，所以在碰撞中驾乘室的变形越小越好。汽车在设计时考虑到了这一点，在汽车碰撞时，让一部分机构先溃缩，吸收一部分的撞击能量，从而减少传递到驾乘室的撞击力，如图 12-11 所示。

普通钢

高强度钢

超高强度钢

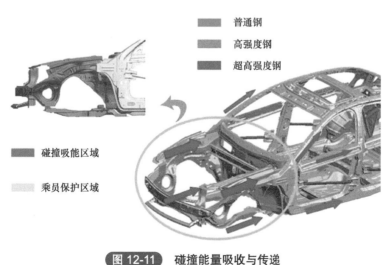

碰撞吸能区域

乘员保护区域

图 12-11　碰撞能量吸收与传递

同样是为了保护驾乘室中的人员，在汽车受到撞击时，利用特殊设计的车身，将撞击力分散、转移，从而减少传递到驾乘室的撞击力，以达到保护车内乘员的目的，如图 12-12 所示。

第12章

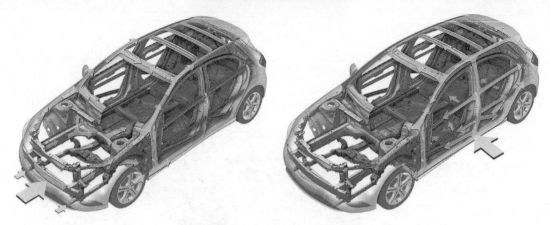

图 12-12　正碰与侧碰的能量传递图

NCAP 是英文 "New Car Assessment Program" 的缩写，即新车评价规程。这是最能考验汽车安全性的测试。目前，在此方面我国已有较为成熟的评价规程。

NCAP 评价程序最早始于美国，在 1978 年 USNCAP 提出了 5 星评价方法，用于在正面碰撞中评价汽车保护车内乘员的性能。NCAP 的星级包括成人保护、儿童保护、行人保护三部分。具体内容大约包括两个方面，正面碰撞和侧面碰撞。碰撞测试的内容各个国家标准不同，欧盟、美国、日本等国家或地区也均有相关评价规程，体系标识如图 12-13 所示。在这些评价规程中，被世界公认最为严苛的是欧盟实施的 Euro NCAP 测试。美国 40%ODB 正面碰撞速度为 64km/h，侧面碰撞速度为 50km/h，我国正面 100% 刚性壁碰撞速度为 50km/h，40%ODB 正面碰撞速度为 64km/h，侧碰速度为 50km/h。碰撞测试成绩则由星级（★）表示，共有五个星级，星级越高表示该车的碰撞安全性能越好。

中国　　　　　　　　欧洲　　　　　　　　日本　　　　　　　　澳大利亚

图 12-13　各国碰撞安全检测体系标识

第13章 新能源汽车

第1节
新能源汽车概述

13.1.1 新能源汽车定义

新能源汽车主要包括插电式混合动力汽车（含增程式）、纯电动汽车（BEV，包括太阳能汽车）、燃料电池汽车（FCEV）等。丰田新能源汽车类型如图 13-1 所示。

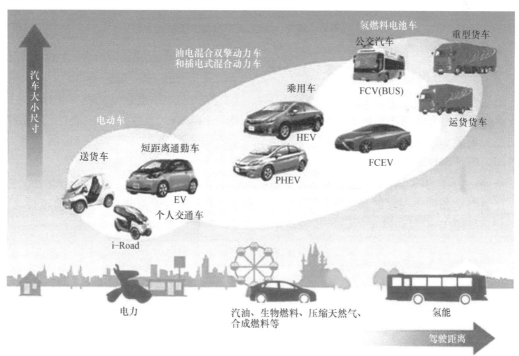

图 13-1 丰田新能源汽车类型划分

13.1.2 新能源汽车分类

新能源汽车共有三种大类，分别是纯电动汽车（BEV/EV）、插电式混合动力汽车（PHEV）和增程式混合动力汽车（REEV），以及燃料电池车型（FCEV）。

纯电动汽车的英文是 Battery Electric Vehicle，简称 BEV。不过国内纯电车型的尾标都是 EV，而 EV 的全称是 Electric Vehicle，也就是电动汽车。图 13-2 所示为特斯拉公司生产的 Model 3 纯电动汽车高压部件的组成及分布图。

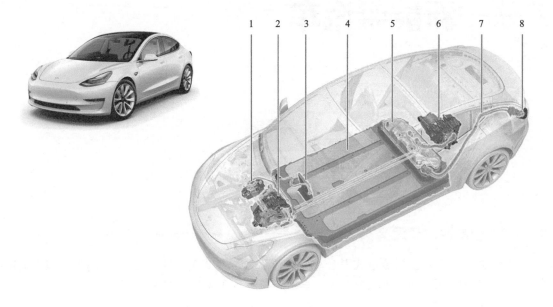

图 13-2　特斯拉 Model 3 车型高压部件

1—空调压缩机　2—前电机（仅限双电机车辆）　3—驾驶室加热器　4—动力电池　5—动力电池维修面板
6—后置电机　7—高压电缆　8—充电端口

混合动力汽车是个分类比较大的车型统称，这个种类中包括混合动力汽车（HEV）、插电式混合动力汽车（PHEV）和增程式混合动力汽车（REEV）。在国内市场能上新能源绿牌的车型只有纯电动汽车、插电式混合动力汽车以及增程式混合动力汽车，普通混合动力车型在国内市场不算新能源车型。

普通混合动力汽车的英文是 Hybrid Electric Vehicle，简称 HEV，也称油电混合动力汽车。普通混动和插电混动的最大区别在于，普通混动车型不支持直接对车辆电池进行充电。图 13-3 所示为丰田混动汽车标识及普锐斯车型概览。

图 13-3　丰田混动汽车标识与普锐斯车型概览

插电式混合动力汽车的英文全称是 Plug-in Hybrid Electric Vehicle，简称 PHEV。插电式混合动力汽车与普通混合动力汽车的区别在于，动力电池容量更大，并且可以外部充电，可以用纯电模式行驶较长里程。比亚迪的插电式混合动力车型有自己独特的命名——DM（Dual Model）"双模"，图 13-4 所示为比亚迪唐 DM 车型透视图。

图 13-4　比亚迪唐 DM 车型透视图

增程式混合动力汽车，英文全称 Range Extend Electric Vehicle，简称 REEV。增程式混合动力汽车与插电式混合动力汽车虽然车内都会有个内燃机，不过插混车型的内燃机是可以为车辆提供直接动力输出的，而增程式的内燃机只是用来为动力电池充电，不负责直接输出动力。理想 ONE 车型即为增程式电动汽车，如图 13-5 所示。

图 13-5　理想 ONE 车型动力及底盘总成

燃料电池汽车的英文全称 Fuel Cell Electric Vehicle，简称 FCEV。相比充电几个小时的纯电动汽车，燃料电池汽车只需要几分钟来灌满燃料，例如氢燃料。有一些燃料电池车型采用的是天然气作为燃料，但这些车型在工业用车方面比较多。

第2节
电源系统

13.2.1 镍氢电池

高压电池也称动力电池，这是区别于传统 12V 车载供电的低压蓄电池的称呼。动力电池的电芯目前选用三元锂电池的为多，其次为铁锂电池，镍氢电池，氢燃料电池等。

镍氢电池分为高压镍氢电池和低压镍氢电池。镍氢电池正极活性物质为 $Ni(OH)_2$（称 NiO 电极），负极活性物质为金属氢化物，也称储氢合金（电极称储氢电极），电解液为 6mol/L 氢氧化钾溶液。镍氢电池主要用于早期的混合动力汽车，如丰田的普锐斯（如图 13-6 所示），本田的思域，凯迪拉克的凯雷德等油电混动车型。

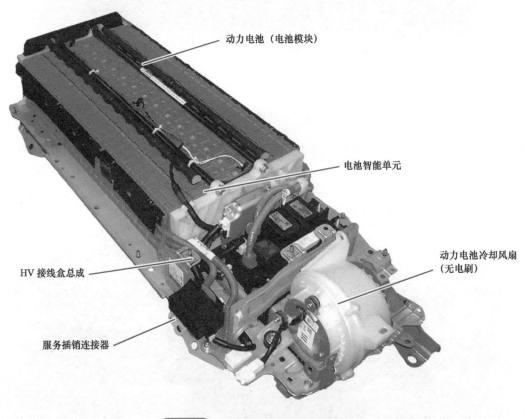

动力电池（电池模块）

电池智能单元

动力电池冷却风扇（无电刷）

HV 接线盒总成

服务插销连接器

图 13-6　普锐斯所用镍氢电池模块

13.2.2 锂电池

三元锂电池（Ternary Lithium Battery），是指以镍钴锰酸锂或镍钴铝酸锂为正极材料，以石墨为负极材料，以六氟磷酸锂为主的锂盐作为电解质的锂电池。三元锂电池就是以其正极材料来命名的，因为其正极材料包含了镍、钴、锰／铝三种金属元素，因此得名"三元"。以奥迪 e-tron 为例，它的动力电池模块部件分解图如图 13-7 所示。

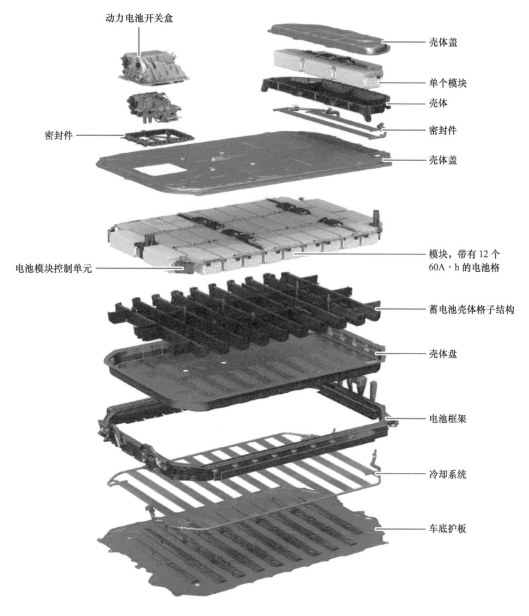

动力电池开关盒

壳体盖

单个模块

壳体

密封件

密封件

壳体盖

模块，带有 12 个
60A·h 的电池格

电池模块控制单元

蓄电池壳体格子结构

壳体盘

电池框架

冷却系统

车底护板

图 13-7 动力电池模块部件分解图

三元锂电主要分为镍钴锰（NCM）和镍钴铝（NCA）两条技术路线。国内新能源汽车主要配套 NCM 电池，以方形和软包为主，从早期的镍钴锰比例 5:2:3 逐渐发展为高镍体系的 8:1:1，成本更低、能量密度更高。NCA 的性能更加优越。松下生产的圆柱型 NCA18650、21700 主要供应特斯拉，如图 13-8 所示，系统能量密度最高甚至达到 300W·h/kg。

铁锂电池是锂电池家族中的一类电池，正极材料主要为磷酸铁锂材料。铁锂电池的全名是磷酸铁锂锂离子电池，由于其性能特别适合于动力方面的应用，因而也有人叫它"锂铁动力电池"。与三元锂电池相比，主要体现在其安全性更好，因为无须添加稀有的钴元素，整体造价更低。比亚迪汉 EV 应用的刀片式铁锂电池模块结构如图 13-9 所示。

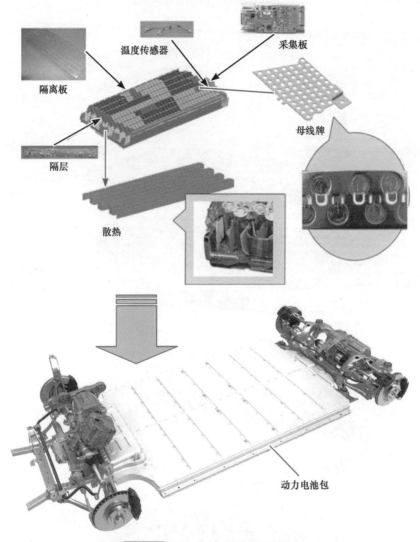

隔离板

温度传感器

采集板

隔层

母线牌

散热

动力电池包

图 13-8　特斯拉动力电池包组成

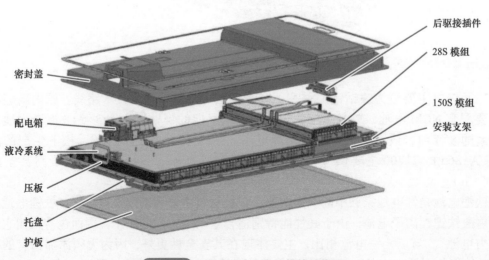

密封盖

配电箱

液冷系统

压板

托盘

护板

后驱接插件

28S 模组

150S 模组

安装支架

图 13-9　汉 EV 动力电池模块结构图

13.2.3　车载充电机

充电机按照充电系统是否安装在车上，分为车载充电系统和非车载充电系统。车载充电系统安装在车辆内部，具有体积小、冷却和封闭性好、重量轻等优点，但功率普遍较小，充电所耗时间长；非车载充电系统安装在新能源汽车外部，具有规模大、使用范围广、功率大等优点，但体积大、重量重、不易移动，主要适用于新能源汽车的快速充电。

车载充电机是指固定安装在电动汽车上的充电机，具有为电动汽车动力电池安全、自动充满电的能力，充电机依据电池管理系统（BMS）提供的数据，能动态调节充电电流或电压参数，执行相应动作，完成充电过程。

可以用交流（AC）或者直流（DC）来给动力电池充电。充电插座上的交流接口（AC）连接在动力电池充电器上。充电插座上的直流接口（DC）连接在开关盒上，直流电就直接输入到动力电池内了。在充电器内，交流转换为直流，并通过开关盒输入到动力电池内。充电系统部件连接示意图如图13-10所示。

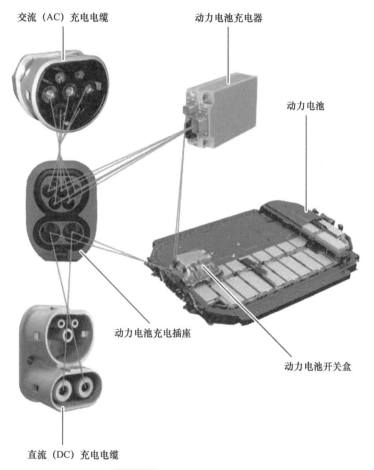

图 13-10　充电连接示意图

充电系统应用时，车载充电机将外部交流电转换成直流电给动力电池充电。充电时，车载充电机根据VCU的指令确定充电模式。车载充电机内部有滤波装置，可以抑制交流电网波动对车载充电机的干扰。高压接线盒接收车载充电机或直流充电桩的电能，并输送给动力电池总成。整车充电系统电气连接见图13-11。

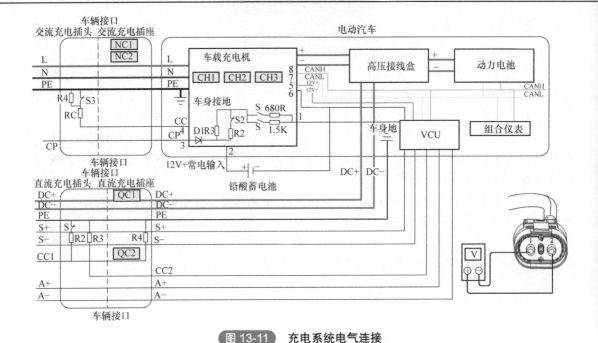

图 13-11　充电系统电气连接

13.2.4　高压配电器

以比亚迪 e5 电动汽车为例，高压配电器的功用是将动力电池的高压直流电分配给整车高压电器使用，其上游是动力电池，下游包括双向交流逆变式电机控制器（VTOG）、DC/DC 变换器、PTC 水加热器、电动压缩机、漏电传感器；同时，它也将 VTOG 和车载充电器的高压直流电分配给动力电池。

它的主要组成部件：铜排连接片、接触器、霍尔式传感器、预充电阻，动力电池包正、负极输入接触器的吸合、断开由电池管理器控制。

如图 13-12 所示，它有五个接触器，图中从左至右依次为：放电主接触器、交流充电接触器、直流充电正极接触器、直流充电负极接触器、预充接触器。

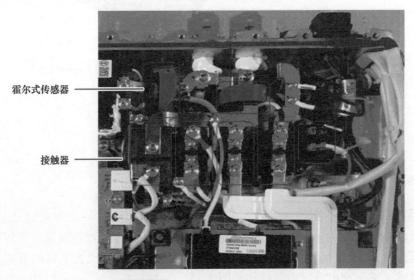

图 13-12　高压配电器内部结构

比亚迪汉 EV 电动汽车高压分配原理如图 13-13 所示。四驱版后总成熔丝集成在动力电池包内。

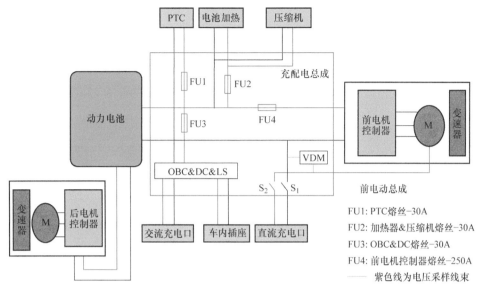

FU1: PTC熔丝-30A
FU2: 加热器&压缩机熔丝-30A
FU3: OBC&DC熔丝-30A
FU4: 前电机控制器熔丝-250A
—— 紫色线为电压采样线束

图 13-13　汉 EV 高压分配原理图

DC/DC 变换器的作用是将 80V 电源降为 12V，其功用有两个：一是电池电压在使用过程中不断下降，用电器得到的电压是一个变化值，而通过 DC/DC 变换器后，用电器可以得到稳定的电压；二是给辅助蓄电池补充电能。它在新能源汽车中的角色就相当传统汽车中的发电机，电路原理如图 13-14 所示。

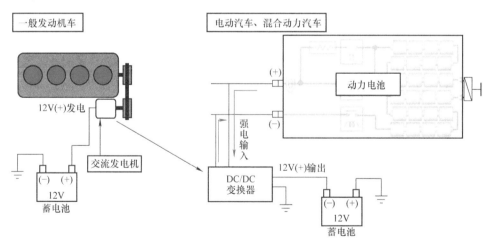

图 13-14　电动汽车 DC/DC 变换器与传统汽车发电机功能对比

13.2.5　高压安全

以比亚迪新能源车型为例，高压互锁包括结构互锁（图 13-15）和功能互锁（图 13-16）。

结构互锁的主要高压接插件均带有互锁回路，当其中某个接插件被带电断开时，动力电池管理系统便会检测到高压互锁回路存在断路，为保护人员安全，将立即进行报警并断开主高压回路电气连接，同时激活主动泄放。

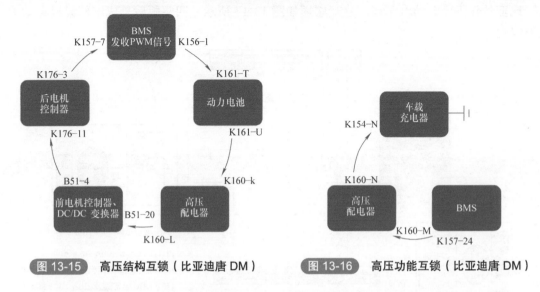

图 13-15　高压结构互锁（比亚迪唐 DM）　　图 13-16　高压功能互锁（比亚迪唐 DM）

　　功能互锁指的是当车辆在进行充电或插上充电枪时，高压电控系统会限制整车不能通过自身驱动系统驱动，以防止可能发生的线束拖拽或安全事故。

第3节
电驱系统

13.3.1　电机构造原理

　　电驱系统包括电动机 / 发电机、转子、定子，电子元件和动力电池，电机装有一个定子绕组，绕组如同电动机一样，可产生一个旋转磁场。电机组成部件和电路连接如图 13-17 所示。

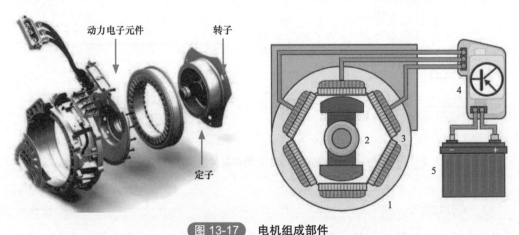

图 13-17　电机组成部件

1—电动机 / 发电机　2—转子　3—定子　4—电子元件　5—动力电池

　　当电机作为电动机工作时，定子绕组会产生一个旋转磁场。转子是一个可以产生磁场的永磁体。同步电机的转速可通过感应交流电的频率精确控制。系统中装有一个变频器，对同步电机转速进行无级调整。转子位置传感器可持续检测转子的位置。控制电子器件以此测定电机实际转速。电机工作原理如图 13-18 所示。

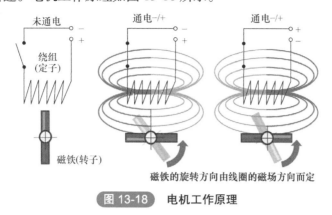

图 13-18　电机工作原理

13.3.2　永磁同步电机

电驱系统都采用了能量回收技术，即在汽车制动时，通过控制器将车轮损耗的动能回收到动力电池中，并使电机处于发电机状态，将发出的电输送到动力电池中。因此，电动汽车的驱动机才称为电机。按工作电源种类划分：它可分为直流电机（按结构及工作原理可划分无刷直流电机和有刷直流电机，以及永磁直流电机和电磁直流电机）和交流电机（交流电机可分单相电机和三相电机；按结构和工作原理可分为直流电机、异步电机、同步电机）。目前，电动汽车上多配置永磁同步直流电机，少数车型使用异步交流电机，如特斯拉与蔚来等品牌车型。

电机的主要组件包括：转子和定子、接口、转子位置传感器、冷却系统。大众 e-Golf 采用的永磁同步电机结构如图 13-19 所示。

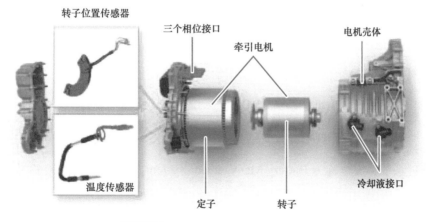

图 13-19　e-Golf 永磁同步电机结构

13.3.3　异步交流电机

奥迪 e-tron 车上使用的驱动电机是交流异步电机。每个电机的主要部件有：带有 3 个呈 120° 布置绕组（U、V、W）的定子，转子（铝制笼型转子）。转子把转动传入齿轮箱。为了能达到一个较高的功率密度，静止不动的定子与转动着的转子之间的气隙就得非常小。

电机与齿轮箱合成一个车桥驱动装置。

车桥驱动装置有两种不同类型，其区别体现在电机相对于车桥的布置上。前桥上采用平行轴式电机（APA250）来驱动车轮，结构如图 13-20 所示，后桥则采用同轴式电机（AKA320）来驱动车轮。

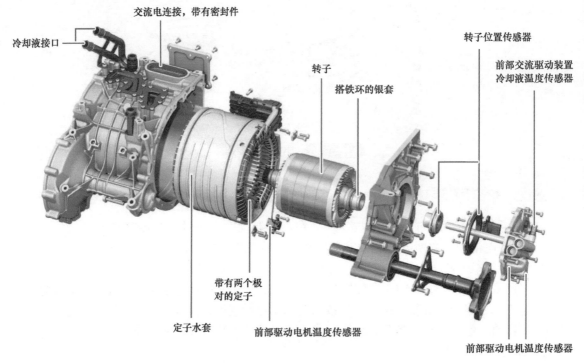

交流电连接，带有密封件

冷却液接口

转子

搭铁环的银套

转子位置传感器

前部交流驱动装置
冷却液温度传感器

带有两个极
对的定子

定子水套

前部驱动电机温度传感器

前部驱动电机温度传感器

图 13-20 前部驱动电机总成分解

第4节
电控系统

13.4.1 电池管理系统（BMS）

电池管理系统英文全称为 Battery Management System，简称 BMS。BMS 模块实体如图 13-21 所示。

BMS 作用： 它是动力电池保护和管理的核心部件，在动力电池系统中，它的作用就相当于人的大脑。它不仅要保证动力电池安全可靠应用，而且要充分发挥电池的能力和延长其使用寿命，作为电池和整车控制单元以及驾驶人沟通的桥梁，通过控制接触器控制动力电池组的充放电，并向 VCU 上报动力电池系统的基本参数及故障信息。

BMS 功能： 通过电压、电流及温度检测等功能实现对动力电池系统的过电压、欠电压、过电流、过高温和过低温保护，继电器控制、SOC 估算、充放电管理、均衡控制、故障报警及处理，与其他控制器通信等功能。此外，电池管理系统还具有高压回路绝缘检测功能，以及为动力电池系统加热功能。

BMS 组成：按性质可分为硬件和软件，按功能分为数据采集单元和控制单元。

BMS 硬件：主板、从板及高压盒，还包括采集电压线、电流、温度等数据的电子器件。

BMS 软件：监测动力电池的电压、电流、SOC 值、绝缘电阻值、温度值，通过与 VCU、充电机的通信，来控制动力电池系统的充放电。

图 13-21 BMS 模块实体（北汽 E150EV）

13.4.2 电力驱动单元（PDU）

电机控制器日趋集成化，集成为电力驱动单元（PDU），具体形式包括：单主驱动控制器、三合一控制器（集成：EHPS 控制器 +ACM 控制器 +DC/DC）、五合一控制器（集成：EHPS 控制器 +ACM 控制器 +DC/DC+PDU+ 双源 EPS 控制器）、乘用车控制器（集成：主驱 +DC/DC）。多合一集成后的电机控制包括：为集成控制器各个支路提供配电，如熔断器、TM 接触器、电除霜回路供电、电动转向回路供电、电动空调回路供电等；为控制电路提供电源（如 VCU），为驱动电路提供隔离电源；接收控制信号，驱动 IGBT 并反馈状态，提供隔离及保护；接收 VCU 控制指令，并做出反馈，检测电机系统转速、温度等传感器信息，通过指令传输电机控制信号；为电机控制器提供散热，保障控制器安全。

功率电子装置连接在前桥和后桥上低温冷却循环管路上。这样能对功率电子装置内部的各部件起到良好的冷却作用。功率电子装置内部结构如图 13-22 所示。

13.4.3 整车控制单元（VCU）

新能源汽车根据其动力源可分为纯电动汽车（EV）和混合动力车（HEV\PHEV）。整车控制单元（VCU）是新能源汽车的核心控制部件，主要功能是解析驾驶人需求，监控汽车行驶状态，协调控制单元如 BMS、MCU、EMS、TCU 等的工作，实现整车的上下电、驱动控制、能量回收、附件控制和故障诊断等功能。整车控制单元（VCU）原理如图 13-23 所示。

以广汽传祺 GA3S 车型为例，整车控制单元（VCU）作为电动汽车的核心部件，负责实现整车控制策略，协调各子系统工作，是电动汽车的控制中枢。整车控制单元（VCU）系统原理示意如图 13-24 所示。

整车控制单元（VCU）关联部件功能描述见表 13-1。

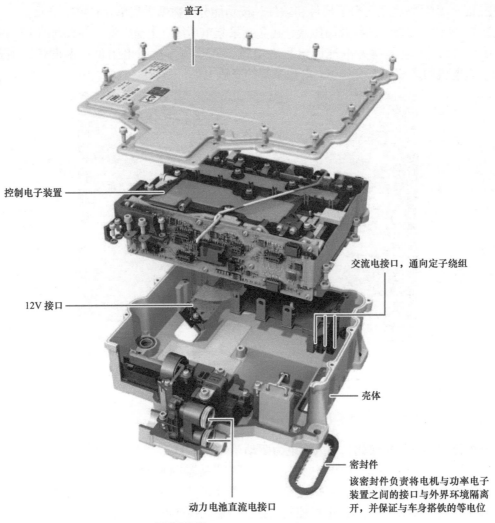

盖子

控制电子装置

交流电接口，通向定子绕组

12V 接口

壳体

密封件
该密封件负责将电机与功率电子
装置之间的接口与外界环境隔离
开，并保证与车身搭铁的等电位

动力电池直流电接口

图 13-22　功率电子装置部件分解

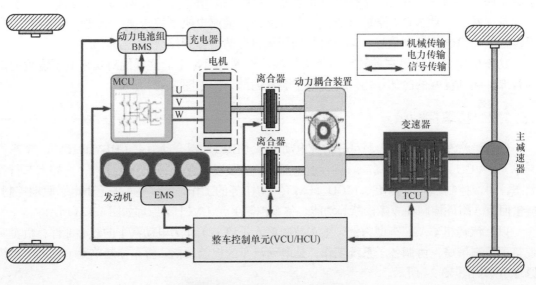

图 13-23　整车控制单元原理图

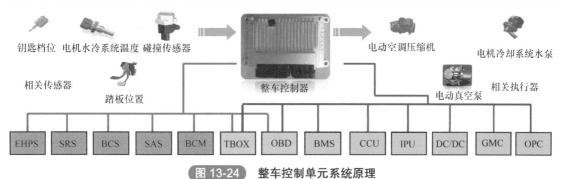

钥匙档位　电机水冷系统温度　碰撞传感器

相关传感器

踏板位置

整车控制器

电动空调压缩机

电机冷却系统水泵

电动真空泵

相关执行器

| EHPS | SRS | BCS | SAS | BCM | TBOX | OBD | BMS | CCU | IPU | DC/DC | GMC | OPC |

图 13-24　整车控制单元系统原理

表 13-1　整车控制单元关联部件功能

零件名称	缩写	功能	零件名称	缩写	功能
电子控制动力转向系统	EHPS	控制电磁阀的开度，从而满足高、低速时的转向助力要求	电池管理单元	BMS	检测动力电池状态，控制动力电池输入/输出
安全气囊	SRS	被动安全性保护系统，与座椅安全带配合使用，为乘员提供防撞保护	整车控制单元	VCU（HCU）	接收整车高压/低压附件信号，对整车进行控制
车身控制系统	BCS	控制 ABS/ESP	耦合控制单元	CCU	检查 GMC 油压/油温，通过控制电磁阀实现离合器吸合/断开
半主动悬架	SAS	通过传感器感知路面状况和车身姿态，改善汽车行驶平顺性和稳定性的一种可控式悬架系统	集成电机控制器	IPU	控制驱动电机和发电机
车身控制模块	BCM	设计功能强大的控制模块，实现离散的控制功能，对众多用电器进行控制	DC/DC 变换器	DC/DC	将动力电池内高压直流电转化为 12V，供低压用电器使用
远程监控系统	TBOX	行车时实时上传整车信号至服务器，实现对车辆进行实时动态监控	机电耦合系统	GMC	内置 TM、ISG、差减速器，实现整车动力输出
车载诊断系统	OBD	诊断整车故障状态	低压油泵控制器	OPC	辅助控制 GMC 内部冷却油流动

第13章

下篇　汽车保养与维修

第14章

汽车保养维护内容

第1节
油液与滤清器检查更换

14.1.1 机油与机油滤清器

下面以奔驰汽车为例，讲解更换发动机机油及机油滤芯所涉及相关部分 / 部件的位置分布，如图 14-1 所示。

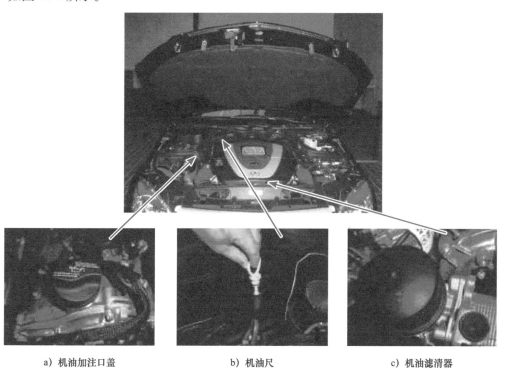

a）机油加注口盖　　　　　　　　b）机油尺　　　　　　　　c）机油滤清器

图 14-1　更换发动机机油与机油滤芯相关部件位置

更换发动机机油及机油滤芯步骤：

1）使用机滤扳手旋开机油滤芯（图 14-2a），打开机油加注口盖（图 14-1a）。以上两项操作便于更彻底地抽出系统中的机油。

2）用抽油机或抽油枪从机油尺处进行抽油（图 14-2b）。

3）更换新的机油滤芯及密封圈（图 14-2c）。

4）安装滤芯并按规定扭力旋紧（扭力标准在机滤盖上有标注）。

5）如果是装用放油螺塞的车型，按以下步骤操作：

a）松开机油滤芯

b）抽取机油

c）更换机油滤芯

图 14-2　更换机油与机油滤芯步骤

①打开机油加注口盖。

②举升车辆，松开放油螺塞；使用专门的容器盛取机油，如图 14-3 所示。

③待油底壳内机油全部放干净后，安装新的油底壳螺栓，用扭力扳手（5~50N·m）按标准力矩拧紧油底壳螺栓。

④下降车辆。

6）加注机油（根据车型不同，按实际要求加注），拧紧加注口盖。

排放机油

加注机油

图 14-3　排放和加注机油

7）检测油量。

注意事项：更换新机油滤芯时注意保持新件清洁，安装时确保橡胶圈完整；检测油量需发动车辆 2min 然后熄火等待 3min 后再进行测量，以保证测量的准确性；所有工作完成后，注意清洁机油尺，机滤盖，加油口等部件，已确保车辆整洁干净。

发动机机油油位检查条件及方法

①发动机机冷却液温度至少应为 80℃。

②车辆处于水平位置。

③关闭发动机后等待 3min，以便机油流回油底壳。

④拔出机油尺，用干净的抹布擦净后将机油尺重新插入推到底。

⑤再次拔出机油尺并读出机油油位。

机油尺刻度读取如图 14-4 所示：

A 区 - 不得添加机油；B 区 - 可添加机油。此时机油油位在添加后可能位于 A 区；C 区 - 必须添加机油。添加后机油油位在 B 区就可以了。

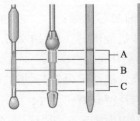
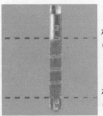

机油位上限
（MAX、H）

机油位下限
（MIN、L）

图 14-4　机油尺刻度

14.1.2 助力转向油与制动液

1.检查助力转向油

检查助力转向油油位，如果发现油液缺失，确认原因并更正，如图 14-5 所示。

1）检查助力转向油（MA001 989 24 03）在工作温度（80℃）时，在上部 MIN——MAX 刻度之间。

2）检查助力转向油（MA001 989 24 03）在正常温度（20℃）时，在底部 MIN——MAX 刻度之间。

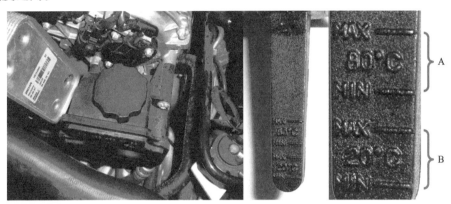

图 14-5　检查助力转向油

注意：当助力转向油刻度低于 MIN 刻度时，必须全面检查转向系统是否有渗漏情况，并及时处理！

2.检查制动液

制动液（MA000 989 08 07）液面必须在储液罐上的 MIN——MAX 标线之间，如图 14-6 所示。

制动液使用注意事项：制动液具有腐蚀性，不能接触到车身油漆表面。制动液具有很强的吸湿性，不能长时间暴露在空气当中，否则将会降低其沸点，导致制动失灵。

制动液不能重复使用或者与不同品牌的制动液混用。制动液是矿物油，不能随意丢弃，应回收处理。制动液必须每两年更换一次（带 SBC 制动系统的制动液必须每年更换一次）。

当制动液液面低于 MIN 刻度时，必须全面检查制动系统是否有渗漏情况，并及时处理！

图 14-6　制动液刻度位置

14.1.3 自动变速器油与滤清器

检查变速器是否有渗油时必须将护板拆开，并应重点检查变速器油路板插头和加油放油螺塞，以及油底壳密封圈是否有渗漏现象，如图 14-7 所示。

在保养时，自动变速器油的使用必须明确区分：如奔驰 722.9 的变速器油同 722.6 的变速器油具有本质区别。722.6 的变速器油不能加注至 722.9 变速器内，而 722.9 的变速器油则可以加注至 722.6 变速器内。

第14章

图 14-7 检查变速器油

14.1.4 冷却液与清洗液

1. 发动机冷却液检查

冷却液液面必须在规定刻度尺范围，液面必须高过白色刻度尺并低于黑色刻度界面。冷却系统是一个密封系统，在热车时检查冷却系统时，必须先用布盖住膨胀水箱盖后拧半圈或一圈卸压，等冷却系统的卸完压后再完全拧开膨胀水箱盖，如图 14-8 所示。

冷却液中防冻液质量分数最大不能超过 55%。

图 14-8 冷却液检查

在不确定冷却液更换时间时通常用冰点仪（HAZET 4810B）来测量冷却液的冰点，如图 14-9 所示框位，此冷却液的冰点为 −30℃。

说明： 此仪器左侧刻度为测电解液相对密度，中间刻度为测冷却液冰点，右侧刻度为测清洗液冰点。

2. 刮水器清洗液检查

前照灯清洗和刮水器系统共用一个储液罐，由两个电动机系统单独驱动。此系统对用清洗液无特殊要求，通常为保证清洁质量，建议客户每次添加一支清洗液。

另注意： 此储液罐液面低于标准液面时，仪表指示

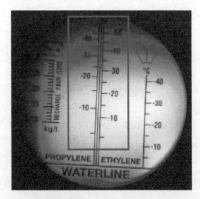

图 14-9 冰点仪测试表盘

灯将会亮起，提醒驾驶人及时添加清洗液！如图 14-10 所示。

也可通过冰点仪测量清洗液的冰点，如图 14-11 所示。

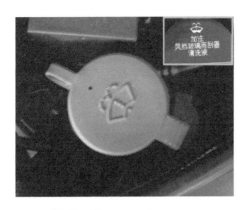

图 14-10 清洗液加注提示

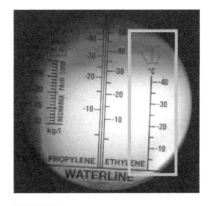

图 14-11 用冰点仪测量清洗液冰点

第 2 节
易损件与易耗品检查更换

14.2.1 火花塞

火花塞技术状态的好坏直接影响汽车的点火性能；反而言之，汽车发动机技术状况的好坏，也可以从火花塞上反映出来。工作正常的火花塞，其绝缘体裙部为赤褐色或棕红色，两电极表面呈赤褐色且比较洁净。若火花塞呈表 14-1 所示症状，表明发动机或火花塞工作不正常。不同状态火花塞的故障判断与原因分析也请参考表 14-1。

表 14-1 火花塞状态判断分析

序号	实物图	现象描述	原因分析	修理方法
1	① ②	绝缘体裙部呈灰白色，灰黄色，或浅棕色	说明发动机正常，火花塞热值正常。空燃比和点火时间正确，没有断火，冷起动装置正常。汽油添加剂中的铅或其他合金成分没有产生过热的情况	检修燃油系统和冷起动装置，更换空气滤清器，火花塞
2	③ ④	绝缘体裙部、电极、壳体被一层暗黑的化合物覆盖	空燃比不正确，混合气过浓或者空气滤清器太脏，电喷车型喷油压力过高或喷射时间过长，频繁短程驾驶，火花塞太冷，热值的数字太低，引起断火，机油含量太多	发动机大修或中修。换新的火花塞；两冲程发动机：修正机油燃油混合比
3	⑤ ⑥	绝缘体裙部、电极、中心电极及壳体被一层光亮的机油沉淀物或炭残留物覆盖	大量机油进入燃烧室。可能是由于机油油面过高，气缸、活塞磨损过度，气门导管、气门油封损坏 在两冲程发动机的车辆中：机油含量太多。引起断火，起动困难	必须换新火花塞，仅清洁火花塞没用

（续）

序号	实物图	现象描述	原因分析	修理方法
4	7 8	绝缘体裙部有一层黄褐色油状物，也可能泛一点绿	汽油添加剂中含铅，或使用含铅汽油。油状物产生的原因可能是发动机在长时间的一段工作状态后发动机负荷突然增加到很大，引起在超负荷状态下，残留物变成电的导体造成断火	必须换新火花塞，仅清洁火花塞没用
5	9 10	绝缘体裙部有一层很厚的黄褐色油状物，也可能泛一点绿	汽油添加剂中含铅。油状物产生的原因可能是发动面在长时间性的一段工作状态后发动机负荷突然增加到很大，引起在超负荷状态下，残留物变成电的导体造成断火	检修发动机，更换火花塞，选用优质汽油和机油
6	11 12	在绝缘体裙部及侧电极沉积了煤渣状的疏松灰质	机油或汽油中杂质或添加剂过多，燃烧后沉积在电极表面或绝缘体裙部。引起容易造成自点火，发动机功率下降，沉积物掉入气缸还可能损坏发动机	更换符合标号的汽油、机油或添加剂。换新火花塞
7	13	中心电极部分熔化，发泡，成海绵状，绝缘体裙部发软	自行点火导致过热。例如：点火过分提前，燃烧室中有燃烧残留物，气门或分电器损坏，汽油标号太低，热值太高。结果：断火，失去动力（发动机损坏）	检查发动机，调整点火时间和空燃比，换新火花塞
8	14	中心电极整体熔化，侧电极损耗也很严重	自行点火导致过热。例如：点火过分提前，燃烧室中有燃烧残留物，气门或分电器损坏，汽油标号太低。结果：断火，失去动力，可能造成发动机损坏。过热的中心电极可能会导致绝缘体裙部损坏	换新火花塞
9	15	中心电极和侧电极部分熔化，花瓣状的电极，可能为其他物质沉淀	中心电极和侧电极部分熔化，花瓣状的电极，可能为其他物质沉淀。产生原因及修理方法同上	换新火花塞
10	16	中心电极腐蚀严重	电极间隙没有按照要求定时调整。结果：断火，特别是加速时（电极间隙太大导致点火困难），起动困难	换新火花塞
11	17	侧电极腐蚀严重	过多的机油和汽油添加剂。注入燃烧室的空气不正常，可能是残留物的冲击，与过热点火无关，引起断火，特别是加速时（电极间隙太大导致点火困难），起动困难	换新火花塞
12	18	绝缘体裙部破裂	由于更换时的机械损坏。也可能是火花塞使用时间过长，绝缘体残留物冲压或中心电极损耗严重	换新火花塞

14.2.2 刮水器

请注意刮水器是否能在风窗玻璃上刮出完整图形，如不能或刮水片有破损，需要更换（橡胶材料会受高温影响，请注意使用环境，冬季在霜雪后切忌不要立即使用刮水器）。

如刮水器工作时有异响，应先检查刮水器支架臂。

14.2.3 轮胎

1.检查胎压

用标准轮胎气压表，按照加油箱口盖反面标识数值测量轮胎气压是否在标准范围之内，见图 14-12。对气压异常轮胎，要检查原因，并及时维修或更换。

测量轮胎气压时，必须在轮胎处于正常温度时进行。一般应在高速行驶后停车 1h 以后才能进行测量。

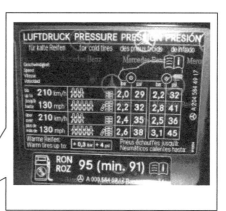

图 14-12 检查轮胎气压

2.检查轮胎花纹深度，磨损形态

任务描述：通过定期检查轮胎磨损情况及轮胎状态，清除轮胎上的异物，来消除因轮胎带来的安全隐患，提高行驶安全性

操作过程：

1）半举升车辆。

2）如图 14-13 所示，每隔 120° 测量花纹深度，取平均值，花纹最小深度 1.6mm（雪地轮胎最小花纹深度 4mm），胎面上有磨损极限指示凸台，当花纹深度接近最小允许深度时，应该告知客户更换轮胎。

图 14-13 检查轮胎纹路深度

3）检查轮胎胎面及侧面是否有损伤（鼓包，脱层，划伤等），清除轮胎胎面上的异物。

4）下降车辆，检查备胎花纹深度及磨损形态。

5）将检查结果记录在保养项目单上的数据记录表内。

补充说明：不正确的车轮定位参数，不正确的驾驶方式等，都能造成轮胎不正常磨损，示例见表 14-2。

表 14-2 汽车轮胎不正常磨损示例

现象	正常		中央磨损		两边磨损	
外观						
原因			轮胎气压过高，使胎面中心部分接地压力过高而造成		轮胎压力过低，使两胎肩接地压力过高造成	
现象	羽状磨损		单边磨损		局部磨损	
外观						
原因	四轮定位不当（倾角及前束等）		四轮定位不当（倾角及前束等）		• 制动抱死及制动不均 • 轮辋变形及组装件等造成偏心	

　　一般情况下，轮胎起包出现在轮胎的胎侧；车速较高时，轮胎受到路面坑洼的边沿或者道沿的挤压，容易出现鼓包现象。轮胎鼓包可能是使用不当造成的，轮胎受到严重冲击时有可能造成轮胎爆裂。

14.2.4 制动片 / 制动盘

1. 检查制动片

检查制动片厚度，检查制动片状况，如有必要进行更换。

当制动片厚度磨损到低于规定值（不同车型标准值不同，详见相应车型的具体规定值）时，必须更换。

　　提示：如不更换，仪表会报警提醒，并可能损坏制动盘。在更换制动片时，制动片磨损感应线也同时必须更换。

　　操作过程：

　　1）半举升车辆，拆下车轮。

　　2）如图 14-14 所示，用深度尺检查制动摩擦衬块厚度，并记录摩擦衬块厚度（不含背板的厚度标准值 ≥ 2mm）。

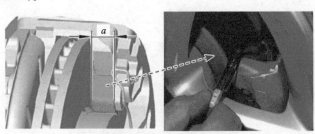

图 14-14　测量衬块厚度

2. 检查制动盘

检查制动盘厚度，检查制动盘状况，如有必要进行更换。

当制动盘厚度磨损到低于规定值（不同车型标准值不同，详见相应车型的具体规定值）时，必须更换。

　　提示：如更换制动盘，制动片必须同时更换新的。

14.2.5　蓄电池

1. 检查蓄电池状况 / 电解液液位（适用旧款）

204 车型蓄电池位于车辆发动机右侧减振器上方，如图 14-15 所示，拆下空调进风口护板便可以看到。

图 14-15　蓄电池位置

检查蓄电池状况主要包括：用蓄电池检测仪检测蓄电池使用状态（正常、需充电、需更换）；检查蓄电池固定状况，正负极极桩是否松动。

操作过程：

1）蓄电池固定螺栓的检查：使用扭力扳手（5~50N·m）及套筒扳手，检查蓄电池固定螺栓的力矩是否符合标准。

2）蓄电池端子接线柱固定检查：检查端子接线柱固定螺栓是否松动，如松动以标准力矩拧紧。

3）检查蓄电池外部是否有泄漏。若有电解液泄漏，应更换蓄电池。

4）蓄电池静态电压的检测。标准测试条件：

① 关闭点火开关并断开所有用电器，拔出点火钥匙。

② 断开蓄电池负极接线端。

③ 至少等待 2h。在这个时间段内对蓄电池既不能充电也不能放电。

5）测量结果分析及采取的措施：

① 静态电压 ≥ 12.5V 为正常。

② 静态电压 < 12.5V 应给蓄电池充电。

备注：如果充电后蓄电池的静态电压 <12.5V，则应更换蓄电池。

6）将蓄电池电眼颜色或静态电压数值记录在保养项目单上的保养数据表中。

注意事项：在对蓄电池充电操作时必须在通风良好的环境中进行；在拆卸蓄电池时，必须先断开蓄电池负极接线柱，否则有短路烧伤的风险；在对蓄电池进行充电时，必须先连接正极接线柱，后连接负极接线柱；如果电解液从蓄电池中流出，会造成皮肤损伤，电解液具有腐蚀性，注意有损伤车辆油漆和部件的风险；绝不要对已发生冻结的蓄电池采取起动辅助措施——有爆炸的危险！此时务必更换蓄电池。

2. 蓄电池检测方法

1）外观目测检查：蓄电池电极和壳体是否漏液；蓄电池壳体是否鼓包变形等；蓄电池电极（蓄电池导线接口）是否损坏。

普通铅酸蓄电池电眼颜色检查如图 14-16 所示。EFB 蓄电池电眼颜色检查如图 14-17 所示。注意电解液液位不足时，不得充电。

第14章

2）万用表检测。

测量方法： 关闭点火开关和所有用电器，取出点火钥匙或松开位于位置 0 的起动钥匙；断开蓄电池负极接线；用便携式万用表测量蓄电池静电压。

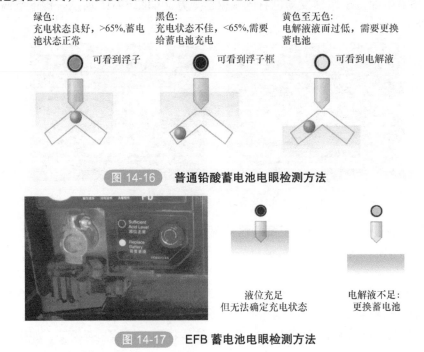

图 14-16　普通铅酸蓄电池电眼检测方法

图 14-17　EFB 蓄电池电眼检测方法

3. 蓄电池专用检测仪检测

MCR.341VW 检测仪检测原理：检测时用一个等于轿车起动电流值的电流给蓄电池放电，在此负荷下评估蓄电池，并通过打印机输出测量结果。蓄电池检测结果如表 14-3 所示。

表 14-3　蓄电池检测结果说明

结果显示	说　明
蓄电池良好	好蓄电池继续使用
充电后再测试	给蓄电池充满电，然后重新测试。注意如果在重新测试之前没给蓄电池充满电，可能导致错误的读数。如果充电后再次显示：充电后再测试，则应更换该蓄电池
更换蓄电池	更换蓄电池，更换蓄电池有可能因为汽车的电缆与蓄电池之间连接不良，在拆掉汽车蓄电池电缆与蓄电池的连接之后，应使用车外模式再次测试蓄电池，然后决定是否更换
蓄电池坏格，必须更换	蓄电池坏格，更换蓄电池

第 3 节

保养设置与常规匹配

14.3.1　保养复位

保养完成后需按规定重置保养提示，以便客户进入下一个保养计算周期。

以大众迈腾车型为例，操作过程如下。

方法一：手动模式，通过仪表板按钮（图14-18）或方向盘多功能按钮或组合开关按钮操作。

1）在点火开关关闭的情况下，按下按键3。

2）打开点火开关。

3）松开按键3，按下时钟停止键1一次。

4）按压时钟的分钟调整按钮min，显示屏2恢复为常规显示状态。

方法二：使用诊断仪进行保养周期复位

1）进入仪表17-10-02-00000复位。

2）功能导航依次选择品牌 - 车型 - 年款 - 发动机型号 - 仪表板 - 保养周期复位。

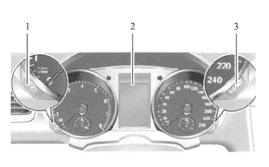

图 14-18　迈腾仪表板按钮

14.3.2　初始化设置

1. 电子节气门初始化

以丰田卡罗拉为例，共有三种方法进行节气门的初始化操作。

方法一：

1）开钥匙第二档，就是仪表指示全亮的那一档。

2）然后等待20s后，踩加速踏板到底。

3）保持10s左右后，松加速踏板。

4）关闭点火开关，拔出钥匙，初始化完成。

方法二：

1）开钥匙第二挡，保持30s。

2）然后关闭点火开关，拔出钥匙。注意，做完后要等待15~20s再点火。

3）然后点火，看看发动机供油是否正常，发动机故障灯是否熄灭。如果不成功再重复前面的步骤。

方法三：

拔掉电子节气门控制系统（10A）与电子燃油喷射器（20A）两个部件的熔丝，过30s后插回原位置，节气门复位完成，熔丝位置如图14-19所示。

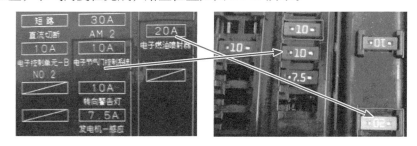

图 14-19　卡罗拉节气门初始化熔丝位置

2. 胎压监测系统初始化

以本田杰德为例，进行了下述作业时，也要进行初始化操作：

- 调整了轮胎空气压力（建议空气压力）时
- 更换或轮胎换位时
- 使用了轮胎爆胎紧急修理套件时

225

系统的初始化方法如下：

1）在停车状态下踩下制动踏板，打开点火开关。

2）通过按住如图 14-20 所示的轮胎空气压力报警系统的复位开关 3s，进行初始化。为了防止误操作，复位开关设置为长按键。

3）初始化完成后，故障警告灯以 0.2s 的间隔闪烁 2 次。

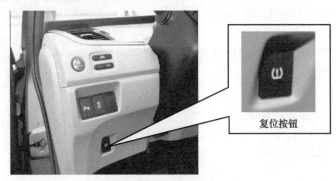

复位按钮

图 14-20　复位按钮位置

3. 电动车窗初始化

以一汽大众车型为例，电动车窗初始化方法如下。

（1）装有 MD2 电动机的天窗初始化方法

1）首先将天窗电动机断电：先强制关闭天窗，之后取下顶灯盖板（天窗开关的面板），断开电动机线束插头，或断开蓄电池负极线，等待 10s 后再接上线束或电源。

2）天窗初始化的方法：将开关由关闭位置旋向开启位置约 15°，再迅速旋回到关闭位置，听见电动机有咔哒的响声后，按住按扭开关，此时天窗将自动完成一个循环的运行，一个自动循环完成后则表明天窗初始完成。之后关闭点火开关 5~7s 后，天窗记忆完成。

（2）装有 MD4 电动机的天窗初始化方法

1）天窗初始化的方法：将开关在关闭位置按住，等待 25~30s。天窗起翘到最大化。玻璃会抖动一下，这时松开并再次按住开关，此时天窗将下落，开启，关闭一个自动循环，天窗初始完成。

2）如由于误操作，初始化失败，天窗没有动作，请先关闭车钥匙等待 10s，重新按照步骤 1）再操作一次。

（3）两种不同电动机天窗初始化的区别

MD2 电动机初始化前需要先断电，初始化后需关闭点火开关等 5~7s，初始化全过程 60s；MD4 电动机直接按住开关即可初始化，但等待时间较长，初始化全过程需要 70s 左右。

（4）注意事项

1）大众品牌天窗电动机 MD2 与 MD4 的区分，以下面的底盘号为限，之前的车辆使用的是 M2 电动机，底盘号之后的车辆使用的是 MD4 电动机。

速腾 /Sagitar A3073380（灰色内饰）A3070251（米色内饰）

迈腾 /Magotan A3048927（灰色内饰）A3049968（米色内饰）

高尔夫 A6/Golf A6 A3230545（灰色内饰）A3230755（米色内饰）

新宝来 /NBora A3061163（灰色内饰）A3061161（米色内饰）

2）天窗在初始化过程中没有防夹功能，勿将手伸入开启的天窗中！

14.3.3　遥控钥匙匹配

下面以比亚迪车系为例，讲解应用ED400诊断仪进行匹配的操作流程与注意事项。

1. 在以下情况需要匹配智能钥匙

1）空白钥匙编程（从厂家新订购未匹配过的钥匙）。

2）更换新的智能钥匙控制器需要钥匙编程（原车旧钥匙或新的空白钥匙）。

3）本车旧钥匙编程（原车正在使用的钥匙）。

4）新钥匙（原车旧钥匙因编程被屏蔽过的原车钥匙）。

2. 应用ED400诊断仪进行匹配的流程

1）空白钥匙编程。首先读取IK控制器序列号、车架号和空白钥匙ID号，在钥匙IK服务器中申请16位激活码，进入防盗编程界面选择钥匙编程后，将空白钥匙靠近起动按钮，诊断仪提示"空白钥匙"，输入"16位激活码"，激活码输入后，此时需要将该空白钥匙再次靠近起动按钮进行编程。请注意，当钥匙再次靠近起动按钮编程学习时，钥匙一定要在起动按钮上多停留几秒（一般在3~5s左右，因每把钥匙的感应时间不一样）此时不要随意偏离起动按钮或有任何移动及抖动，一定要看到诊断仪上显示"正在编程中"转换为"已编程成功，请插入下一把要编程的钥匙才可以拿开，以免钥匙在编程学习时信号中断导致该钥匙学习失败，变成"非本车钥匙"或"无效钥匙"。直至诊断仪提示"钥匙编程成功，本车旧钥匙"，这样第一把钥匙就匹配完成，其余空白钥匙以同样方式匹配。

2）更换新IK控制器（空白未被编程过的新售后件），同样需要读取车架号、旧的IK控制器序列号，及新的IK控制器序列号，在IK服务器中申请15位维修代码。进入防盗编程界面选择IK控制器编程，此时诊断仪提示"请输入15位维修代码"，维修代码输入OK后，诊断仪又会提供请插入本车有效钥匙（本车旧钥匙或空白钥匙）控制器将编程完成。之后再选择进行"钥匙编程"控制器更换完成。

3）本车钥匙编程；本车正在使用中的钥匙称（原车旧钥匙），被屏蔽过的原车钥匙称（新钥匙）。

① 如果匹配的钥匙全是本车旧钥匙：钥匙直接靠近起动按钮就可以学习匹配钥匙。

② 如果匹配的钥匙全是新钥匙：第一把新钥匙靠近起动按钮，诊断仪会提示"新钥匙，请输入维修代码"，输入完15位维修代码后再把钥匙靠近起动按钮，则开始学习钥匙，学习完成后使其成为本车旧钥匙。之后，其他新钥匙同样靠近起动按钮就可以开始学习，不再需要输入维修代码。

14.3.4　其他设置与匹配

1. 天窗控制单元自适应设置

以大众甲壳虫车型为例，在更换玻璃盖板、玻璃盖板驱动装置或外翻机械机构后，必须进行自适应运行。在自适应运行时会关闭闭合力限制功能。操作前提：点火开关已打开；行李舱盖已关闭。

旋钮必须位于位置2，玻璃盖板已关闭，见图14-21。

1）向下拉旋钮（箭头b），并在整个自适应运行过程中保持在该位置。

2）自适应运行时，玻璃盖板会先关闭，接着完全向后移动。

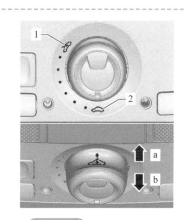

图 14-21　天窗操作按钮

3）玻璃盖板再次关闭后，自适应运行就此结束，此时可以松开旋钮。

2. 数字罗盘与指南针校准

以奥迪 A3L 车型为例，在下列情况下必须校准数字式罗盘：

◇ 数字式罗盘的航向指示不准

◇ 在罗盘显示上显示"C"，而不是方位，或根本没有显示

◇ 安装了新型自动防眩车内后视镜 -Y7-

在特殊情况下，也可能需要进行数字式罗盘校准，例如：

◇ 车辆蓄电池在断开较长时间后被重新连接

◇ 安装了新的音响设备或其部件

校准数字式罗盘操作步骤：

1）打开点火开关。在罗盘显示 1 中必须显示"C"，见图 14-22。

2）如果不出现"C"，则按住按钮 2 持续 9~12s，直至罗盘显示中出现"C"。

3）以约 10km/h 的车速行驶两到三圈，直到罗盘显示中出现方位显示为止。

4）结束校准后，重新激活车内后视镜的自动防眩功能。

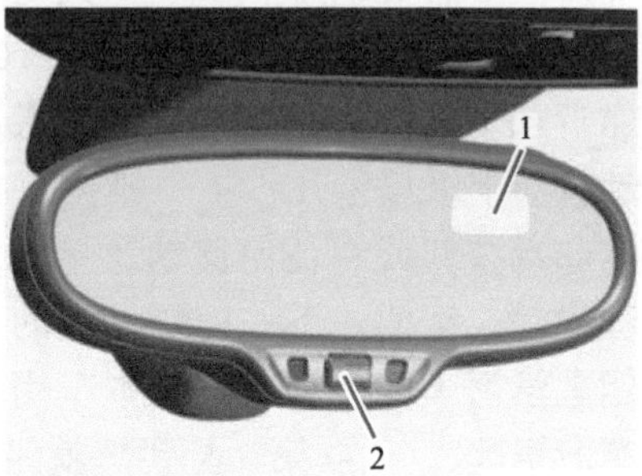

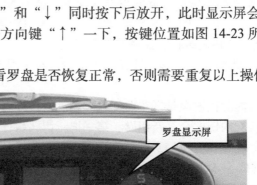

图 14-22　A3L 数字罗盘校准操作按钮

一汽丰田普拉多罗盘设定方法如下：

1）找一宽敞平坦的场地将车停稳。

2）将罗盘显示屏下方向键"↑"和"↓"同时按下后放开，此时显示屏会变亮。

3）再按"MODE"键一下后按方向键"↑"一下，按键位置如图 14-23 所示，1s 后驾车旋转至少 360°（一圈）。

4）停稳后（最好南北向停），看罗盘是否恢复正常，否则需要重复以上操作。

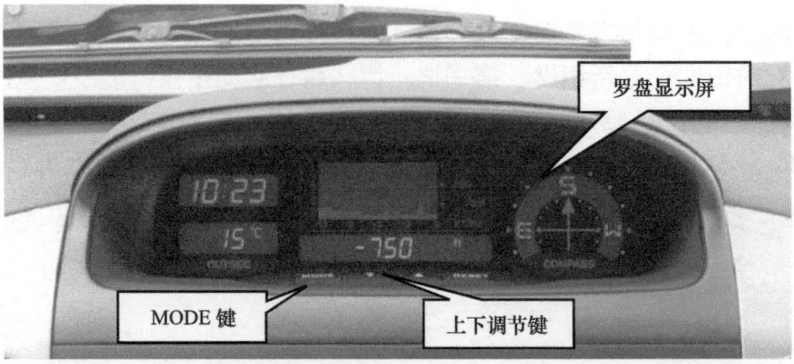

图 14-23　普拉多中控台按键位置

第15章 汽车总成拆装

第1节

发动机拆装

15.1.1 发动机总成拆卸与装配

1. 发动机拆装注意事项

拆卸发动机时，不要在油底壳或发动机下面设置千斤顶或其他设备。为安全起见，只能在发动机上使用安全吊钩。拆卸发动机时，相关部件（螺栓、垫圈等）应按组排成一列。当装配发动机内部部件时，安装前使用发动机机油清洁各部件，涂抹一层发动机机油。拆卸发动机时，排出燃油系统中的燃油和发动机机油、冷却液以免泄漏。在执行拆装作业期间，仔细检查与发动机连接的各部分会不会相互干涉。

2. 发动机总成拆装要点

拆卸和分离发动机附件（各种连接管路、电气线束的插接件，确定发动机总成与车身的发动机舱完全断离连接后，将吊链钩在发动机吊架上，如图15-1所示。

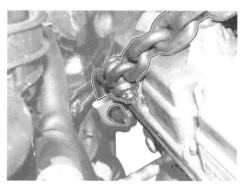

图 15-1　安装发动机吊链

拧松发动机两侧装配螺栓（图15-2），用升降机或千斤顶拆卸发动机总成。

按与拆卸相反的顺序进行安装，发动机吊装操作如图15-3所示。

15.1.2 正时链拆装与校正

1. 发动机正时设置方法

旋转曲轴带轮对齐OT标记，安装时，在正时链条和进排气凸轮轴链轮上做标记，如图15-4所示，以便设定正时。

正时链条的安装设置标记位置如图15-5所示。

图 15-2　拧松发动机装配螺栓

图 15-3　吊装发动机

图 15-4　正时标记对齐

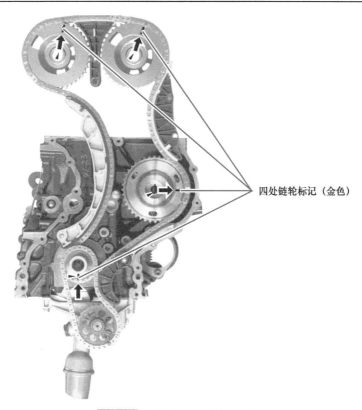

四处链轮标记（金色）

图 15-5　发动机正时链对正标记

2. 正时检查方法

如图 15-6 所示，以大众 EA888 系列发动机为例，沿发动机运转方向将减振器下部转动至"上止点"（箭头）位置处，测量棱外边缘 1 与进气凸轮轴标记 2 之间的距离。额定值：61~64mm。如果达到额定值，则测量进气凸轮轴标记 4 与排气凸轮轴标记 3 之间的距离。额定值：124~126mm。

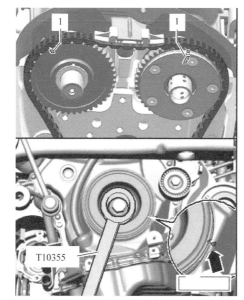

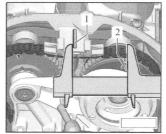

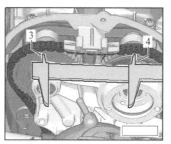

图 15-6　发动机上止点标记

第15章

15.1.3 气门间隙调整

以福特 2.3T 发动机为例，检查调整步骤如下。

1）卸下气门室盖。

2）如图 15-7 所示，使用塞尺测量每个气门之间的间隙并记录其数值。注意：只能顺时针转动发动机，且只能使用曲轴螺栓转动。

3）气门挺杆总成等级表如表 15-1 所示。在气门挺杆上有两组数字，一组是日期代码，另一组是气门挺杆厚度。日期代码 "R0605" 表示生产年（R）、月（06）和日（05）。挺杆编号为 N650 时，代表厚度为 3.650mm。使用下面公式选择挺杆：挺杆厚度 = 测得的间隙 + 现有挺杆厚度 − 标准间隙。

图 15-7　使用塞尺测量间隙值

标准间隙为：进气门：0.25mm。排气门：0.36mm。

安装完成后可接受的间隙为：进气：0.19~0.31mm。排气：0.3~0.42mm。

选择与理想挺杆厚度最接近的挺杆尺寸，并标记安装位置。

表 15-1　气门挺杆总成等级表

序号	ID 标记	厚度 /mm	序号	ID 标记	厚度 /mm
1	N000	3.000	19	N382	3.382
2	N025	3.025	20	N402	3.402
3	N050	3.050	21	N422	3.422
4	N075	3.075	22	N442	3.442
5	N100	3.100	23	N462	3.462
6	N122	3.122	24	N482	3.482
7	N142	3.142	25	N502	3.502
8	N162	3.162	26	N522	3.522
9	N182	3.182	27	N542	3.542
10	N202	3.202	28	N562	3.562
11	N222	3.222	29	N582	3.582
12	N242	3.242	30	N602	3.602
13	N262	3.262	31	N625	3.625
14	N282	3.282	32	N650	3.650
15	N302	3.302	33	N675	3.675
16	N322	3.322	34	N700	3.700
17	N342	3.342	35	N725	3.725
18	N362	3.362			

注：如果任何挺杆的测量结果不在此规范内，在相应位置安装新的挺杆。

第2节
底盘拆装

15.2.1　变速器拆装

五档变速器总成拆装步骤如表 15-2 所示。

表 15-2　变速器拆装步骤

步骤	1. 将变速器放上工作台，打开放油螺塞，将油放净	2. 拆开连接分离轴承的卡子（无需拆下）	3. 拆下液压分离轴承座及分离轴承快速接头
图解			
步骤	4. 分离接头总成	5. 拆下分离轴承螺栓，取下分离轴承	6. 用工具旋下后盖螺栓，取下后盖
图解			
步骤	7. 直接取出倒档同步环	8. 挂入一个前进档，然后将弹性锁销冲去	9. 同样方法，用扭力扳手逆时针旋下五档主动齿轮紧固螺母
图解			
步骤	10. 用冲子冲出弹性锁销；挂入倒档，取出倒档拨叉	11. 取出五档同步器，及五档主、从动齿轮	12. 取下滚针轴承
图解			
步骤	13. 用内六角套筒旋下轴承档板螺栓，取下轴承挡板	14. 用卡钳取出输出轴后轴承调整垫片	15. 同样方法，取出输入轴后轴承调整垫片
图解			

（续）

步骤	16. 旋下操纵机构壳体螺栓	17. 旋下定位座—换档拉杆	18. 旋下倒车灯开关
图解			
步骤	19. 旋出三个定位螺栓（①换档拨叉轴定位座，②倒档拨叉轴定位座，③三四档档轴套定位座）	20. 用内六角套筒旋下螺钉—惰轮轴	21. 旋下变速器壳体螺栓
图解			
步骤	22. 旋下离合器壳体螺栓	23. 将变速器壳体和五档轴套取下	24. 取下倒档惰轮总成
图解			
步骤	25. 旋出倒档拨叉机构总成螺栓，取下倒档拨叉	26. 用卡钳取下开口挡圈	27. 取出轴总成及差速器总成
图解			

15.2.2 传动轴拆装

1）拆卸前传动轴：从前驱动桥上拧下 3 个螺栓，从分动器上拧下 3 个螺栓以拆卸前传动轴。在拆卸传动轴时，在凸缘上做好安装标记，如图 15-8 所示。

图 15-8　拆卸时做好安装标记

2）拆卸前传动轴时，从前侧（IOP 车桥侧）向后侧（TIC 侧）推前传动轴，从而先分离传动轴前侧，如图 15-9 所示。

3）按与拆卸相反的顺序进行安装。

图 15-9　拆卸传动轴

15.2.3　制动块拆装

1）轻微拧松车轮螺母。

2）举升车辆，要牢固支撑车辆。

3）从前轮毂上拆卸前车轮和轮胎。规定力矩：107.9~127.5N·m，拆卸前车轮和轮胎时，小心不要损坏轮毂螺栓。

4）拧下导杆螺栓，并拆卸制动钳体（A），如图 15-10 所示。

5）如图 15-11 所示更换新品制动块（A）。

更换制动块（A）时，同时更换制动块保持器（B）、内侧制动块垫片（C），如图 15-12 所示。

6）安装制动钳总成。规定力矩：21.6~31.4N·m。

图 15-10　拆卸制动钳体

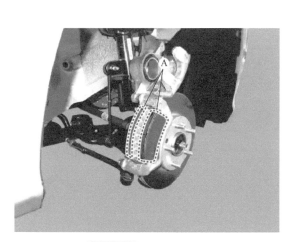

图 15-11　更换制动块

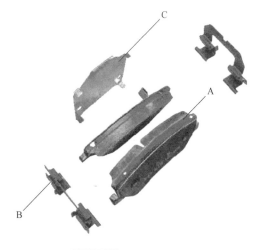

图 15-12　制动块部件

第15章

7）按拆卸时的相反顺序安装。

8）使用专用工具向内推动活塞，以便制动块进入到制动钳内。当向下转动制动钳时，确认活塞防尘套在适当位置，以防止它在向下转动制动钳时被损坏。

9）安装完成后，进行制动系统放气程序。

15.2.4　转向器拆装

1）轻微拧松车轮螺母。

2）举升车辆，确定牢固支撑。

3）从前轮毂上拆卸前车轮和轮胎。规定力矩：107.9~127.5N·m，拆卸前车轮和轮胎时，小心不要损坏轮毂螺栓。

4）拧下固定螺母，并从前减振器总成上分离稳定杆连杆。规定力矩：98.1~117.7N·m，当拧下固定螺母时，应固定稳定杆连杆的外侧六角形。小心不要损坏稳定杆连杆防尘套。

5）拆卸横拉杆末端球节，如图15-13所示。

①拆卸开口销（C），如图15-13所示。

②拧下螺母（B），如图15-13所示。

③使用专用工具从转向节上拆卸球节（A）。规定力矩：24.5~34.3N·m。

图 15-13　拆卸转向节上球节

6）拧下固定螺栓（A），并从转向节上拆卸前下臂，如图15-14所示。规定力矩：98.1~117.7N·m。

7）从转向器上拆卸万向节（A），如图15-15所示。规定力矩：29.4~34.3N·m。

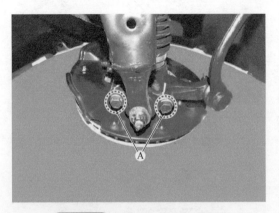

图 15-14　拆卸前下臂固定螺栓　　　　**图 15-15**　拆卸万向节

8）拆卸下盖。

9）如图 15-16 所示拧下固定螺栓（A），并从副车架拆卸后滚转止动块。规定力矩：49.0~63.7N·m。

10）拧下固定螺栓和螺母，并拆卸副车架和副车架支柱，如图 15-17 所示。

图 15-16　拆卸后滚转止动块

图 15-17　拆卸副车架和副车架支柱

11）拧下固定螺栓，并从副车架上拆卸转向器（A），如图 15-18 所示。规定力矩58.8~78.5N·m。

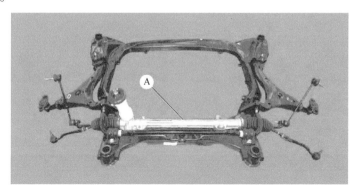

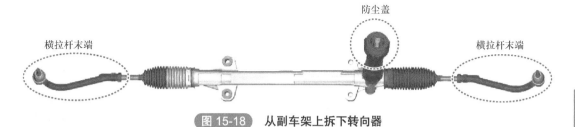

图 15-18　从副车架上拆下转向器

12）按拆卸的相反顺序安装。

13）检查车轮定位。

15.2.5　减振器拆装

1）轻微拧松车轮螺母。

2）举升车辆，确定牢固支撑。

3）从前轮毂上拆卸前车轮和轮胎（A），如图15-19所示。规定力矩：107.9~127.5N·m；拆卸前轮和轮胎（A）时，注意不要损坏轮毂螺栓。

4）拧下制动软管支架螺栓（A）和轮速传感器支架固定螺栓（B），如图15-20所示。

5）如图15-21所示拧下固定螺母（A），并从前减振器总成上分离稳定连杆。规定力矩：98.1~117.7N·m。

6）拧下固定螺栓和螺母，并从转向节总成（B）上拆卸减振器（A），如图15-22所示。规定力矩：156.9~176.5N·m。

7）如图15-23所示拧下固定螺母（A），并从车轮壳板上拆卸前减振器总成。规定力矩：44.1~58.8N·m。

8）按拆卸的相反顺序安装。

图 15-19　拆卸前轮胎

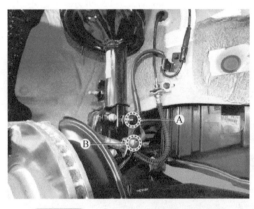

图 15-20　拆卸轮速传感器固定螺栓

图 15-21　分离稳定连杆

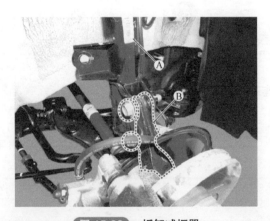

图 15-22　拆卸减振器

图 15-23　拆卸减振器固定螺母

电器拆装

15.3.1 空调拆装

1. 空调模块拆装

1）拆卸空调模块前，收集空调制冷剂，在指定地点处理废弃的制冷剂，排放散热器冷却液，分离蓄电池负极线，并拆卸仪表板总成。

2）从发动机上分离加热器软管，拆卸 A/C 高压 / 低压管固定螺母（箭头所指处），如图 15-24 所示。

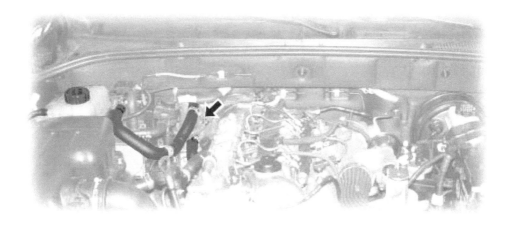

图 15-24 拆卸高低压管路

3）拧松 A/C 模块总成上的 4 个固定螺钉（在发动机舱内，箭头所指处），如图 15-25 所示。

图 15-25 拆卸固定螺钉

4）小心地拆卸 A/C 模块总成，如图 15-26 所示。安装按与拆卸相反的顺序进行。

第15章

图 15-26　从驾驶室拆卸 A/C 模块总成

2. 电动空调压缩机拆装

1）如果能使用压缩机，在停止发动机前，怠速模式下操作发动机几分钟，同时操作空调。

2）切断高电压。

3）使用回收/循环/充填设备回收制冷剂。注意：只能使用经过检验的，用于电动压缩机的制冷剂回收/循环/充填设备充填规定制冷剂（R-134a）和压缩机专用润滑油（POE）。如果充填普通车辆用压缩机专用润滑油（PAG），可能会损坏压缩机或引发安全事故。

4）从前轮毂上拆卸前车轮和轮胎。

5）拧下固定螺栓，并拆卸侧盖（A），如图 15-27 所示。

6）拧下连接压缩机吸入管（A）和排放管（B）的固定螺栓，并拆卸管路，如图 15-28 所示。规定力矩：8.8~13.7N·m。拆卸管路时，使用堵盖或堵塞堵住开放口，防止湿气或灰尘进入到系统内。

图 15-27　拆卸侧盖

图 15-28　拆卸空调管路

7）按压锁销，分离电动压缩机连接器（A）和高电压连接器（B），如图 15-29 所示。

8）拧下固定螺栓，并拆卸压缩机总成（A），如图 15-30 所示。规定力矩：20.0 ~ 32.95N·m。

9）装配时确认压缩机固定螺栓是否拧入到正常长度。按照规定拧紧顺序拧紧固定螺栓。规定力矩：20.0 ~ 32.95N·m。

图 15-29　断开高低压电气连接

图 15-30　拆卸空调压缩机

10）按拆卸的相反顺序安装。参考下面内容。

① 安装新压缩机时，从旧压缩机中排出全部专用润滑油。为了测量专用润滑油油量，并防止压缩机专用润滑油超过规定量 200mL 以上，以规定专用润滑油油量减去排放的润滑油量，计算需要从新压缩机中排放的专用润滑油油量（通过吸入口）。

② 连接软管或管路前，在 O 形圈上涂抹几滴压缩机专用润滑油。

③ 使用适当 O 形圈，防止 R-134a 泄漏。

④ 为防止系统受到污染，禁止将排放的专用润滑油重新加入到专用润滑油罐中再使用。严禁与其他润滑油混合使用。

⑤ 使用润滑油后，立即更换容器盖并密封容器以隔绝湿气。

⑥ 小心不要让压缩机专用润滑油溅在车辆上。压缩机专用润滑油会损坏漆面。如果压缩机专用润滑油接触车辆，请立即擦拭干净。

⑦ 进行系统充填，并测试空调性能。

15.3.2　喇叭拆装

1）拆卸前保险杠。

2）拧下固定螺栓，分离喇叭连接器，并拆卸喇叭（A），如图 15-31 所示。

3）安装按与拆卸相反的顺序进行

15.3.3　发电机拆装

1）断开蓄电池。

2）如图 15-32 所示拆下固定器并将脱气软管放在一边。

3）如图 15-33 所示拆下固定器并将线束放在一边。

图 15-31　拆卸喇叭

4）如图 15-34 所示拆下附件传动带护罩螺母。拧紧力矩：13.5N·m；拆下双头螺柱和附件传动带护罩。拧紧力矩：13.5N·m。

5）逆时针旋转附件传动带张紧器 1。将附件传动带 2 置于一边，如图 15-35 所示。

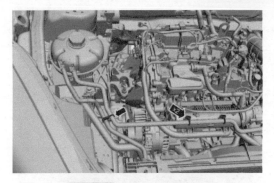

图 15-32　拆下软管固定器

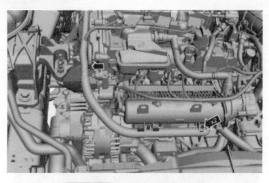

图 15-33　拆下线束固定器

图 15-34　拆下传动带护罩螺母和双头螺柱

图 15-35　松开附件传动带

6）将 B+ 端子螺母安装到发电机上时，应先用手安装螺母然后再紧固，否则可能会损坏部件。断开发电机电气连接器。拆下 B+ 端子盖和螺母。将 B+ 接线放在一边，如图 15-36 所示。拧紧力矩：17.5N·m。

7）如图 15-37 所示，拆下发电机螺栓 1。拧紧力矩：25N·m；拆下螺柱 2 和发电机，拧紧力矩：25N·m。

图 15-36　断开发电机电气连接器

图 15-37　拆下发电机总成

8）按与拆卸相反的顺序进行安装，在安装并用手拧紧所有发电机螺栓之前，请勿完全拧紧这些螺栓。

15.3.4　前照灯拆装

1）分离蓄电池负极（－）端子。

2）分离灯连接器，如图 15-38 所示。

3）拧下固定螺栓，并拆卸前照灯总成（A），如图 15-39 所示。

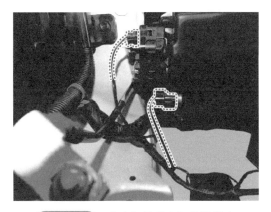

图 15-38　分离灯总成电气连接线束

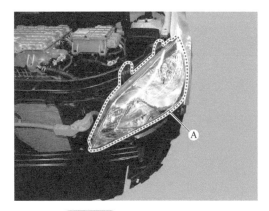

图 15-39　拆卸前照灯总成

4）从前照灯总成上拆卸灯泡罩，如图 15-40 所示。

5）如图 15-41 所示拆卸前照灯连接器。

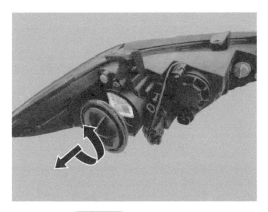

图 15-40　拆卸灯泡罩

图 15-41　拆卸前照灯连接器

6）如图 15-42 所示拆卸前照灯固定卡扣，并拆卸灯泡。

7）如图 15-43 所示拆卸转向信号灯。

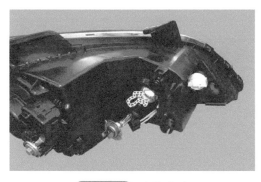

图 15-42　拆卸灯泡

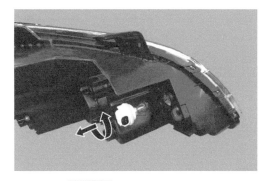

图 15-43　拆卸转向信号灯

8）安装前照灯灯泡。

9）安装前照灯灯泡盖。

10）连接前照灯连接器，并安装前照灯总成。

15.3.5 车窗升降器拆装

1）降下车窗，直到看到车窗固定支架为止。拧下车窗固定支架的螺母，并拆卸车窗。

2）分离车窗电动机连接器，拧下车窗调节器的固定螺栓，如图 15-44 所示。

图 15-44　分离连接器并拆卸车窗调节器螺栓

3）从车门上拆卸车窗调节器，如图 15-45 所示。

4）按与拆卸相反的顺序进行安装。

驾驶人侧车门　　　　　　　　　　　　　　前排乘客侧车门

图 15-45　拆卸车窗调节器

第 4 节

车身饰件拆装

15.4.1 保险杠拆装

1. 前保险杠拆装

注意使用一字旋具或专用拆卸工具时，在工具尖端上缠绕保护胶带，以免损坏部件。使用塑料板拆卸工具拆卸内饰，注意防止损坏表面。注意不要弯曲或刮伤装饰板和面板。

1）拧下前保险杠上固定螺栓和拆卸固定夹。

2）如图 15-46 所示分离前保险杠下固定夹。

3）如图 15-47 所示拆卸前保险杠（A）侧面的销式固定器和拧下固定螺钉，并拆卸前保险杠的侧面部件。拉出前保险杠时，应避免损坏前保险杠的侧面部分。

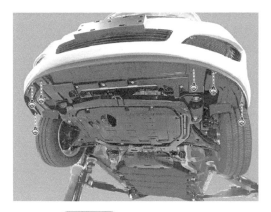

图 15-46 分离下部固定夹

图 15-47 拆卸侧面固定螺钉

4）如图 15-48 所示分离前保险杠连接器（A）。

5）如图 15-49 所示拆卸前保险杠盖（A）。

图 15-48 分离保险杠连接器

图 15-49 拆卸前保险杠盖

6）按照拆卸的相反顺序进行安装。

① 确保连接器连接正确。

② 更换任何损坏的卡扣（或销式固定器）。

2. 后保险杠拆装

1）拆卸行李舱侧面装饰板。

2）如图 15-50 所示拧下固定螺母，分离后组合灯连接器（A）。

3）如图 15-51 所示拆卸后组合灯（A）。

4）如图 15-52 所示拆卸后保险杠（A）侧面的销式固定器和拧下固定螺钉，并拆卸后保险杠的侧面部件。小心不要损坏前保险杠侧面部分挂住凸缘。

5）如图 15-53 所示拆卸后保险杠下部销式固定器。

第15章

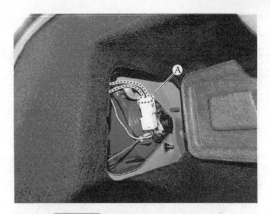

图 15-50　分离后组合灯连接器

图 15-51　拆卸后组合灯

图 15-52　拆卸侧面固定螺钉

图 15-53　拆卸下部销式固定器

6）如图 15-54 所示拧下固定螺栓（A）。

7）如图 15-55 所示分离后保险杠连接器（A）。

图 15-54　拧下固定螺栓

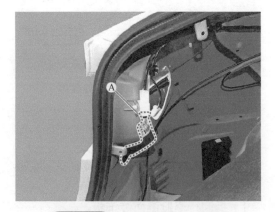

图 15-55　分离后保险杠连接器

8）拧下固定螺钉和固定夹，并拆卸后保险杠盖（A），如图 15-56 所示。

9）按照拆卸的相反顺序进行安装。

①确保连接器连接正确。

②更换任何损坏的卡扣（或销式固定器）。

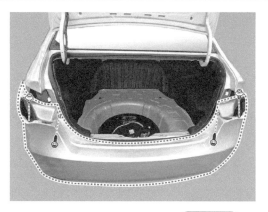
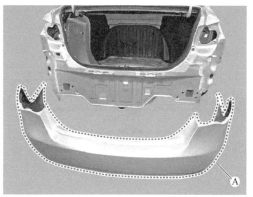

图 15-56　拆卸后保险杠部件

15.4.2　仪表板拆装

1）排放冷却系统。

2）排空冷却液。

3）如图 15-57 所示，从恒温膨胀阀歧管和管总成上卸下螺母。拧紧力矩：17.5N·m。

4）拆除刮水器连杆总成。

5）如图 15-58 所示断开加热器软管。注意：塞住加热器芯管。

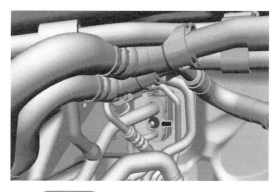
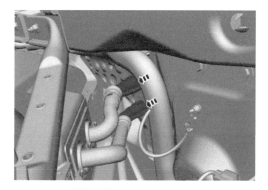

图 15-57　拆卸恒温膨胀阀歧管螺母　　　　图 15-58　断开加热器软管

6）如图 15-59 所示拆下连接 LH 机罩和车内横梁的螺栓。拧紧力矩：25N·m。

7）如图 15-60 所示拆下连接 RH 机罩和车内横梁的螺栓。拧紧力矩：35N·m。

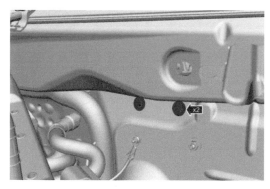
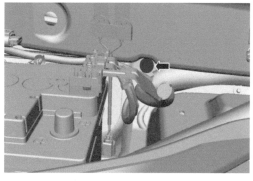

图 15-59　拆下左侧车内横梁螺栓　　　　图 15-60　拆下右侧车内横梁螺栓

8）拆下中央控制台。

9）拆除 A 柱饰板。

10）释放夹扣并拆除 RH 防擦板，如图 15-61 所示。断开电气接头。

11）松开夹扣并拆下 RH 仪表板端盖，如图 15-62 所示。

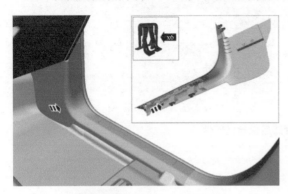

图 15-61　拆除右侧防擦板　　　　　　图 15-62　拆下右侧端盖

12）如图 15-63 所示拆下 LH 防擦板。卸下发动机舱盖锁闩释放把手 1。释放夹扣并拆除 LH 防擦板 2。

13）如图 15-64 所示松开夹扣并拆下 LH 仪表板端盖。

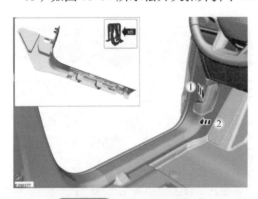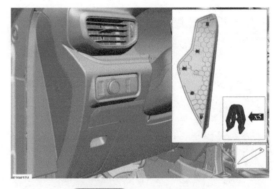

图 15-63　拆下左侧防擦板　　　　　　图 15-64　拆下左侧端盖

14）如图 15-65 所示拆下插销，然后将地毯放在一边。

15）如图 15-66 所示拆下插销和 HVAC 管道。

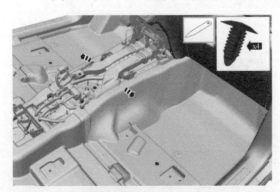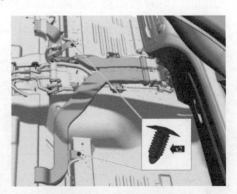

图 15-65　拆下地毯　　　　　　图 15-66　拆下空调通风管

16）如图 15-67 所示断开电气线束接头，松开线束固定器，并将电气线束放在一边。

17）松开按钉并拆下驾驶人侧绝缘板，如图 15-68 所示。拆下螺栓。拧紧力矩：3.2N·m；拆下螺母。拧紧力矩：2.5N·m，断开电气接头。

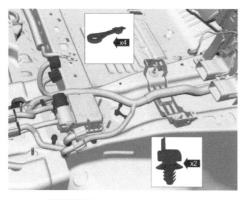

图 15-67　断开电气线束接头

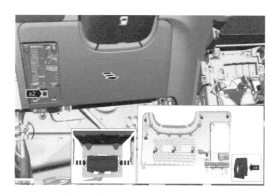

图 15-68　拆下驾驶侧绝缘板

18）如图 15-69 所示拆下检修盖。

19）如图 15-70 所示拆下螺栓，松开固定夹并拆下部整流罩饰板。松开锁片并将电气接头和线束放在一边。拧紧力矩：1.9N·m。

图 15-69　拆下检修盖

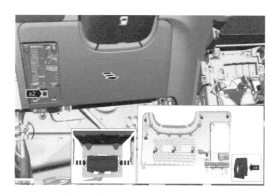

图 15-70　拆下整流罩饰板

20）如图 15-71 所示断开电气接头，拆下线束固定器并将电气线束放在一边。

21）如图 15-72 所示断开电气接头。

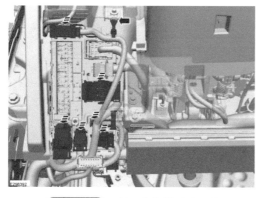

图 15-71　断开电气接头（一）

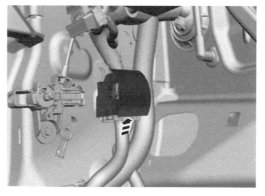

图 15-72　断开电气接头（二）

第15章

22）如图 15-73 所示拆下并丢弃转向柱轴螺栓，并将转向柱轴与转向柱分离。严禁重复使用转向柱轴螺栓。这可能导致紧固件故障和转向柱轴分离或转向失控。

23）如图 15-74 所示松开插销并拆下 RH 绝缘板。断开电气接头。

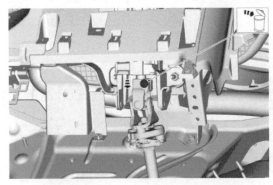 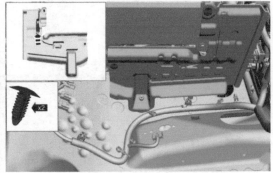

图 15-73　拆下并丢弃转向柱轴螺栓　　　　图 15-74　拆下右侧绝缘板

24）如图 15-75 所示拆下 HVAC 外壳上的螺母。拧紧力矩：7N·m。

25）如图 15-76 所示断开电气连接器。

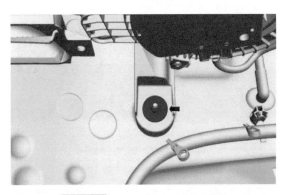 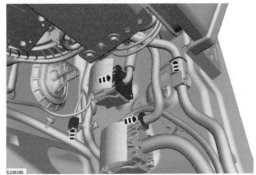

图 15-75　拆下 HVAC 外壳螺母　　　　图 15-76　断开电气连接器

26）如图 15-77 所示拆下螺栓和仪表板中心支架。拧紧力矩：12N·m。

27）如图 15-78 所示拆下 LH 仪表板到 A 柱之间的螺栓。拧紧力矩：35N·m。注意：在进行最后一步之前，用手拧紧一个螺栓以便固定住仪表板。

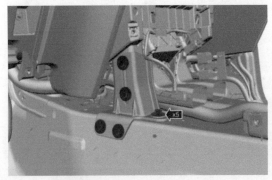 

图 15-77　拆下仪表板中心支架　　　　图 15-78　拆下左侧仪表板连接螺栓

28）如图 15-79 所示拆下 RH 仪表板到 A 柱之间的螺栓。注意：在进行最后一步之前，用手拧紧一个螺栓以便固定住仪表板。

29）如图 15-80 所示通过 RH 车门开口拆下仪表板。注意：为了避免损坏仪表板，在执行该步骤时需要助手帮助。从车辆上拆下仪表板时确保不损坏仪表板。拆卸仪表板前确保所有的电气接头和布线不得受到阻碍，否则可能损坏组件。

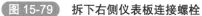

图 15-79　拆下右侧仪表板连接螺栓

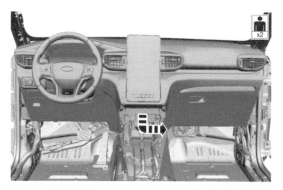

图 15-80　在助手帮助下拆下仪表板

30）按与拆卸相反的顺序进行安装。

31）对冷却系统添加或排放冷却液。

32）使用诊断扫描工具，清除 EPB 模块故障码（DTC）。注意：一旦驻车制动开关电器连接器被断开，EPB 系统将被禁用，并且一个 DTC 会被存储在 EPB 模块中。执行以下步骤修复 EPB 系统和清理 EPB 模块 DTC。在 5s 内两次施加和释放驻车制动，开关在空档位置暂停，施加和释放之间间隔约 0.5s。

15.4.3　车门饰板拆装

1）如图 15-81 所示，拆下前车门内部把手螺栓盖。将前车门内部把手 1 放在一边。松开夹扣 2。

2）如图 15-82 所示，拆下前车门内部把手螺栓。拧紧力矩：5.4N·m。

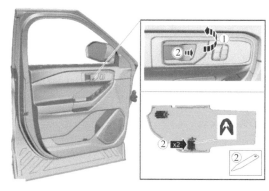

图 15-81　拆下把手螺栓盖

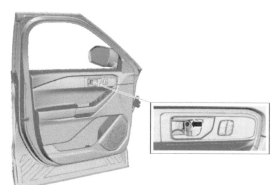

图 15-82　拆下把手螺栓

3）卸下前门车窗控制开关。

4）如图 15-83 所示，拆下前车门饰板中间螺栓。拧紧力矩：5.4N·m。

5）如图 15-84 所示，拆下前车门饰板下部螺栓。拧紧力矩：1.7N·m。

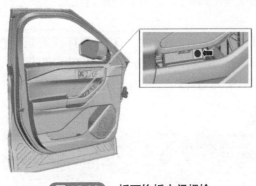

图 15-83　拆下饰板中间螺栓

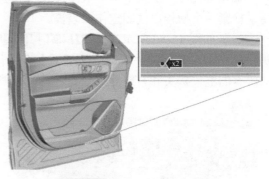

图 15-84　拆下饰板下部螺栓

6）如图 15-85 所示，松开前门饰板夹。

7）如图 15-86 所示，拆下前门饰板。将前车门饰板 1 向上并向外提起。松开锁片并将车门锁指示灯 2 放在一边。松开锁片并将前车门内部拉索 3 放在一边。断开前车门氛围灯（如配备）电气接头 4。断开前车门高音扬声器（如配备）电气接头 5。断开前车门锁控制开关电气接头 6。断开前车门扬声器（如配备）电气接头 7。

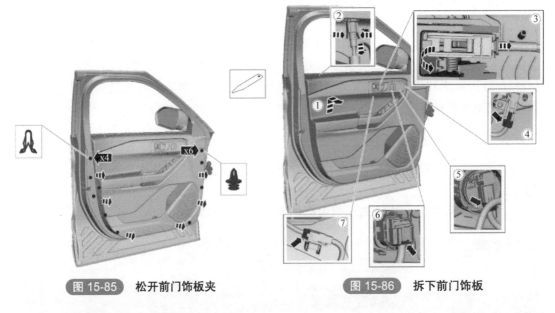

图 15-85　松开前门饰板夹

图 15-86　拆下前门饰板

8）安装按与拆卸相反的顺序进行。

15.4.4　座椅拆装

1）如图 15-87 所示，将前排座椅移到最上及最前或最后位置，以便操作所有座椅螺栓。

2）切断 SRS 的电源。

3）如图 15-88 所示，断开前排座椅线束电气接头。断开电气接头 1。拆下线束护圈 2。

4）如图 15-89 所示，卸下前排座椅螺栓盖。

5）如图 15-90 所示，拆下前排座椅。拆下并丢弃螺栓。

6）要进行安装，请反向执行拆卸程序。各螺栓拧紧力矩为 47N·m。

7）重新接通 SRS 的电源。

图 15-87　调整座椅位置

图 15-88　断开电气接头

图 15-89　卸下螺栓盖板

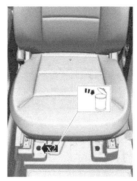

图 15-90　拆下前座椅

15.4.5　中控台拆装

1）拆卸前排座椅。

2）如图 15-91 所示，松开夹扣并卸下 RH 落地控制台侧饰板。

3）如图 15-92 所示，断开 RH 地板控制台电气接头。

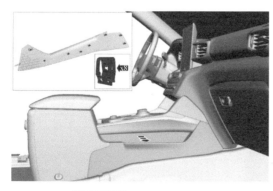

图 15-91　卸下右侧饰板

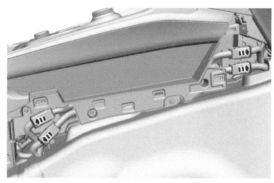

图 15-92　断开电气接头（一）

4）如图 15-93 所示，松开夹扣并卸下 LH 落地控制台侧饰板。

5）如图 15-94 所示，断开 LH 地板控制台电气接头。

6）如图 15-95 所示，拆除前螺栓 1。拧紧力矩：3.2N·m；拆下后部螺栓 2。拧紧力矩：5.4N·m。

7）安装按拆卸相反的顺序进行。

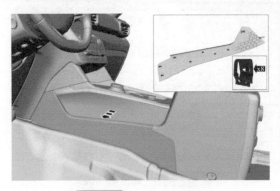

图 15-93　卸下左侧饰板

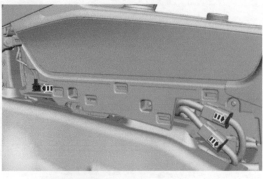

图 15-94　断开电气接头（二）

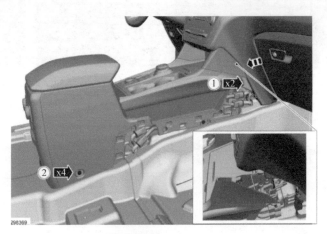

图 15-95　拆除螺栓

第 16 章

汽车部件检测

第 1 节

发动机部件检测

16.1.1　发动机机械部件检测 --------------------------------------

发动机机械部件检测项目图解如表 16-1 所示。

表 16-1　发动机机械部件检测项目

项目	气缸体平直度	活塞间隙	活塞销间隙
图解			
图注	1—钢直尺　2—塞尺	1—活塞　2—千分尺　3—量缸表 4—活塞间隙　5—推力方向　6—轴向	1—活塞销　2—活塞　3—连杆 4—千分尺　5—卡规
项目	曲轴油隙	曲轴轴向间隙	连杆轴向间隙
图解			
图注	1—塑料间隙规　2—曲轴轴承盖和轴承　3—曲轴　4—气缸体	1—百分表	1—百分表　2—连杆　3—曲轴
项目	活塞环槽间隙	活塞环端隙	曲轴径向圆跳动
图解			
图注	1—塞尺　2—活塞环　3——道活塞环槽间隙　4—二道环槽间隙	1—活塞　2—活塞环　3—塞尺	1—百分表　2—V 形架

第16章

（续）

项目	曲轴主轴颈和曲柄销直径	轴承盖固定螺栓	气门挺杆油隙
图解			
图注	1—千分尺　2—曲轴销 3—曲轴主轴颈	1—游标卡尺	1—卡规　2—千分尺　3—挺杆
项目	凸轮轴轴向间隙	凸轮轴油隙	气门导管衬套油隙
图解			
图注	1—百分表　2—凸轮轴	1—凸轮轴　2—塑料间隙规 3—凸轮轴轴承盖	1—卡规　2—千分尺　3—气门导管 衬套　4—气门
项目	气门尺寸	气门弹簧长度	凸轮轴摆度
图解			
图注	（1）气门长度　（2）气门外径 （3）气门头边缘厚度　1—游标卡尺	（1）自由长度　（2）偏差　1—游标 卡尺　2—塞尺　3—钢角尺	1—百分表　2—V形架
项目	凸轮桃尖高度	凸轮轴轴颈直径	气门弹簧张紧力
图解			
图注	1—千分尺	1—千分尺	1—弹簧试验仪
项目	正时链轮外径	气门挺杆（垫片）厚度	正时链条延伸度
图解			
图注	1—游标卡尺　2—正时链条 3—正时链轮	1—千分尺	1—游标卡尺　2—正时链条 3—弹簧秤　4—销子　5—衬套

16.1.2　发动机电控部件检测

1. 发动机 ECU 检修

常见故障现象：怠速不稳、加速不良、不能起动、怠速过高、尾气超标、起动困难、空调失效、喷油器控制失效、熄火等。

一般故障原因：

1）由于外接装置电气过载而导致 ECU 内部零部件烧毁，导致失效。

2）由于 ECU 进水而导致线路板锈蚀等。

维修注意事项：

1）维修过程中不要随意拆卸 ECU。

2）拆卸 ECU 前请先拆卸连接器 1min 以上。

3）进行电焊作业前必须拆卸 ECU，拆卸后的 ECU 注意存放。

4）禁止在 ECU 的连接线上加装任何线路。

检查线束端连接线束是否扎紧固定。公母端连接器不能在安装过程中受到线束传递的力。

简易测量方法：

1）接上接头，利用发动机数据 K 线读取发动机故障记录。

2）卸下接头，检查 ECU 连接线是否完好，重点检查 ECU 电源供给、接地线路是否正常。

3）检查外部传感器工作是否正常，输出信号是否可信，其线路是否完好。

4）检查执行器工作是否正常，其线路是否完好。

5）最后更换 ECU 进行实验。

2. 传感器部件检修

常见传感器部件故障检修如表 16-2 所示。

表 16-2　常见传感器部件故障检修

部件	空气流量计	进气压力温度传感器	爆燃传感器
图例			
位置	1. 装在空气滤清器与节气门体之间 2. 安装在空气滤清器上 3. 与节气门体一体化安装在发动机上	由进气歧管绝对压力传感器和进气温度传感器组合而成，装在进气歧管上	3 缸发动机安装在 2 缸中间；4 缸发动机安装在 2-3 缸之间
故障	起动困难，运转不稳，油耗大	熄火、怠速不良等	加速不良等
原因	热线或热膜脏污或损坏；热敏电阻工作不良；电子元器件电路故障	1. 使用过程有不正常高压或反向大电流 2. 维修过程使压力芯片受损	各种液体如机油、冷却液、制动液、水等长时间接触到传感器，对传感器造成腐蚀
部件	氧传感器	曲轴位置传感器	冷却液温度传感器
图例			
位置	前氧传感器安装在排气管催化器前端，后氧传感器安装在催化器后端	通常安装在与曲轴相关的部位，如曲轴上、凸轮轴上、分电器内或飞轮上	安装在发动机缸体或缸盖的水套上，与冷却液直接接触
故障	怠速不良、加速不良、尾气超标、油耗过大等	起动困难或运转不良、怠速不稳	发动机不能起动，运转不稳，功率下降
原因	1. 线束不良或者线束断线、虚接等 2. 飞石等机械冲击造成传感器损坏 3. 湿气、冷凝水或污染物进入传感器内部，造成传感器失效或信号不良 4. 由于失火引起的排气管道后燃，使得氧传感器传感元件烧损 5. 氧传感器"中毒"（如 Pb、S、Br、Si、Mn 等）	1. 线束不良：如接插件端子松脱、锈蚀、端子不平整；或者线束断线、虚接等 2. 磁脉冲式信号盘或磁头损坏	热敏电阻性能发生变化或线路接触不良或断路

3. 执行器部件检修

部分常见执行器部件故障检修如表 16-3 所示。

表 16-3　常见执行器部件故障检修

部件	电子节气门	电动燃油泵	喷油器
图例			
位置	安装于进气歧管与空滤器连接软管之间	油箱内的燃油泵支架上	靠近进气门一端的进气歧管上
故障	车辆加速无力，节气门阀片频繁回位或卡死	油表不准、加速不良、不能起动（起动困难）、油压不稳、燃油泵异响等	急速不良、加速不良、不能起动（起动困难）等
原因	1. 线束或传感器工作不良，导致 ECU 产生误判，强制控制 DVE5 处于小开度状态 2. 使用过程或维修过程中跌落或碰撞导致内部零件破裂 3. 发动机歧管处振动量级超标 4. 由于发动机问题，导致电子节气门体积炭严重	由于使用劣质燃油，油箱内会产生杂质，最终会导致：燃油泵磨损，流量大幅下降；液位传感器受腐蚀，油表指示不准；燃油泵总成滤网及调压阀堵塞，系统压力不稳等	由于缺少保养，导致喷油器内部出现胶质堆积而失效
部件	点火线圈	炭罐控制阀	预热塞 / 电热塞（柴油机）
图例			
位置	发动机缸盖上，通过高压线或直接与火花塞连接	炭罐控制阀通过软管与炭罐相连	安装于缸盖上气缸上方，类似火花塞，每缸都有分配一个
故障	发动机抖动，不能正常起动、失火等	无法打开时车内有汽油味，急加速熄车；常开时发动机起动困难，急速不稳和油箱有负压形成	柴油发动机起动困难或起动不稳
原因	电流过大导致烧毁、受外力损坏等。维修过程禁止用"短路试火法"测试点火功能，以免对电子控制器造成损伤	由于异物进入阀内部，导致锈蚀或密封性差等	电路电器故障，电阻过高，预热时间控制单元无通信，预热塞继电器断路，短路

第 2 节
底盘部件检测

16.2.1　变速器部件检测

变速器总成拆解后，各部件检测项目如表 16-4 所示。

表 16-4　变速器部件检测项目

项目	目测检查同步器锁环	测量同步器锁环与齿轮之间的间隙	检查离合器毂和毂套滑动性能
图解			
图注	确保同步器锁环内表面没有磨损	1—同步器锁环　2—齿轮 3—塞尺	1—毂套（倒档齿轮）　2—离合器毂
项目	测量毂套和拨叉间隙	测量 5 档齿轮和倒档惰轮的内径	测量倒档惰轮齿轮轴外径
图解			
图注	间隙（C）=（A）-（B） 1—毂套　2—换档拨叉 3—游标卡尺	1—卡规　2—5 档齿轮 3—倒档惰轮齿轮	1—倒档惰轮齿轮轴　2—千分尺
项目	检测输出轴径向圆跳动	测量输出轴外径	测量 1、2 档齿轮内径
图解			
图注	1—输出轴　2—百分表　3—V 形架	1—输出轴　2—千分尺	1—量缸表　2—第 2 档齿轮 3—第 1 档齿轮

16.2.2　离合器部件检测

离合器部件检测项目如表 16-5 所示。

表 16-5　离合器部件检测项目

序号	部件	项目	图　示
1	离合器盖总成	检查膜片弹簧是否磨损和高度不平；不平度极限：0.8mm。检查压力板表面是否磨损，裂纹和变色。检查压力板铆钉是否松动，如有必要更换离合器盖	

（续）

序号	部件	项目	图　示
2	离合器片	检查表面铆钉是否松动，接触不平，卡滞，有油和润滑脂情况。测量铆钉头深度。如果超过极限，更换片。磨损极限为0.3mm	
		测量离合器片径向圆跳动，如果超出极限，更换片。径向圆跳动极限0.7mm以下	
3	压盘	检查压盘弹簧是否磨损。注意：应当更换过度磨损得部件	
4	同轴液压缸	检查是否存在受热损坏，异常噪声，转动不良，以及同轴液压缸轴承磨损情况	

16.2.3 制动器部件检测 ---

制动器部件检测与调整项目如表 16-6 所示。

表 16-6 制动器部件检测与调整项目

项目	制动盘厚度和圆跳动检查	检查制动卡钳制动液渗漏	鼓式制动器的检查
图解			
图注	1—用千分尺测量制动盘厚度 2—用百分表测量制动盘圆跳动	检查制动卡钳中是否有液体渗漏	3—制动蹄片滑动区域的磨损检查 4—用钢直尺测量制动衬片的厚度
项目	检查制动盘内径	驻车制动蹄片间隙调整	检查自动调节器
图解			
图注	5—使用制动鼓规或类似工具测量制动盘的内径 6—检查制动盘是否有磨损和损坏	1—孔塞 2—调节器	1—自动调节器 2—驻车制动蹄拉杆

第 3 节
车身电器检测

16.3.1 起动机检测 ---

汽车起动机总成经拆解后，各部件的检测项目如表 16-7 所示。

16.3.2 发电机检测 ---

汽车发电机总成经拆解后，各部件的检测项目如表 16-8 所示。

表 16-7　起动机检测项目

项目	目检起动机电枢总成	用万用表检查换向器与电枢铁心的绝缘情况	用万用表检查换向器片之间的导通情况
图解			
图注	检查电枢线圈和换向器变脏及烧蚀程度	1—换向器　2—电枢铁心　3—电枢线圈　4—电枢轴　5—不导通	1—换向器　2—电枢铁心　3—电枢线圈　4—电枢轴　5—导通
项目	换向器圆跳动检查	检查换向器的外径	检查凹槽深度
图解			
图注	用千分表检查换向器的圆跳动水平	用游标卡尺测量换向器的外径	用游标卡尺的深度杆测量换向器片之间的深度
项目	检查励磁线圈电刷引线（A组）和引线之间的导通情况	检查电刷	检查起动机离合器分总成
图解			
图注	1—电刷引线（A组）　2—引线　3—电枢　4—励磁线圈　5—导通　6—电刷引线（B组）　7—起动机磁轭	清洁电刷并用游标卡尺测量电刷长度	1—自由　2—闭锁
项目	检查电磁起动机开关总成	检查电磁起动机开关的导通情况	
图解			
图注	用手按住柱塞，松开手指后检查柱塞是否能顺畅地返回原位。	1—端子50　2—端子0　3—牵引线圈　4—保持线圈　5—开关体　6—端子30　7—导通	

表16-8 发电机总成部件检测项目

项目	检查发电机转子总成	检查滑环之间是否导通	检查集电环和转子之间的绝缘
图解			
图注	目视检查集电环变脏或烧蚀程度	1—导通（如不导通则更换转子）	1—不导通（如绝缘不好更换转子）
项目	测量集电环	检查整流器的二极管	检查发电机电刷座
图解			
图注	用游标卡尺测量集电环的外径	使用万用表的二极管模式测试	用游标卡尺测量电刷的长度

16.3.3 空调系统检测

制冷系统工作时，内部压力变化与温度是密切相关的，这正是进行诊断的依据。根据压力的变化情况，可以进一步诊断出系统可能出现的故障原因及部位。对于制冷系统而言，歧管压力表组是最常用的压力诊断工具。

1. 诊断方法

首先将压力表组的高、低压手动阀关闭，然后将压力表组的高、低压软管分别连接到系统的高、低压检修阀上，并利用系统内制冷剂压力排除管内空气。起动空调系统，待压力表指示稳定后即可读取压力值。

2. 诊断标准

空调系统压力正常范围：低压侧0.15~0.25MPa；高压侧1.47~1.67MPa。根据车型不同，测试工况不同，压力范围略有差异。

3. 常见案例分析

1）高压侧与低压侧压力表组指示值比正常值低，通过观察孔可见气泡。如图16-1a所示为制冷剂填充不足时压力组表指示。

2）在低压与高压两侧，压力表组均指示比标准值高。如图16-1b所示为制冷剂填充过量时或冷凝器散热不良时的压力表组指示。

3）在低压与高压两侧，压力表组均指示比正常值高，高压指针摆动。如图16-2a所示为系统中混入空气时的压力表组指示。

4）低压侧制冷剂压力高，高压侧制冷剂压力低。如图16-2b所示为压缩机打不起压或膨胀阀开度大时的压力表组指示。

第16章

a）制冷剂不足时压力表数值指示

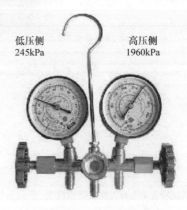

b）制冷剂充注过量时压力表数值指示

图 16-1　制冷剂不足或过量指示

a）系统中有空气时压力表数值指示

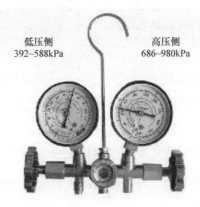

b）压缩机或膨胀阀故障时压力数值指示

图 16-2　系统有空气及压缩机与膨胀阀故障指示

第17章

汽车故障诊断

发动机故障诊断

17.1.1 发动机机械系统故障诊断

发动机机械系统故障诊断如表 17-1 所示。

表 17-1 发动机机械系统故障诊断

故障现象	原因分析	解决方法
气缸压力低	缸盖垫片损坏	更换活塞
	活塞环磨损或损坏	更换活塞环
	活塞或气缸磨损	修理或更换活塞环或缸体
	气门座磨损或损坏	修理或更换气门和座圈
机油压力下降	机油高度不足	检查机油
	机油压力开关故障	更换机油压力开关
	机滤器堵塞	更换机滤器
	机油泵齿轮或盖磨损	更换机油泵齿轮或盖
	机油变稀	更换机油并找出原因
	机油安全阀失效（打开）	修理
	过大的轴承间隙	更换轴承
机油压力高	机油安全阀失效（关闭）	修理
发动机过度振动	发动机止滚挡板松动（前、后）	重新紧固
	传动轴安装支架松动	重新紧固
	发动机安装支架松动	重新紧固
	中心构件松动	重新紧固
	传动轴安装隔板损坏	更换
	发动机安装护板损坏	更换
	发动机止滚挡板损坏	更换
气门噪声	机油稀薄（油压低）	调整
	气门杆或气门导管磨损或损坏	更换
连杆和主轴承噪声	机油供给不足	检查机油高度
	稀薄或稀释的机油	调整并找出原因
	过大的轴承间隙	更换
正时传动带噪声	传动带张力不符合规定要求（发电机张力器、正时传动带）	调整传动带张力
冷却液液面低	冷却液渗漏	补充至规定液面
	散热器芯接头损坏	更换
	软管被腐蚀或开裂	更换

第17章

（续）

故障现象	原因分析	解决方法
冷却液液面低	散热器盖阀或弹簧件故障	更换
	节温器故障	更换
	发动机水泵故障	更换
散热器堵塞	冷却液中有异物	更换
冷却液温度过高	节温器故障	更换
	散热器盖故障	更换
	冷却系统流通不畅	更换
	传动带松弛或下落	调节或更换
	发动机水泵故障	更换
	温度传感器导线故障	修理或更换
	风扇故障	修理或更换
	传感器故障	更换
	冷却液不足	添加冷却液
冷却液温度过低	节温器故障	更换
	温度传感器线路故障	修理或更换
机油冷却系渗漏	软管和管路接头松动	重新拧紧
	软管和管路堵塞或损坏	更换
电气冷却风扇不工作	熔丝损坏	更换或修理
排气管气体泄漏	接头松动	重新拧紧
	管路或消声器损坏	修理或更换
不正常的噪声	消声器中的隔板分离	更换
	橡胶悬挂装置损坏	更换
	管路或消声器接触至车体	校正
	管路或消声器损坏	修理或更换

17.1.2　发动机电气系统故障诊断

发动机电气系统常见故障诊断如表17-2所示。

表 17-2　发动机电气系统故障诊断

故障现象	原因分析	解决方法
发动机不能起动或很难起动（起动时曲轴旋转正常）	点火开关故障	更换点火开关
	点火线圈故障	检查点火线圈
	功率晶体管故障	检查功率晶体管
	火花塞故障	更换火花塞
	高压线断开或损坏	检查高压线
	火花塞故障	更换火花塞
急速不良或停车	火花塞故障	检查火花塞
	高压线故障	检查高压线
	点火线圈故障	检查点火线圈
发动机加速迟缓或不能加速	火花塞故障	更换火花塞
	高压线故障	检查高压线
发动机不能转动	蓄电池电量低	充电或更换蓄电池
	蓄电池导线松动、腐蚀或磨损	修理、更换导线

（续）

故障现象	原因分析	解决方法
发动机不能转动	熔丝熔断	更换熔丝
	起动机故障	修理起动机
	点火开关故障	更换点火开关
	点火开关 LOCK 档故障	更换点火开关 LOCK 档
发动机转动缓慢	蓄电池电量低	更换点火锁紧开关
	蓄电池导线松动、腐蚀或磨损	修理或更换导线
	起动机故障	修理起动机
起动机一直运转	起动机故障	修理起动机
	更换点火开关	点火开关故障
起动机运转，但发动机不转动	传动齿轮断裂，或起动机损坏	修理起动机
	齿圈齿断裂	更换飞轮齿圈或变矩器
点火开关"开"，发动机不转时，充电报警灯不亮	熔丝熔断	检查更换熔丝
	灯烧坏	更换灯
	高压线接头松开	拧紧松动的接头
	电子电压调节器故障	更换电压调节器
发动机运行时蓄电池频繁要求再充电，充电报警灯不灭	传动带松动或磨损	调节张力或更换传动带
	蓄电池导线松动、腐蚀或磨损	修理或更换导线
	熔丝熔断	更换熔丝
	熔丝熔化	更换熔丝
	电子电压调节器或发电机故障	检测发电机
	线路故障	修理线路
发动机加速迟缓 / 不能加速	传动带松动或磨损	调节张力或更换传动带
	线路接头松开或电路断开	拧紧松动的接头或修理线路
	熔丝熔断	更换熔丝
	接地不好	修理
过量充电	电子电压调节器或发电机故障	检测发电机，如有故障，修理或更换
	蓄电池用旧	更换蓄电池
	电子电压调节器故障	更换电压调节器
	电压感应线故障	修理线路

第 2 节

底盘系统故障诊断

17.2.1　离合器故障诊断

离合器故障诊断如表 17-3 所示。

17.2.2　手动变速器故障诊断

手动变速器故障诊断如表 17-4 所示。

表 17-3　离合器故障诊断

故障现象		原因分析	解决方法
离合器滑动，分离不良		表面磨损过大	更换
		表面磨损或有油污	调节或更换
		膜片或飞轮损坏	更换
		膜片弹簧损坏或烧损	更换
		离合器踏板自由间隙不足	调节
		离合器踏板工作故障	维修或更换
		离合器片磨损或损坏	更换
		离合器片径向圆跳动过大或振动	更换
		离合器片花键磨损或生锈	维修或更换
		表面有油污	调节或更换
		膜片弹簧烧损	更换
		离合器踏板自由间隙过大	调节
换档困难或不能换档		离合器踏板自由间隙过大	调节踏板自由间隙
		离合器分离泵故障	维修分离泵
		片磨损，径向圆跳动过大	维修或更换
		离合器片输入轴上的花键脏污或损坏	维修
		离合器压力板损坏	更换
起动时，离合器有咔哒声		表面油污	维修或更换
		表面磨损或故障	更换
		缓冲弹簧烧损	更换
		压力板故障	更换
		离合器膜片弹簧弯曲	更换
		飞轮表面磨损或弯曲	调节或更换
		发动机支架松动或杆烧损	拧紧或更换
踏板工作困难		液压系统放气不良	放气或更换
		踏板轴上润滑不良	润滑或更换
		离合器踏板上润滑不良	维修
离合器噪声	不使用离合器	离合器踏板自由间隙不足	调节
		离合器片表面的磨损过大	更换
	分离后	同轴分泵磨损或损坏	更换
	分离时	离合器总成或轴承安装故障	维修
	部分踩下离合器和车速减小时	踏板导向衬套损坏	更换

表 17-4　手动变速器故障诊断

故障现象	原因分析	解决方法
噪声过大或异常	输入、输出轴轴承损坏	更换轴承
	齿轮齿面磕碰、有毛刺或齿面发生点蚀或接触不良	修复或更换齿轮
	齿轮轴向位置和间隙不当	检查、调整
	油面太低，润滑不够充分	加油至规定位置
	总成内有异物	检查、排除

（续）

故障现象	原因分析	解决方法
渗油	油封过量磨损或损坏	更换
	密封胶涂敷不均匀或密封垫损坏	更换密封垫、涂胶
	接合面磕碰未及时修平	检查、修复
	差速器轴承损坏	更换
换档困难	离合器调整不当，分离不够彻底	调整
	换档传动系调整不当或发生运动干涉	检查、调整
	同步器同步环失效	更换
掉档	同步器齿套或齿轮接合齿锥面磨损	更换有关部件
	换档传动系调整不当	检查、调整
无档	换档传动系松动	检修
	传动器换档摇臂松动	修复
轴承非正常损坏	润滑油含金属杂质	更换
	润滑不充分或润滑油不符合要求	更换
	使用不合格的轴承	更换

17.2.3 自动变速器故障诊断

自动变速器常见故障诊断如表 17-5 所示。

表 17-5 自动变速器常见故障诊断

故障症状	故障特征	原因分析	解决方法
变速器温度过高	变速器外部有漏油	差速器油封磨损、损坏	检查差速器油封，视情况更换差速器油封
		变速器油底壳接触面渗油、漏油	检查油底壳接触面漏油渗油位置，视情况更换变速器总成
	变速器与发动机接触位置漏油	油泵油封磨损漏油	检查油泵油封，视情况更换变速器总成
		变矩器安装不到位	变速器与发动机结合时，变矩器脱出造成油泵油封或油泵磨损。更换变速器总成
	变速器冷却油故障	变速器冷却油管损坏或接头处漏油	检查变速器冷却油管，视情况更换
		散热器中冷却液不足	检查冷却液液位，视情况添加或更换冷却液
变速器档位不清晰	换档机构故障	换档机构间隙过大	检查并视情况更换换档机构总成
	变速器维持一个档位不变	换档拉线连接端脱落	检查换档拉线连接机构
		换档机构损坏或卡滞	检查或更换换档机构总成
		变速器手动控制杆脱落或松动	检查手动控制杆，紧固螺母或更换手动控制杆
		TCU 与档位开关故障	更换档位开关或执行自学习程序
发动机无法起动或档位无法正确切换	车辆无档位信息显示	仪表显示信息错误	检查或更换仪表总成
		档位开关损坏或松动	检查或更换档位开关
		TCU 损坏无法接收档位信息	检查 TCU，视情况进行学习或更换
	变速器档位缺少	变速器档位轴磨损或损坏	检查确定故障，视情况更换变速器总成
		变速器手动控制杆安装错误	重新根据正确的方式安装
	变速器内部故障	离合器电磁阀损坏	视情况更换变速器总成
		阀体内漏	视情况更换变速器总成
		油压不足	视情况更换变速器总成

17.2.4 驱动轴故障诊断

驱动轴常见故障诊断如表17-6所示。

表 17-6　驱动轴常见故障诊断

故障现象	故障特征	原因分析	解决方法
驱动轴异响	驱动轴经常高频振动，当车辆在不平整路面行驶受到冲击，特别是转向时时常伴有明显的异响	驱动轴的万向节润滑不足或损坏	检查万向节的润滑情况或是否损坏，加注润滑脂，必要时更换相关部件
		驱动轴与差速器或车轮连接异常	检查驱动轴与差速器及车轮是否正常连接，必要时更换相关部件
		驱动轴与其他部件接触或存在异物	检查驱动轴
		车轮轴承、制动部件、悬架部件或转向部件磨损或损坏	检查车轮轴承、制动部件、悬架部件或转向部件是否损坏，必要时更换相关部件
	空档滑行后再加速时有沉闷的金属声	万向节护套开裂或损坏	检查万向节护套或万向节是否损坏，必要时更换相关部件
		等速万向节磨损或损坏	
		差速器间隙过大或轴承磨损	检查差速器及轴承是否损坏，必要时更换相关部件
车辆行驶时不正常抖动	高速行驶时振动	前轮径向圆跳动过大	使用内径千分尺测量内径磨损情况，必要时更换相关部件
		驱动轴安装不正确	检查驱动轴是否正确安装，必要时重新安装驱动轴或更换驱动轴
	加速时抖动或振动	装配高度不当造成三球销式万向节角度过大	检查驱动轴是否正确安装，必要时重新安装驱动轴或更换驱动轴
		驱动轴过度磨损或损坏	检查驱动轴是否正确安装，必要时重新安装驱动轴或更换驱动轴
		三球销式万向节或滑动球笼节脱开	检查三球销式万向节或滑动球笼节是否正常，必要时重新安装或更换
车辆行驶时不正常抖动	车辆低速行驶摆动	轮胎动平衡不准确	检查相关部件，必要时重新校正或更换相关部件
		车轮定位不正确	
		轮毂轴承损坏	
		驱动轴损坏	
		支柱损坏	
		稳定杆及衬套磨损或损坏	
驱动轴脱落	驱动轴在行驶中不受外力情况下自然脱落	驱动轴与变速器的连接端卡簧变形	检查驱动轴与变速器连接端卡簧是否损坏，必要时更换新的卡簧
		驱动轴变形	检查驱动轴是否损坏，必要时更换新的驱动轴
		前支柱变形	检查前支柱是否损坏，必要时更换
		驱动轴紧固螺母损坏	检查驱动轴紧固螺母是否损坏，必要时更换

17.2.5 分动器故障诊断

分动器常见故障诊断如表17-7所示。

17.2.6 悬架系统故障诊断

悬架系统常见故障诊断如表17-8所示。

表 17-7 分动器常见故障诊断

故障现象	原因分析	解决方法
电气换档故障	TCCU、电动机、离合器或内部导线故障	大修并检查，如有必要则更换
	换档凸轮、拨叉换档导轨损坏或磨损	大修并检查磨损和损坏情况，如有必要则更换
	换档拨叉、轴环或齿轮卡住	检查滑动部件，如有必要则更换
切换到 4H 时不能驱动前轮	驱动链条毁坏	检查内部部件并更换驱动链条
4WD 工作有噪声	机油不当或油位低	排出机油并添加指定的机油
	螺栓或装配部件松动	按规定重新紧固
	T/C 轴承有噪声	分解轴承和部件并检查磨损和损坏情况，如有必要则更换
	齿轮异常噪声	检查包括车速表齿轮在内的磨损和损坏情况，如有必要则更换
4H 内噪声	链轮或驱动链条磨损或损坏	分解并检查磨损和损坏情况，如有必要则更换
	胎压不正确	调整胎压
分动器漏油	分动器裂纹	更换分动器
	其他部件泄漏	清洁分动器和部件并检查泄漏情况
	通气管堵塞	拆卸通气管软管并清洁，如有必要则更换
	机油不当或太多	使用指定机油并调整油位
	密封螺栓松动	重新紧固
	涂抹的密封胶不适当	使用指定密封胶并重新紧固
	油封磨损或损坏	更换油封

表 17-8 悬架系统常见故障诊断

故障现象	原因分析	解决方法
车辆侧倾	稳定杆毁坏	更换
	减振器故障	更换
异常噪声	装配松动	重新紧固
	车轮轴承损坏或磨损	更换
	减振器损坏	更换
	轮胎损坏	更换
乘车舒适性不良	轮胎充气过量	调整压力
	减振器故障	更换
	车轮螺母松动	按规定力矩拧紧
	螺旋弹簧弯曲或毁坏	更换
	轮胎损坏	更换
	轴套磨损	更换
车辆朝左侧或右侧跑偏	摆臂总成变形	更换
	轴套磨损	更换
	螺旋弹簧弯曲或毁坏	更换
转向困难	下悬臂球节阻力过大	更换
	压力不足	更换
	动力转向故障	调整
转向不稳定	下悬臂轴套磨损或松动	重新紧固或更换
车辆拖底	螺旋弹簧磨损或毁坏	更换

车身电气系统故障诊断

17.3.1 电源系统故障诊断

电源系统常见故障诊断如表 17-9 所示。

表 17-9 电源系统常见故障诊断

故障现象	原因分析	解决方法
全车无 B+ 常电源	蓄电池 B+ 接线柱脱落或腐蚀	重新装配接线柱、清洁腐蚀处
	前舱电器盒中 B+ 电源熔丝烧断	检修线路无故障后更换熔丝
	线路短路	检修短路线路并重新装配
	蓄电池故障	更换蓄电池
全车无 IGN 点火电源	IGN 电源相关熔丝烧断	检修线路无故障后更换熔丝
	ON 继电器故障	更换 ON 继电器
	ON 继电器控制线路短路或开路	检修相关线路短路或开路
	IGN 电源线路短路或开路	检修相关线路短路或开路
	PEPS 模块供电、接地故障	检修 PEPS 模块电源和搭铁
	PEPS 模块故障	更换 PEPS 模块
	一键起动按键线路短路或开路	检修相关线路短路或开路
	一键起动按键故障	更换一键起动按键
全车无 ACC 附件电源	ACC 电源相关熔丝烧断	检修线路无故障后更换熔丝
	ACC 继电器故障	更换 ACC 继电器
	ACC 继电器控制线路短路或开路	检修相关线路短路或开路
	ACC 电源线路短路或开路	检修相关线路短路或开路
	PEPS 模块供电、接地故障	检修 PEPS 模块电源和搭铁
	PEPS 模块故障	更换 PEPS 模块
	一键起动按键线路短路或开路	检修相关线路短路或开路
	一键起动按键故障	更换一键起动按键
B+ 常电源电压低，起动困难	蓄电池亏电或故障	蓄电池充电或更换
	B+ 电源线路接触不良或搭铁不良	检修相关线路、搭铁接触情况
IGN 点火电源供电电压低	IGN 电源相关熔丝接触不良	检修熔丝接触情况
	IGN 电源线路接触不良	检修相关线路接触情况
	ON 继电器故障	更换 ON 继电器
ACC 附件电源电压低	ACC 电源相关熔丝接触不良	检修熔丝接触情况
	ACC 电源线路接触不良	检修相关线路接触情况
	ACC 继电器故障	更换 ACC 继电器
电源供电状态异常	相关线路短路、错接	检修相关线路短路、错接情况
	PEPS 模块故障	更换 PEPS 模块

17.3.2　组合仪表故障诊断

组合仪表常见故障诊断如表 17-10 所示。

表 17-10　组合仪表常见故障诊断

故障现象	故障可能原因	解决方法
整个仪表不工作	电路未接通	检查电源和接地，电池是否有 12V，电压是否接通
	仪表电路损坏	更换仪表
指示灯、照明灯不亮	电路未接通	检查有关线路、接插件是否接通
	控制信号故障	检查是否有相关传感器、开关信号
	仪表电路损坏	更换仪表
指示仪表误差或不工作，里程液晶屏不工作	系统故障	检查相关传感器输出是否正常，线路、接插件是否接通
	仪表电路损坏	更换仪表
里程表液晶屏缺笔画	仪表电路损坏	更换仪表

17.3.3　组合开关故障诊断

组合开关常见故障诊断如表 17-11 所示。

表 17-11　组合开关常见故障诊断

故障现象	原因分析
前照灯不亮	车灯有关部分线路上线头脱焊、线头脱落或电线插片滑出
	车灯开关内部顶芯脱出，顶芯头部接触不良
	灯光复合键开关电气故障
	灯泡坏或熔丝烧损
前照灯近光、远光或前小灯、后灯、外部灯同时闪耀	车灯开关内部接触不良
	灯光组合继电器接触不良
	组合开关和电线束相接的组合插座处接触不可靠
前照灯远光或前照灯近光闪耀	变光开关内部故障造成远光或近光触点接触不可靠
	组合插座处接触不可靠
前小灯、后灯、外部灯不亮	灯开关线掉落
	熔丝断
	组合插座处线头掉落或电线插片滑出
	灯开关内部顶芯脱落
无转向灯	转向开关线头掉落
	闪光器故障或损坏
	熔丝断
	组合插座处电路不通
	转向灯灯泡烧坏
转向开关不能自动回位	复位弹簧掉落或拉断
	顶块前端磨损或撞断
	由于装配原因，转向柱切槽位置偏移
刮水器旋钮无档位感、不能换档	钢珠座破坏
	灯光旋钮打滑
	旋钮配合太松

17.3.4 电动天窗故障诊断

电动天窗常见故障诊断如表 17-12 所示。

表 17-12　电动天窗常见故障诊断

故障现象	原因分析	解决方法
天窗漏水	相关导水管堵塞	检修相关导水管
	相关导水管脱落	重新接上相关导水管
	天窗密封胶条安装不到位	重新安装天窗密封胶条
	天窗密封胶条老化、损坏	更换天窗密封胶条
天窗开启、关闭时异响	天窗导轨有杂物、沙粒	清洁天窗导轨
	天窗导轨润滑不良	往滑轨上涂抹少量的润滑脂
天窗关闭不严	天窗没有初始化	重新进行天窗初始化操作
	天窗自然磨损	重新进行天窗初始化操作
	天窗关闭接触面有杂物	清洁天窗相关接触面
天窗开闭功能失效	天窗相关熔丝熔断	检查线路正常后更换熔丝
	天窗电源、搭铁故障	检查天窗线路开路、短路情况
	天窗开关线路故障	检查开关线路开路、短路情况
	天窗开关故障	更换天窗开关
	天窗电动机故障	更换天窗电动机总成
	天窗总成机械故障	更换天窗总成
天窗起翘功能失效	天窗没有初始化	重新进行天窗初始化操作
	天窗模块故障	更换天窗电动机总成

17.3.5 刮水器 / 洗涤器系统故障诊断

刮水器 / 洗涤器系统常见故障诊断如表 17-13 所示。

表 17-13　刮水器 / 洗涤器系统常见故障诊断

常见故障	原因分析	解决方法
停止工作	运动件卡死	排除卡死故障
	电源不通，接插件线头脱落	接通电源
	电动机烧毁	更换电动机
	BCM 故障	更换 BCM
异响，工作不正常	电动机内部发生异响	更换电动机
	连动机构在运动中有擦碰现象	排除擦碰故障
	刮水片与玻璃之间发生异响	将玻璃清洗干净
刮刷过程中，刮水片有抖动现象	风窗玻璃表面不干净	清洁风窗玻璃，在储液罐中加入洗洁精，使喷水刮刷时摩擦减少
	刮水臂变形，刮水片与玻璃贴合角度异常	调整刮水臂使刮水片与玻璃保持垂直贴合
回位后刮水片不水平	刮水臂安装不到位	电动机回位后，取下刮水臂重新安装，使刮水片保持水平
刮不干净	玻璃不干净	将玻璃清洗干净
	刮水片磨损严重	更换刮水片（建议每三个月更换刮水片）

17.3.6　充电系统故障诊断

充电系统常见故障诊断如表 17-14 所示。

表 17-14　充电系统常见故障诊断

故障现象	原因分析	解决方法
发电机不发电或充电指示灯亮	B+ 接线柱线束螺母松动、脱落或腐蚀	拧紧线束螺母、清洁腐蚀处
	发电机传动带断裂、打滑	调整或更换发电机传动带
	接线装配松动或短路	检修短路线路并重新装配
发电量小起动困难	蓄电池故障	蓄电池充电或更换
	发电机不发电	更换发电机总成
	静态状态下车辆漏电	检查各用电器或线束搭铁
发电量大或电压高	电压调节器故障	更换发电机总成 检查调节电压：发动机 2000r/min 时，使用数字万用表检查此时蓄电池电压，应在 14.0 ～ 14.8V 范围内
充电指示灯不亮	线束接触不良或断开	检查并重新装配
	电压调节器烧毁	更换发电机总成
	仪表故障	更换仪表
充电指示灯闪	接线端子松动或接触不良	检查并重新装配
	充电指示灯线路故障	检修线路故障
	发电机传动带松动	调整发电机传动带
	发动机电刷或调节器故障	更换发电机总成
	仪表内部线路故障	更换仪表
	电磁干扰	排除电磁干扰
发电机运转异响	传动带老化或发电机安装不当	调整或更换发电机传动带
	发电机轴承异响	更换发电机总成
	发电机转子和定子刮蹭	更换发电机总成
	整流二极管失效，发电机缺相发出电磁杂音	更换发电机总成

17.3.7　音响系统故障诊断

音响系统故障诊断如表 17-15 所示。

表 17-15　音响系统故障诊断

步骤	故障现象	原因分析	措施	故障未能排除
1	音响主机不能开机	熔丝烧断	更换新的熔丝	进入步骤 2
		机器被锁死	按一下面板上的复位键	进入步骤 3
		电源输出插头与主机插座松动或接触不良	将电源输出插头重新插入主机插座或更换输出插头	如果故障不能排除，则是主机或其他部件故障
2	主机能工作，按 CHR 按钮不能切换为 DVD 状态	1. 碟仓与主机连接线束接触不良 2. DVD-CH 不良 3. DVD 控制盒不良	按 DVD-CH 的出碟盒按钮，如果 DVD-CH 能正常进出碟盒，并能检测碟片，说明 DVD-CH 基本正常，控制盒不良的可能性大	1. 更换控制盒 2. 未排除时更换线束 3. 未排除时更换 DVD-CH

（续）

步骤	故障现象	原因分析	措施	故障未能排除
3	扬声器无声	1. 音量控制钮调在最小位置或左右音量平衡/前后音量控制不当 2. 扬声器接线有误	1. 音量控制钮调在适当位置，调整左右音量平衡/前后音量控制 2. 检查扬声器接线	
4	只能显示DVD的开机画面，没有正常播放的画面	1. DVD碟片没有装入或碟片破损、污脏 2. 碟片格式不对 3. 激光头或碟片结露	1. 更换新的碟片，并以标签面向下的方向装入碟片 2. 更换碟片 3. 放置一段时间后再使用	更换碟仓
5	画面过亮或过暗，图象不清晰	1. 画面亮度、颜色调整不正确 2. 碟片内容本身不清晰 3. DVD-CH不良	1. 重新调节显示屏的亮度、色彩、对比度，色调至中心位置 2. 更换新的碟片 3. 更换DVD-CH	
6	DVD播放时画面停顿、花屏，或声音断续	1. 碟片破损、刮花、污脏等 2. 行驶路面颠簸过大	清洁或更换新的碟片	更换碟仓
7	在立体声模式下，声场不清晰	扬声器左右声道正负端子接反	根据接线图进行扬声器接线	
8	收音接收不良或有噪声	天线安装或天线电缆有问题	检查天线安装位置和接线是否正确	
9	检查天线安装位置和接线是否正确	所在位置电台信号不好	到能够接收电台最多的地方，然后进行电台预置	
10	部分新的碟片不能播放	1. 碟片格式不对 2. 碟片内侧边沿有毛刺	1. 更换为合适的碟片 2. 用铅笔轻轻刮掉边沿的毛刺	
11	碟盒不能取出	1. 同个托盘放入两张碟片 2. 碟片脱离托盘	按住出碟盒键2s以上，尝试自动出碟盒	更换DVD-CH
12	遥控器不起作用	1. 遥控器操作时方向不对 2. 遥控器的电池电量不够 3. 遥控接收器不良 4. 有太强的光线照射到遥控接收器	1. 操作时将遥控器对准方向盘底座处的遥控接收器 2. 更换新的电池 3. 避免过强的光线照射到遥控接收器	1. 更换遥控器 2. 更换遥控接收器

17.3.8　PEPS 起动机故障诊断

PEPS 起动机常见故障诊断如表 17-16 所示。

表 17-16　PEPS 起动机常见故障诊断

故障现象	故障可能原因	处理方法
起动机不转	蓄电池电量不足	蓄电池充电或更换
	起动机 S、B 端子导线断路	检查线路及插头
	PEPS 起动控制线路故障	检查 PEPS 相关起动控制线路
	起动继电器故障	更换起动继电器
	起动机故障	更换起动机总成
	一键起动开关故障	更换一键起动开关
	PEPS 故障	检查 PEPS 及智能钥匙

（续）

故障现象	故障可能原因	处理方法
起动机空转或异响	单向离合器齿轮损坏变形	更换起动机总成
	起动机小齿轮端面磨损或损坏	更换起动机总成
	飞轮齿圈损坏变形	更换飞轮齿圈
	起动机安装不正确	重新安装调整
	起动机复位不及时	更换起动机总成
	起动继电器复位不及时	检查 PEPS、更换起动继电器
起动机运转无力	蓄电池电量不足	蓄电池充电或更换
	起动机系统连接线束接触不良或腐蚀老化	检修或更换线束
	起动机内部线圈短路	更换起动机总成
	起动机装配不当	重新安装调整
	发动机机械故障	检修发动机机械部分
起动机顶齿无法起动	电磁开关电流不通，单向离合器弹出后起动机不转	更换起动机总成
	飞轮齿圈变形或损坏	更换飞轮齿圈

第18章

汽车故障排除

第1节
动力故障排除

18.1.1　汽油发动机故障案例

起动大众捷达车，怠速转速在1000r/min左右，行驶中一切正常，松开加速踏板转速还是无法下降。读取怠速发电量为12.015V，低于正常值。当处理靠近发电机处的车身与发动机支架搭铁线时，发现其连接处出现锈蚀迹象，如图18-1所示。处理线束后此故障现象消失，车辆怠速正常。

检查此线束时发现如右图现象

图 18-1　搭铁不良造成怠速过高

大众速腾车辆在行驶过程中，时常出现发动机抖动且故障灯报警现象。拆解发动机后发现二缸存在明显机油残留，可以判断二缸有比较严重的机油内漏情况，如图18-2所示。更换气门油封后，故障排除。

火花塞电极表面积油（附着一层油膜），一般是机油或汽油控制不当造成的。如果附着的是机油，一般是由气门导管或活塞与气缸壁之间的间隙中窜入的（磨损过限，配合间隙过大而窜机油）。如果只是个别火花塞，则可能是气门油封损坏。如果各缸火花塞都粘有这种沉积物，应检查空气滤清器和通风装置是否堵塞，检查发动机是否磨损严重。当油膜附着在电极及绝缘体上时，会引起绝缘体漏电现象，也会引起电极温度下降（热值降低），进而引起发动机点火不可靠，出现失火现象。

图 18-2　发动机第二缸有机油残留

18.1.2　柴油发动机故障案例

大众捷达 1.9SDI 柴油车辆行车急加速和高转速运行时冒黑烟，将进气歧管及缸盖拆下，发现较多积炭。清理后，黑烟大为减少，进一步分析发现 EGR 阀管道和燃烧室有大量积炭，可能是 EGR 阀机械故障（卡滞），导致燃烧废气过多，产生积炭，故障部件如图 18-3 所示。更换 EGR 阀后，一切正常。

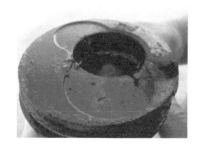

活塞顶积炭

EGR 阀

图 18-3　积炭活塞与 EGR 阀部件

大众开迪 SDI 柴油车发动机怠速振动大；急加速排气管冒大量的白烟，并有很大的柴油味。分析柴油车冒白烟的原因：冷车有少量白烟是正常的，因不能完全蒸发，未燃烧的柴油以液态微粒排出后，冷凝冒白烟（带蓝烟），热车后冒灰烟，冒白烟原因及燃烧过程分析如图 18-4 所示。未燃烧的柴油以蒸气混合物形式排出时，会冒白烟。更换 4 个支泵喷嘴，故障排除。

18.1.3　电驱动系统故障案例

比亚迪唐 DM 仪表显示动力系统故障，电量充足但没有 EV 模式，发动机可以正常起动行驶 。读取前驱动电机控制器故障码为 P1BB000：前驱动电机过电流；P1BC500：前驱动电机控制器电流霍尔传感器 B 故障；如图 18-5 所示。

泵喷嘴系统排气冒白烟原因　　　　柴油发动机燃烧过程

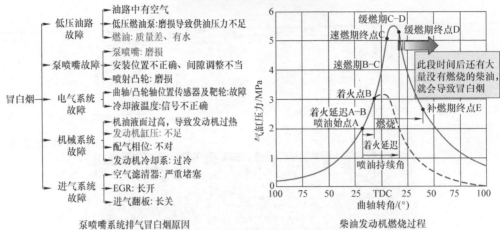

图 18-4　**排气冒白烟与柴油机燃烧过程分析**

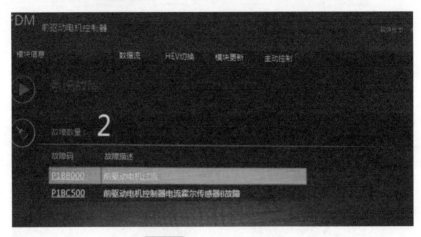

图 18-5　**读取故障码内容**

根据故障码提示，读取驱动电机控制器数据流；A 相电流为 719A，B 相电流为 714A，C 相为 4A；如图 18-6 所示。

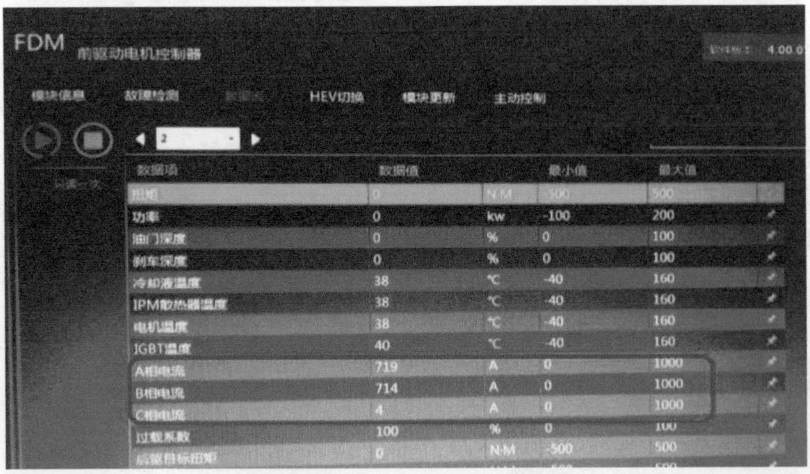

图 18-6　**电机控制器数据流**

根据数据流提示，实测驱动电机三相绕组电阻为 0.3Ω，电阻值正常；如图 18-7 所示。

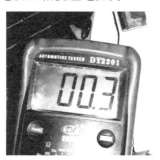

图 18-7　测量三相电阻值

通过数据流可以看出，A、B 相电流明显异常，故障点集中在驱动电机控制器。更换前控制器总成，读取数据流显示正常，如图 18-8 所示，试车故障排除。

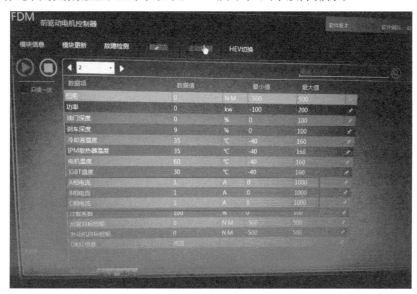

图 18-8　更换控制器后的数据流

第 2 节
底盘故障排除

18.2.1　变速器故障

大众速腾车辆行驶过程中换 3 档变速器异响。检查车辆换档操纵机构零部件正常，分解变速器检查选档拨叉机构正常。分解输出轴，发现 3 档同步环和 3 档换档齿轮间隙过小，接触到一起，正常轴向应有一定间隙。检查 3 档同步器滑套。图 18-9 是 3 档同步器滑套内尖齿磨损状况，滑套内尖齿已磨秃。更换 3 档和 4 档同步器、3 档同步环、3 档换挡齿轮，安装好变速器试车，故障排除。

第18章

故障件"间隙过小"　　　　正常备件"有细小间隙"

滑套内齿齿尖磨损　　　　正常滑套内齿

图 18-9　同步器间隙与滑套内齿对比

18.2.2　传动系统故障

　　装备 0BK 变速器的奥迪 A8 D4 车型仪表偶尔显示差速器故障，警告灯亮起。使用 5052 检测，四轮驱动控制单元（地址码 22）有故障码：机油压力和温度传感器无信号，偶发故障。用万用表检查了传感器 G437 到控制单元 J492（四轮驱动控制单元，装于备胎槽左侧）之间的线束，正常，无短路、断路；插头无破损，无进水。读取控制单元各传感器的数据也正常。尝试更换了传感器 G437，并执行了基本设置，试车故障未出现。次日故障重现，再次进行维修，检查线束。将车辆后部空气泵防护盖板拆下，发现传感器到控制单元之间的线束有一段卡在空气泵的上方工作区域，将线束拉下发现蓝色线（传感器信号线）和棕色线（接地线）外表已破损，电路见图 18-10。对线束重新固定包扎后，故障未再出现。

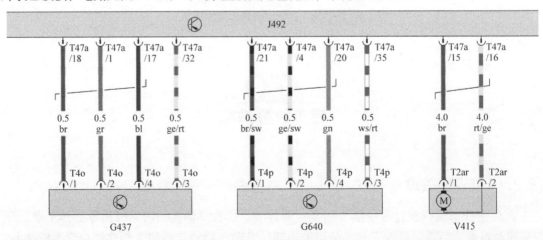

图 18-10　机油油位和机油温度传感器，机油压力和温度传感器 2，四轮驱动控制单元，四轮驱动泵

G437—机油油位和机油温度传感器　G640—机油压力和温度传感器 2　J492—四轮驱动控制单元

T2ar—2 芯插头连接　T4o—4 芯插头连接　T4p—4 芯插头连接　T47a—47 芯插头连接　V415—四轮驱动泵

18.2.3 悬架系统故障

车辆通过颠簸路面时，可能由于减振器故障引起车辆前部异响。故障判定方法如下：

1）试车，确认异响现象确实存在。

2）将减振器竖直放置（连杆朝上），握住连杆向下按压和向上拉伸四五次，让减振器筒内充满阻尼油（在减振器能自动回弹的情况下，一定要向上拉伸，而不是让连杆自然弹起），方法如图 18-11 所示。

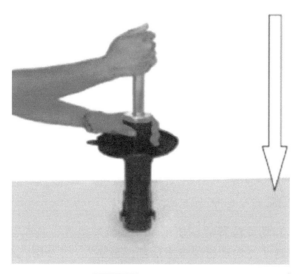

图 18-11 测试减振器

3）大力迅速下压减振器连杆（若下压速度缓慢，无法模拟故障过程），使减振器内部油液流经阀片，若此过程减振器内部产生"吱吱"的鸟鸣声，说明减振器存在故障，应更换减振器。

注意事项：

① 减振器连杆的下压拉伸过程要大力迅速。

② 更换减振器后安装螺旋弹簧、隔振块时，务必按照维修手册安装到位，否则会引起其他故障。

奥迪 A8 仪表显示空气悬架系统故障，MMI 无法设置升降，左侧车身明显低于右侧车身。电脑检测地址码 34 内有故障码：677386 水平高度控制系统可靠性故障，主动 / 静态故障。根据引导型故障查询提示检查悬架空气泵工作电压，储气罐、管路阀体排气测试结果为正常，检测排气阀 N111 没有实质性的结果。读取绝对车辆高度数据块发现左侧前后值低于右侧前后值。读取值为左前 390.6mm，左后 394.8mm，右前 422.1mm，右后 430.5mm。检查四个高度传感器正常，相关管路没有泄漏。为了判断是否是分配阀故障，将空气悬架分配阀上的左侧前后和右侧前后分配管互换（1 和 6 互换，2 和 5 互换）后进行测试，升降调节之后发现故障转移，左侧车身明显高于右侧。互换后读取绝对车辆高度数值块读取值为右前 369.6mm，右后 380.1mm，左前 415.8mm，左后 407.4mm。空气分配阀管路安装见图 18-12。更换空气悬架分配阀后故障排除。

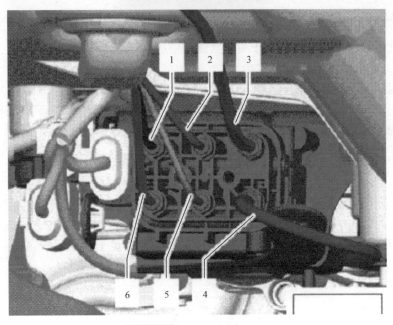

图 18-12　空气悬架分配阀

18.2.4　制动系统故障

大众迈腾电子驻车制动无法释放，使用 VAS5052A 检查，驻车制动系统有 1 个静态故障码："02432 左侧驻车制动器电动机供电电压断路静态"。用万用表检查线束导通性：驻车控制单元 J540 29 号针脚到左侧驻车电动机 V282 的 2 号针脚之间的线束断路。检查线束，发现稍微用力拉扯左侧驻车电动机线束，T30/29 导线从插头中脱落，如图 18-13 所示。使用导线将插头 29 脚与导线连接，故障码可以清除，故障排除。

导线断路点

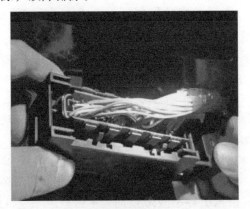
线束连接器

图 18-13　线束故障点与修复后连接器

大众全新宝来行驶中仪表出现 ABS 警告灯长亮报警，用诊断器读取故障码，ABS 控制单元显示偶发性故障码 03366（真空传感器电路电器故障），将真空度传感器 G608 插头针脚推出，将 ABS 控制单元插头与真空度传感器连接的针脚推出，如图 18-14 所示，采用锡焊的方式，重新焊接针脚，故障排除。

传感器故障针脚

锡焊焊接G608与ABS
控制单元连接针脚位置

锡焊焊接修复

图 18-14 修复故障针脚

18.2.5　转向系统故障

大众高尔夫车辆行驶中严重向右跑偏。在移动车辆时发现打死方向盘时，仪表上电子转向助力故障灯点亮，回位方向盘后故障灯熄灭。读取电子转向机故障码提示：00573 转向扭矩传感器超出上限，偶发。根据故障码分析可能原因是转向扭矩传感器信号不正确导致。将两辆车的方向盘处于一个自由状态下进行对比，读取转向扭矩传感器信号，发现转向扭矩向右输出较大，如图 18-15 所示。更换电子转向机后试车故障排除。

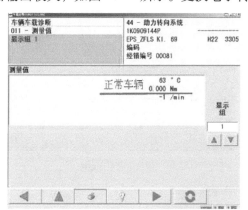

图 18-15 数据流对比分析

第3节
电气故障

18.3.1　电源系统故障

大众迈腾车蓄电池指示灯常亮，怠速高，经检查发现发动机"L"线断路，"L"线为车载电网控制单元提供发电机工作信号，也为发电机工作提供预励磁电流，如图 18-16 所示。将线路破损处重新处理后故障排除。

接线端"L"的控制

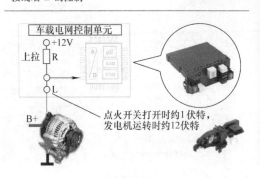

L 线电路原理

L 线破损处

图 18-16　电路原理与故障线路

　　大众迈腾车怠速状态下组合仪表工作正常,当转速上升至 3000r/min 时组合仪表不工作。连接诊断仪,当发动机转速逐渐升至 3000r/min 左右时,当读取发动机电控系统发电机充电电压时,发电电压随转速逐渐升高甚至达到 16V 以上,如图 18-17 所示,初步判断为发电机电压调节器故障,造成组合仪表工作不正常。更换发电机后故障排除。

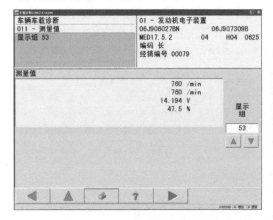

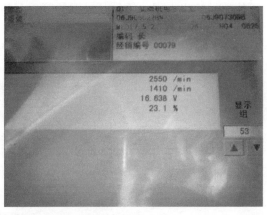

怠速时充电电压

高转速时充电电压

图 18-17　数据流分析

　　大众迈腾停车超过 2h 后,按遥控器前照灯不亮;打开点火开关,灯光警告灯点亮报警;起动后灯光警告灯熄灭。读故障码 -55 前照灯自动垂直对光控制。它记忆两个故障码:两个故障码均为偶发,如图 18-18 所示。清除故障码后再试车,故障不会立即出现。在故障出现后,打开点火开关,用诊断仪读取 J519 数据流,发现电源电压只有 10.58V;用蓄电池测试仪 Midtronics 341 测试,蓄电池为"坏格电池,需更换"。但是此蓄电池仍能起动发动机。更换蓄电池后,故障排除。

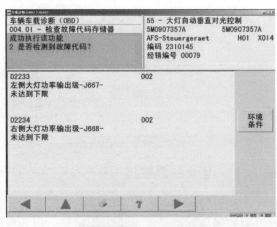

图 18-18　故障码存储

18.3.2 照明系统故障

大众迈腾打开前照灯时，时常出现左侧前照灯不亮右侧前照灯正常亮起的故障。读故障码 -09 电子中央电子装置，有一个故障码：00978 左侧近光灯 -M29 断路 / 对正极短路，如图 18-19 所示。由于左侧氙气灯 L13 是受 J343 控制和检测，J343 集成在前照灯总成中。更换前照灯总成后，故障排除。

迈腾左侧前照灯总成

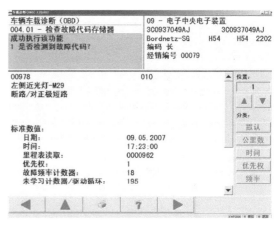
故障码内容

图 18-19 故障总成与故障码提示

18.3.3 空调系统故障

比亚迪元 1.5L 车型空调不制冷，检查发现风扇运转，压缩机不吸合；读取故障码及数据流均正常，ECU 已给出吸合指令，判定系统运行条件正常；检查空调 ECU 到压缩机继电器线路电压正常；测量压缩机继电器到压缩机线束端子无电压，发现发动机线束与前舱线束针脚退针，如图 18-20、图 18-21 所示。修复受损针脚后故障排除。

比亚迪元 EV 空调制冷正常，没有暖风。用 VDS 扫描无故障码，开

图 18-20 线束接插件退针

暖风温度调到最高，风口出的是自然风，手摸 PTC 水管发烫，但是摸水管未感觉水流动，判断为暖风水不循环；用 VDS 动作测试电动水泵测试失败，检测熔丝、继电器未见异常，测量电动水泵插接件在开启暖风的情况下无电压，电动水泵的 3 号针脚对车身搭铁导通，电动水泵继电器的 60 和 57 针脚有 12V 电压，61 针脚到电动水泵插接件的 1 号针脚线束导通，但继电器 59 号针脚没有信号搭铁，空调控制器 G21（B）3 号针脚与继电器 59 号针脚线路导通但电阻值太大，电阻值能达到 6Ω，直接跨接此线后暖风正常，判断为此线束故障。分段测量发现 BJG05 号插接件的 17 号针脚退针，如图 18-22 所示，处理好针脚后故障排除。

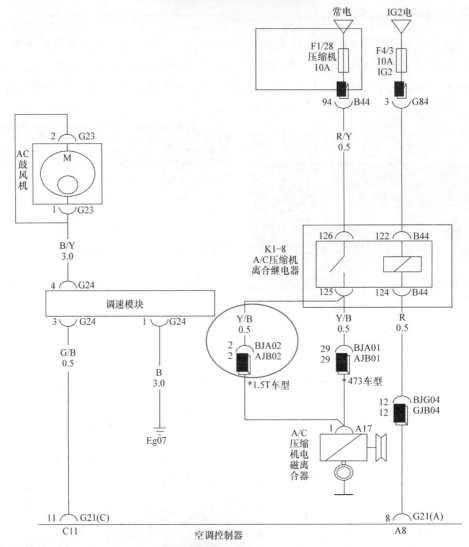

图 18-21 故障点电路图

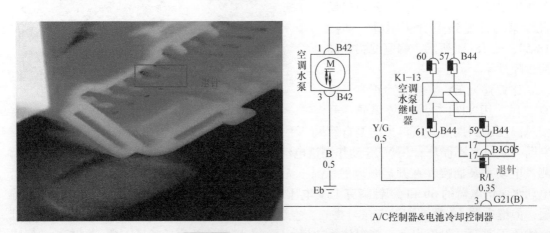

图 18-22 故障点位置与电路示意图

18.3.4 车机系统案例

奥迪 A4L B8 搭载 CDN 发动机与 0AW 变速器，音响系统不起作用。该车音响没有声音，在 MMI 显示屏上显示如图 18-23 所示"请启动点火装置以解除元件保护"，用电脑检测在 56 中有 02095 000 元件保护激活。通过导航进行在线释放，显示收音机部件不能启用，经替换收音机控制单元故障排除。更换两周后又出现相同故障，经检查数据库没有问题，将服务替换车上的收音机进行互换进行试验，服务替换车的收音机装

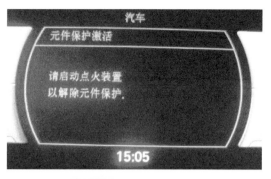

图 18-23 MMI 屏幕提示

到该车上能够解除部件保护，但故障车上的收音机在服务替换车上仍然无法解除部件保护。最后，将该车收音机及网关同时进行替换，故障未再出现。

18.3.5 车载网络案例

大众高尔夫车辆由于动力 CAN 总线的 CAN-H 对负极短路，使动力 CAN 上传递的信息无法传递，造成车辆行驶中熄火，并且仪表中所有的警告灯全部亮起，发动机无法起动。使用 VAS 5051B 示波器功能测量动力总线波形，可以看出故障时车辆动力 CAN 的高位线对地短路，如图 18-24 所示。修复破损的线束并重新固定，故障排除。

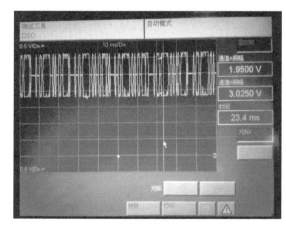

正常车辆波形

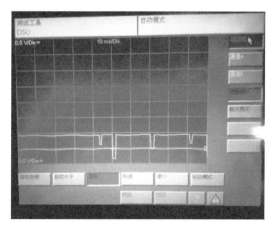

故障车辆波形

图 18-24 波形对比

18.3.6 高压电气案例

比亚迪秦 EV，无法上 OK 电，仪表提示"请检查动力系统"。用诊断器对整车扫描，读取到 BMS 中报"高压互锁 1 故障"，如图 18-25 所示；确认是互锁回路出现断路导致还是 BMS 内部故障误报，即测量 BMS 的 BMC01-1 针脚（W 线）不 BMC02-7 针脚（W 线）是否导通，结果为导通，判定为 BMS 内部故障，高压互锁线路如图 18-26 所示；更换 BMS 开根据原车 BMS 进行容量及 SOC 标定后，试车故障排除。

第18章

图 18-25　故障提示与故障码显示

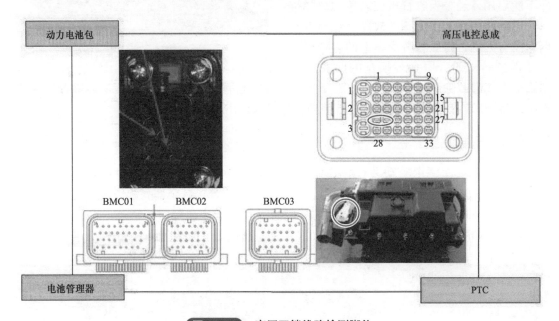

图 18-26　高压互锁线路检测脚位

　　比亚迪唐 DM 仪表显示 EV 功能受限，上 OK 电就起动发动机，无法切换到 EV，用万用表测量电池包正极线束到前电控正极接插件阻值，显示为导通状态，判断为主接触器烧结，由于主接触器烧结，导致前电机控制器熔丝熔断，前电控没高压电，就会报预充失败，如图 18-27 所示。更换高压配电箱，故障排除。

主接触器导通　　　　　　　　　　　　　　　　前电机控制器熔丝熔断

图 18-27　高压配电箱内部检测

车身故障

18.4.1　车身异响故障

　　大众CC车在不面路面行驶时，行李舱内有"嗒嗒"的响声。试车确认不是附件、外围件发出的异响（处理异响故障时，要考虑声音的传导性与材料的吸音性，因此检查时最好将声响发生附近的装饰件全部拆掉）。经查异响为后侧围钣金处发出的金属摩擦声，为钣金夹层干涉引起，使用尼龙锤或塑料块轻轻敲击红色区域钣金即可消除噪声，如图18-28所示。

修整区域
形成异响的钣金区域

修整用工具

图 18-28　修整噪声部位

　　大众宝来车由于车内仪表台支架固定连接螺栓松动，导致仪表台支架与车身之间产生间隙，导致车辆起步、踩制动踏板、猛加速或有时打方向时相互作用产生"咔哒"异响，如图18-29所示。由于声音直接产生在车前围板上，金属传音让驾驶人感觉到车身前部底盘异响。

检查仪表台架的固定件

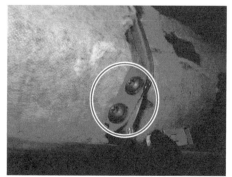
故障部件（固定不良的螺钉）

图 18-29　检查仪表台支架固定件

18.4.2　车身漏水故障

　　大众迈腾车辆淋雨后，行李舱积聚大量水份，如图18-30所示。经淋雨试验后及光照透缝检查后发现，后风窗左下角处因玻璃压着毛毡导致密封不严，清理漏水处后重新涂胶进行内外密封后，故障排除。

淋水实验　　　　　　　　　　　　　　　光照检查

图 18-30　进行淋水实验与光照检查

　　大众 CC 车在洗车时左前驾驶室进水，在风窗玻璃左下角做淋雨试验（从流水槽右侧自下而上逐步试水测试漏点），发现水从驾驶人左脚休息处的钣金缝隙流出，检查右侧流水槽出口下沿车身密封处注胶不匀，如图 18-31 所示。在该部位重新注胶后测试，车辆正常。

漏水点（流水槽出水口处）　　　　　　　　　　重新注胶

图 18-31　查找密封不严处并注胶

参考文献

[1] 陈家瑞 . 汽车构造 [M]. 3 版 . 北京：机械工业出版社，2013.

[2] 关文达 . 汽车构造 [M]. 4 版 . 北京：机械工业出版社，2022.

[3] 张金柱 . 图解汽车原理与构造 [M]. 北京：化学工业出版社，2016.

[4] 王孝洪，罗林，周超 . 汽车维修基本技能 [M]. 重庆：重庆大学出版社，2016.

[5] 杨智勇 . 汽车维修工入门 [M]. 北京：金盾出版社，2016.

[6] 杨智勇，刘存山 . 汽车维修电工入门 [M]. 北京：金盾出版社，2016.

[7] 刘青山，高彬，谭茂明 . 汽车维修基础 [M]. 北京：北京理工大学出版社，2016.

[8] 李昌凤 . 汽车维修全程图解 [M]. 北京：机械工业出版社，2018.

[9] 于海东 . 汽车维修从入门到精通 . 北京：机械工业出版社，2018.

[10] 周晓飞 . 汽车维修手册 [M]. 北京：化学工业出版社，2020.

[11] 素昂才仁，麻成涛 . 汽车故障诊断与维修 [M]. 上海：上海交通大学出版社，2020.

[12] 张健，黄永刚，马伟 . 汽车维修常用工具与设备使用 [M]. 北京：北京理工大学出版社，2019.

[13] 周晓飞 . 汽车维修从入门到精通 [M]. 北京：化学工业出版社，2018.

[14] 周晓飞 . 汽车维修技能全程图解 [M]. 2 版 . 北京：化学工业出版社，2018.

[15] 登顿 . 自动驾驶与辅助驾驶系统 [M]. 高振海，译 . 北京：机械工业出版社，2021.